FRANZ PETRI
DIE FRÄNKISCHE LANDNAHME

ERTRÄGE DER FORSCHUNG

Band 70

FRANZ PETRI

Die fränkische Landnahme und die Entstehung der germanisch-romanischen Sprachgrenze in der interdisziplinären Diskussion

BERICHT I: 1926—1953
BERICHT II: 1953—1976

1977

WISSENSCHAFTLICHE BUCHGESELLSCHAFT

DARMSTADT

Bericht I ist die unveränderte Wiedergabe des Textes, der 1954 unter dem Titel „Zum Stand der Diskussion über die fränkische Landnahme und die Entstehung der germanisch-romanischen Sprachgrenze" in der Reihe „Libelli" als Band XII veröffentlicht worden ist. Bericht II führt das Thema bis zur Gegenwart fort.

CIP-Kurztitelaufnahme der Deutschen Bibliothek

Petri, Franz
Die fränkische Landnahme und die Entstehung der germanisch-romanischen Sprachgrenze in der interdisziplinären Diskussion. — Darmstadt: Wissenschaftliche Buchgesellschaft, 1977.
 (Erträge der Forschung; Bd. 70)
 Enth.: Bericht 1. 1926—1953. — Bericht 2. 1953—1976.
 ISBN 3-534-00094-3

Bestellnummer 94-3

© 1977 by Wissenschaftliche Buchgesellschaft, Darmstadt
Satz: Maschinensetzerei Janß, Pfungstadt
Druck und Einband: Wissenschaftliche Buchgesellschaft, Darmstadt
Printed in Germany
Schrift: Linotype Garamond, 10/12

ISBN 3-534-00094-3

INHALT

Vorwort 3

Bericht I: 1926—1953

Allgemeine Problemstellung 7

1. Das Zeugnis der frühmittelalterlichen Archäologie 13

2. Das Zeugnis der Ortsnamen 32

3. Das Zeugnis der Sprach- und Volksgeschichte . . 49

4. Die Sprachgrenze 60

Ergebnis 86

Anmerkungen zu Bericht I 97

Bericht II: 1953—1976

Vorbemerkung 119

1. Das Zeugnis der frühmittelalterlichen Archäologie 121

2. Das Zeugnis der Orts- und Personennamen . . 140

3. Das Zeugnis der Sprach- und Volksgeschichte . . 154

4. Die Sprachgrenze 167

5. Das fränkische Sprach- und Siedlungsproblem
   und die Geschichtswissenschaft 173

Gesamtergebnis 193

Anmerkungen zu Bericht II 197

Kurzregister 219

Kartenanhang 227

VORWORT

Der erste der hier vorgelegten beiden Berichte erschien erstmalig in der H. Aubin-Festschrift der Rheinischen Vierteljahrsblätter (Bd. 15/16, 1950/51) sowie, in etwas veränderter und bis auf das Jahr 1953 weitergeführter Fassung, 1954 als Sonderausgabe der Wissenschaftlichen Buchgesellschaft in der Reihe „Libelli", Band XII. An mich herangetragenen Wünschen entsprechend, entschloß ich mich vor einigen Jahren im Einvernehmen mit der Wissenschaftlichen Buchgesellschaft, das in diesem Bericht behandelte Thema noch einmal wieder aufzugreifen und den Forschungsbericht bis auf die Gegenwart fortzuführen. Das von mir vorbereitete Bonner Franken-Kolloquium vom Jahre 1969 zur „Siedlung, Sprache und Kultur des Frankenreiches", über das F. Irsigler in den Rheinischen Vierteljahrsblättern 45 (1971), S. 1–106 berichtet hat, und der von mir als Band IL der „Wege der Forschung" im Jahre 1973 vorgelegte Sammelband über „Siedlung, Sprache und Bevölkerungsstruktur im Frankenreich" dienten beide der Vorbereitung der neuen Veröffentlichung.

Bei ihrer konkreten Inangriffnahme ergab sich alsbald, daß es aus wissenschaftlichen und praktischen Gründen untunlich sein würde, die Weiterführung der Berichterstattung in den im Jahre 1953 abgeschlossenen Text des früheren Berichts kapitelweise einzuarbeiten und daß statt dessen einem zweiten, die Jahre 1953–1976 umfassenden Bericht, der zwar die Kenntnis des ersten Berichts voraussetzt, aber in sich selbständig ist, der Vorzug gebührt. In dem vorliegenden Band wurden demgemäß vereinigt:

1. der 1954 erschienene frühere Bericht, mit Ausnahme des abgeänderten Vorwortes und der Streichung des Exkurses am Schluß ist darin der ursprüngliche Text bis auf ein paar unwesentliche technische und Druckfehlerberichtigungen unverändert geblieben;

2. der hier zum ersten Mal veröffentlichte Bericht über den Fortgang der Landnahme- und Sprachgrenzdiskussion in der Zeit von 1953 bis zur Gegenwart. Auf welche Weise in ihm darauf Bedacht genommen wurde, eine die vergleichende Benutzung erleichternde innere Verknüpfung zwischen den beiden Berichten herzustellen, wird in der Vorbemerkung zum zweiten Bericht näher erläutert (unten S. 119).

Bei der Vorbereitung des neuen Berichts durfte ich mich wiederum mancherlei freundlicher Unterstützung erfreuen. Frau Prof. Dr. F. Stein, Saarbrücken, danke ich für die freundliche Zurverfügungstellung des Klischees ihrer im Kartenanhang abgedruckten Karte, den Herren Dr. D. P. Blok, Amsterdam, Dr. W. Janssen, Bonn, und Prof. Dr. St. Sonderegger, Zürich, für die Genehmigung zum Abdruck der dieser Veröffentlichung im Kartenanhang ebenfalls beigegebenen Karten. Mein besonderer Dank gilt auch diesmal dem verdienten Leiter des Instituut voor Naamkunde in Löwen, Prof. Dr. H. Draye.

Münster, Frühjahr 1977   F. Petri

BERICHT I: 1926–1953

ALLGEMEINE PROBLEMSTELLUNG

Für die Landeskunde ist die Sprache eines der wichtigsten Mittel zur Erforschung der Kulturräume. Das methodische Grundprinzip der Sprachgeographie: die Betrachtung ihres Stoffes unter dem Gesichtspunkt seiner räumlichen Verbreitung, ist das gleiche wie das der Kulturraumforschung überhaupt; es handelt sich dabei übrigens, streng genommen, nicht um „Geo"graphie, sondern um die Beschreibung eines vom Menschen gewirkten Phänomens, also eher Soziographie. Die Zusammenarbeit zwischen der so verstandenen Sprachgeographie und der Landesgeschichte wurde Anfang der zwanziger Jahre auf eine neue methodische Grundlage gestellt durch den Germanisten Th. Frings und den Historiker H. Aubin; diese legten damit zugleich den Grund für die moderne Form der *geschichtlichen* Landeskunde, wie sie gleichzeitig in der Schaffung des Bonner „Instituts für geschichtliche Landeskunde" und in seiner Nachfolge über einem Dutzend verwandter Einrichtungen in Deutschland einen Ausdruck gefunden hat. Das Vorwort, das beide Forscher damals, „am 50. Geburtstag des Sprachatlas des deutschen Reiches", ihren gemeinsamen und für alle landeskundliche Betrachtung richtungweisenden Untersuchungen über die „Kulturströmungen und Kulturprovinzen in den Rheinlanden" voraussandten[1], umreißt die Grundsätze für das Zusammenwirken zwischen Sprachgeographie und Geschichtswissenschaft und hält darüber hinaus für die Nachwelt den

Reiz der ersten Begegnung der beiden einander so fruchtbar ergänzenden Kulturwissenschaften fest [2].

Stand in den „Kulturströmungen" die *innere* Gliederung unserer Sprache und ihre geschichtliche Bedingtheit im Mittelpunkt der Betrachtung, so haben Frings wie Aubin ihren Blick später auch *nach außen* gewandt: ich erinnere etwa an Aubins Studien „Von Raum und Grenzen des deutschen Volkes" [3] und die breite europäische Basis, die Frings seiner ebenso kühnen wie vielbesprochenen „Grundlegung einer Geschichte der deutschen Sprache" [4] gegeben hat sowie an seine enge Zusammenarbeit mit dem Romanisten W. v. Wartburg, von der im Verlauf dieser Abhandlung noch die Rede sein wird. Als erster jedoch übertrug die an den rheinischen Verhältnissen gewonnenen grundsätzlichen Erkenntnisse über das Verhältnis von Sprache und Geschichte auf die Außengrenzen der germanischen Sprachwelt im Westen ihrer beider Schüler und Nachfolger in der Leitung des Bonner Instituts, F. Steinbach. Seine „Studien zur westdeutschen Stammes- und Volksgeschichte" [5] besitzen für die Sprachgrenzforschung die gleiche methodische Bedeutung wie die „Kulturströmungen" für die Mundartforschung und die Landeskunde allgemein. Als Schäfer-Schüler, der von der überkommenen Anschauung einer sehr stabilen und entscheidend nur durch Siedlung zu verändernden Grenze an das Studium der Sprachgrenze herangegangen war, habe ich 1926 das Revolutionierende von Steinbachs neuer, dynamischer Auffassung vom Wesen dieser Grenze sehr lebhaft empfunden und ziemlich lange gebraucht, bis ich ganz überzeugt war. Nicht der Wunsch, Belegmaterial für die Steinbachsche These zu finden, inspirierte also meine Untersuchungen über das „Germanische Volkserbe in Wallonien und Nordfrankreich" [6], sondern ich übernahm dafür nach anfänglichem Sträuben Steinbachs grundsätzliche Auffassung, weil mir nur sie imstande schien, den von mir ermittelten Sachverhalt allseitig zu erklären.

Es gibt in den letzten anderthalb Jahrzehnten wenige geschichtswissenschaftliche Veröffentlichungen, die innerhalb der verschiedenen an der Frage interessierten Disziplinen eine gleich ausgebreitete Diskussion hervorgerufen haben wie F. Steinbachs und meine Neudeutung des Verhältnisses von fränkischer Landnahme und Sprachgrenzbildung, und noch immer ist die Aussprache im Fluß. Auch diese Zeilen können daher nur die Absicht haben, eine neue Zwischenbilanz zu ziehen; der Nachdruck wird dabei nicht auf der Vollständigkeit, sondern auf dem Grundsätzlichen liegen [7].

Wer den Gang der wissenschaftlichen Diskussion [8] seit dem Erscheinen meines „Volkserbes" verfolgte, konnte sich zuweilen nicht des Eindrucks erwehren, daß über der Fülle der an sich nötigen und nützlichen Detailerörterungen das eigentliche Grundanliegen, das Steinbachs und meinen Arbeiten zugrundelag, wieder verloren zu gehen drohte. Es sei deshalb noch einmal mit einigen Sätzen herausgestellt: Die Triebfeder unseres Versuches einer Synthese des sprach- und siedlungsgeschichtlich auswertbaren Materials der Sprachengeschichte, Namenkunde und Frühgeschichte für die Probleme der fränkischen Landnahme und Sprachgrenzbildung war nicht etwa der Ehrgeiz, in diesen an sich dem Historiker ferner liegenden Forschungszweigen mitreden zu wollen, sondern das unabweisbare und von diesen Disziplinen bis dahin nur ungenügend befriedigte Bedürfnis, mit Hilfe der in ihnen bereitliegenden Erkenntnismöglichkeiten eine Antwort auf eine Reihe für das Gesamtverständnis des Mittelalters geradezu entscheidender Fragen zu erhalten, die aus den historischen Quellen im engeren Sinne angesichts der Dürftigkeit unserer frühmittelalterlichen Überlieferung einfach nicht zu beantworten sind[9]. Freilich war das ohne ein Übergreifen auf diese Nachbarwissenschaften nicht zu machen und konnten die auf diesem Wege erzielten Antworten, wenn unser Versuch Erfolg hatte, auch auf die in den Spezialdisziplinen gültigen Anschauungen nicht ohne Rückwirkungen bleiben.

Daß der Versuch einer solchen Synthese ein Wagnis war und einen gewissen Mut zum Irrtum in den Einzelheiten in sich schloß, war uns natürlich klar (vgl. dazu das Vorwort zu „Volkserbe" S. VI f.), doch schien uns die Größe des Zieles den zu seiner Erreichung eingeschlagenen, wissenschaftlich nicht ganz ungefährlichen Weg zu rechtfertigen. Die starke Belebung und Vertiefung der Diskussion über diese Probleme, verbunden mit einer mehr oder weniger gründlichen Neugestaltung der geltenden Anschauungen, die durch Steinbachs und meine Arbeiten hervorgerufen wurde, dürfte die Fruchtbarkeit des von uns unternommenen Versuches bestätigt haben.

Den eigentlichen Angelpunkt unserer Auffassung bildet 1. in sprach- und siedlungsgeschichtlicher Hinsicht die These, daß die westliche Sprachgrenze, als Ganzes genommen, keine Siedlungs-, sondern eine Ausgleichsgrenze ist, daß sie also kein unmittelbares Relikt aus der Völkerwanderung, sondern ein erst allmählich zustande gekommenes Ergebnis der kulturellen Wiederabsetzung zwischen der germanischen und romanischen Welt ist, zwischen denen sie recht eigentlich die Gleichgewichtslinie darstellt. Und zwar ist die Sprachgrenze, wie aus ihrem Verlauf am Nord- und Ostrand der alten Siedlungsräume hervorgeht, in Westeuropa ganz vorwiegend eine Rückzugslinie des Germanischen. Auf das Werden der europäischen Gesamtkultur gesehen, verbindet sich mit diesen Feststellungen 2. die Überzeugung, daß erst die fränkische Landnahme und die fränkische Reichsgründung zusammengenommen die große geschichtliche Wirkungskraft des Frankenreiches zu erklären vermögen. Erst ihre Vereinigung bewirkte die Verlagerung des europäischen Schwerpunktes in die Gebiete zwischen Rhein und Loire und schuf hier ein einheitliches historisches Feld, dessen Zusammengehörigkeit auch die nachfränkische europäische Entwicklung tiefgreifend beeinflußt hat und zu der bei allen europäischen Völkern bemerkbaren Tendenz nach schärferer nationaler Besonderung ein wirksames Gegengewicht von wahrhaft universalgeschichtlicher Bedeutung darstellt.

In einem Europa, das in seinen Bemühungen um die Schaffung einer übergreifenden Ordnung die volklichen Gegebenheiten nur zu leicht als Hemmschuh empfunden hat, dürfte es nicht unzeitgemäß sein, dieses in den Volkstumsverhältnissen selber begründete übernationale Prinzip seiner vollen Bedeutung nach zu würdigen. Das programmatisch herauszustellen war ein besonderes Anliegen von Steinbachs, auf den neuen volksgeschichtlichen Erkenntnissen aufbauendem Gesamtabriß der fränkischen Geschichte und seines Beitrages über die gemeinsamen Wesenszüge der deutschen und der französischen Volksgeschichte [10] — Synthesen von universalhistorischer Weite der Betrachtungsweise und Unabhängigkeit der Problemstellung, die als notwendige Ergänzung neben mancherlei in den letzten beiden Jahrzehnten unternommene Versuche einer Darstellung der geschichtlichen Grundlagen des Abendlandes treten, in denen das volkhafte Moment über der staatlichen oder der zivilisatorischen Komponente mehr oder weniger vernachlässigt wird.

Dem Erweis der neuen grundsätzlichen Erkenntnisse sollte die Vorlage des archäologischen, namenkundlichen und sprachgeschichtlichen Materials in meinem „Volkserbe" dienen. Es war naturgemäß der besondere Ansatzpunkt für jede fachwissenschaftliche Stellungnahme, doch bleiben daneben nach wie vor die von uns aufgeworfenen historischen Grundfragen gestellt. Mein Bericht wird daher zunächst das Ergebnis der Diskussion auf den verschiedenen Einzelgebieten zusammenfassen und abschließend zu der eigentlichen Kernfrage Stellung nehmen, wieweit nach den — wie sich ergeben wird — z. Zt. erheblichen Korrekturen und Weiterführungen, die unsere Aufstellungen in den Einzelheiten erfahren haben, auch das von uns entworfene Gesamtbild der Landnahme und Sprachgrenzbildung mehr oder weniger zu modifizieren ist.

1. DAS ZEUGNIS DER FRÜHMITTELALTERLICHEN ARCHÄOLOGIE

Die Disziplin, deren Aussage am unmittelbarsten an die Siedlungsverhältnisse der Landnahmezeit heranführt, ist die frühmittelalterliche Archäologie. Allerdings ist auch die Reihengräbersitte dieser Jahrhunderte — so war das Ergebnis, zu dem ich im „Volkserbe" kam —, kein unmittelbarer Niederschlag der Wanderbewegungen der Landnahmezeit, sondern eine Hervorbringung der in den neugewonnenen Sitzen ausgebildeten Kultur, doch war der Abstand zwischen den Lebensformen der alteinheimischen provinzialrömischen Bevölkerung und der jungen germanischen Kriegerkultur, von der die Reihengräber Zeugnis geben, so erheblich, daß diese auch im romanisch-westfränkischen Bereich im ganzen als Zeugnisse des fränkischen Bevölkerungsteiles in Anspruch genommen werden dürfen. Die Tatsache, daß das Schwergewicht ihrer Verbreitung in den Niederlanden und Nordfrankreich eindeutig südlich der germanisch-romanischen Sprachgrenze liegt, war daher eines der Hauptargumente für Steinbachs und meine These vom Hinübergreifen der volksmäßigen fränkischen Niederlassung auf die heute romanischen Gebiete.

Überblickt man den seitherigen Gang der Forschung, so hat sie zunächst hinsichtlich der Verbreitung der Reihengräber auf die Gebiete nördlich und südlich der Sprachgrenze zu einer vollen Bestätigung unserer Angaben geführt (vgl.

insbes. die Übersichtskarte „Volkserbe" S. 812). In der neuesten, von fachwissenschaftlicher Seite vorgelegten Zusammenstellung der belgischen Reihengräberfriedhöfe, die meine vorwiegend auf der älteren Literatur basierte Übersicht für Belgien nunmehr ersetzt[11], hat sich das Übergewicht der wallonischen Provinzen in der Fundhäufigkeit weiter verstärkt. Von den rund 500 belgischen Merowingerfriedhöfen liegen nur etwa 50, d. h. ein Zehntel, in den flämischen Provinzen, während von den wallonischen Provinzen Luxemburg 47, Lüttich 70, Hennegau 90 und Namur 165 der entsprechenden Anlagen aufweisen. Der unmittelbare Zusammenhang mit den altbekannten nordfranzösischen Zentren der Reihengräberkultur in den Départements Aisne, Somme und der Normandie, wie ich ihn in meiner Arbeit herausgestellt hatte, besteht unverändert fort. Ähnlich ist das Ergebnis für Ostfrankreich: auf mindestens 416 beziffert Salin unter Bezugnahme auf teilweise noch unveröffentlichte Spezialuntersuchungen[12] die Zahl der lothringischen Orte mit Reihengräberfunden, davon 120 im Dép. Meurthe-et-Moselle, 113 im Mosel- und 71 im Vogesen-Dép., womit das im „Volkserbe" S. 717/812 gegebene Belegnetz wiederum wesentlich verdichtet wurde. Eine Reduktion um rund ein Drittel ergab sich hingegen für die Gebiete zwischen Seine und Loire, wo die Zurechnung gewisser Grabgruppen (insbes. der Steinsarggräber) zu den fränkischen Reihengräbern seitens meines Gewährsmannes Barrière-Flavy durch H. Zeiß berichtigt wurde[13].

Im wesentlichen bestätigt hat sich ferner meine Annahme, daß die Reihengräberkultur keinen Niederschlag einer bereits von den landnehmenden Germanen aus der Heimat mitgebrachten Sitte darstellt, sondern von ihnen entscheidend in den neuen Sitzen ausgebildet worden ist. Das frühere Bild von der Unvermitteltheit in der Entstehung dieser archäologischen Sitte um 500 ist bis zu einem gewissen Grade bestehen geblieben. „Gegenüber der Masse der für die Zeit zwischen 500 und 700 anfallenden Friedhöfe mit ihrem reichen Fundstoff wirken ... die wenigen Gräber oder Grabgruppen aus den 200 davorliegenden Jahren seltsam vereinzelt und den aus der schriftlichen Überlieferung erschließbaren Bevölkerungsverhältnissen in keiner Weise entsprechend. Nur spärlich sind außerdem die Gemeinsamkeiten, welche den Formenschatz dieser Frühzeit germanischer Besiedlung mit dem der eigentlichen Reihengräber verbinden. Die Reihengräberzivilisation scheint um 500 fertig da zu sein, sie wird jedenfalls zugleich mit der Reihengräbersitte dem Archäologen plötzlich faßbar. So gut sich ihre spätere Entwicklung überblicken läßt, so dunkel bleiben ihre Ursprünge" [14].

Die Archäologen haben sich infolgedessen darüber bisher auch noch nicht einig werden können. Einige belgische Forscher stehen noch genau wie E. Brenner vor 40 Jahren auf dem Standpunkt, daß zwischen den Sitten der germanischen Laeten des ausgehenden Römerreiches und den Anfängen der Reihengräberzivilisation in merowingischer Zeit eine Lücke klaffe, die bisher durch Funde nicht zu überbrücken sei [15]; nach ihnen haben sich die salischen Franken bei der eigentlichen Landnahme vielleicht überhaupt nicht in Belgien niedergelassen [16].

Ganz anders der Münchener Archäologe J. Werner [17] in Weiterführung gewisser Gedankengänge seines unvergeßlichen Amtsvorgängers Zeiß [18]. Ihnen zufolge stünde die Reihengräbersitte in Wallonien und Nordfrankreich über die Adelsgräber der Chlodwigzeit dort in innerer Verbindung mit den — gleichfalls auf den germanischen Adel beschränkten — reichen Laetengräbern des 4. Jahrhunderts, die nach Werner, vermehrt um donauländische Formelemente der Attilazeit recht eigentlich die Vorform der späteren Reihengräberkultur bilden. Auch deren Heimat sei ursprünglich nicht das freie Germanien, sondern der römische Provinzialboden. Denn erst hier sei das Recht, die Waffen zu führen, nicht mehr eine Selbstverständlichkeit gewesen wie dort, sondern ein Vorrecht, das in der Gliederung des spätrömischen Zwangsstaates in erster Linie dem germanischen Laeten zustand und den raschen Aufstieg insbesondere der Laetenführer ermöglichte. So habe die Waffenbeigabe im Nordgallien des 4. Jahrhunderts zum nationalen Indizium werden können, um dann von dort aus Teile des angrenzenden Germaniens zu gewinnen, so daß man nach Werner sogar von einer einheitlichen Entwicklung der germanischen Zivilisation zwischen unterer Seine und unterer Elbe seit der Mitte des 4. Jahrhunderts sprechen könnte. Seit der Wende des 4. zum 5. Jahrhundert habe sich dann nach Ausweis noch unveröffentlichter belgischer Funde die fränkische Siedlung friedlich über die Linie Bavai-Tongern vorgeschoben und es seien in einem vorwiegend romanischen Gebiet einzelne fränkische Dörfer entstanden, deren zugehörige Gräberfelder Eprave, Pry, Spontin und Samson sich entgegen der Meinung E. Brenners kontinuierlich in die merowingische Zeit hinein fortsetzen. „Ein Bruch zwischen der Laetenzivilisation und den fränkischen Reihengräbern ist zumindest in den wallonischen Teilen Belgiens nirgends zu beobachten" [19]. Die entsprechenden Parallelen dazu böten am Niederrhein die gleichfalls der ersten Hälfte des 5. Jahrhunderts angehörigen Gräberfelder, z. B. in Krefeld-Gellep [20].

Werners Ausführungen blieben jedoch nicht ohne Widerspruch. Schon Zeiß' Schüler Böhner [21] nahm gewisse Abstriche vor. Namentlich aber wandten sich die genannten belgischen Archäologen grundsätzlich dagegen. Unter Hinweis auf die auch von Böhner hervorgehobene Tatsache, daß ein bedeutender Teil des von Werner den Laeten zugeschriebenen Grabinventars gallo-römischer Herkunft ist und daß dieses überhaupt weithin der inneren Einheit entbehrt, stellen sie die unmittelbare Zurückführung dieser Funde auf die germanischen Laeten — eine auch sonst verbreitete Neigung — grundsätzlich in Frage und verneinen darüberhinaus die Existenz einer besonderen germanischen Laetenzivilisation. Die Funde, auf die sich Werner beruft, sind nach ihnen Zeugnisse einer den Galloromanen und Germanen im 4. Jahrhundert gemeinsamen sozialen Oberschichtskultur, bei der die Germanen, auf das Ganze gesehen, viel zu sehr von den galloromischen Vorbildern abhängig geblieben seien, als daß man ihnen bei ihrer Bildung eine schöpferische Eigenrolle zuschreiben könne. Außerdem verweisen sie — in diesem Punkte sicher mit Recht — auf die noch immer viel zu schmale Beobachtungsgrundlage, die Schlüsse von dem weittragenden Charakter der Wernerschen nicht oder jedenfalls noch nicht gestatte. Statt dessen betonen sie erneut den für Belgien ums Jahr 400 eingetretenen Entwicklungsbruch [22].

Vermutlich wird Werner antworten, doch ist die Frage nach den Vorformen der Reihengräberzivilisation im Augenblick jedenfalls wieder ganz offen. Worüber Einigkeit besteht, ist die Bedeutung, die die Chlodwigzeit für die Ausbildung des archäologischen Stils der nächstfolgenden 2—3 Jahrhunderte besessen hat. Nimmt doch auch Werner an, daß sich die entscheidende Weiterbildung der bis zum Ende des 5. Jahrhunderts auf eine kleine Adelsschicht beschränkten Fundkultur zu der die breiten Schichten der Bevölkerung umspannenden Reihengräberzivilisation im Anschluß an die

Aufrichtung der Frankenreiche durch Chlodwig und seine Nachfolger vollzogen habe [23]: „Erst das Merowingerreich ermöglichte das dominierende Übergreifen jenes hauptsächlich in Belgien und am Niederrhein ausgebildeten Formengutes auf die rechtsrheinischen Stämme und führte dazu, daß im Zeichen des Zierstils der Chlodwigzeit Schmuck und Bewaffnung des germanischen Adels vom Seine-Becken und den Argonnen über Rheinhessen bis nach Schwaben und Thüringen ein relativ einheitliches Aussehen bieten. Ein merowingischer Stil setzte sich durch, dem auch die regionalen Werkstätten der Gold- und Waffenschmiede Rechnung tragen mußten [24].

Die Feststellung dieses Deutschland und Nordfrankreich verbindenden Kulturzusammenhanges ist — vielleicht ist es nicht überflüssig, das nochmals ausdrücklich hervorzuheben — keine ungesicherte Hypothese, sondern durch die sorgfältige Untersuchung der archäologischen Fundinhalte bis in die Einzelheiten hinein gesichert. So bieten die merowingerzeitlichen Fibeltypen, die nach dem Vorangang von N. Aberg erneut von H. Kühn auf breitester Grundlage untersucht wurden, für die Existenz eines von der unteren Seine bis nach Innerdeutschland reichenden einheitlichen Formenkreises die eindrücklichsten Belege [25]. Die weitgehende Gleichartigkeit der Fundausstattung bestand nicht nur beim Inventar des normalen Beigabengrabes, sondern auch bei den selteneren Adelsgräbern mit ungewöhnlich reicher Ausstattung, wie sie auch in merowingischer Zeit vorkommen und die Fortdauer der schon unter den Laeten der spätrömischen Zeit aufgetretenen sozialen Differenzierung deutlich machen. So gehörte der Träger des „Ansivind"-Schwertes vom Frankenfriedhof Marboué (Dép. Eure-et-Loir) — dieser Name war mit Goldbuchstaben auf dem zellenverzierten Spathascheidenbeschlag angebracht — zu einer germanischen Adelskaste, die sich an Hand des verhältnismäßig einheitlichen Grabinventars vom Seinebecken bis nach Rheinhessen und Württemberg nachweisen läßt [26].

Die Verwendbarkeit der Reihengräber als Kronzeugen für die germanische Volkssiedlung der Landnahmezeit ist natürlich davon abhängig, daß sie wirklich eine hinlängliche ethnische Beweiskraft im germanischen Sinne besitzen. Soviel wir sehen, wird heute die Tatsache, daß die Reihengräberzivilisation als Ganzes einen ganz vorwiegend germanisch bestimmten archäologischen Formenkreis darstellt, in Fachkreisen allgemein anerkannt.

Etwas anderes ist es mit der Frage, wieweit auch die einzelnen Fundstätten auf heute romanischem Boden geschlossen als Hinterlassenschaft des germanischen Volksteiles gelten dürfen. Ganz allgemein ist ja die Archäologie in der Gleichsetzung bestimmter archäologischer Formenkreise mit besonderen Völkern erheblich zurückhaltender geworden. Die Zahl der vorgeschichtlichen Kulturerscheinungen, die ausschließlich einem bestimmten Volkstum zugerechnet werden dürfen, erscheint ihr heute viel geringer als von archäologischer Seite lange angenommen wurde [27].

Neben der ethnisch einheitlichen und typologisch scharf zu umgrenzenden Kulturprovinz hat inzwischen auch die deutsche Vor- und Frühgeschichte den Typus der Mischkultur mit uneinheitlicher Volksgrundlage erheblich stärker in Rechnung zu setzen begonnen: „Zu allen Zeiten läßt sich an den Grenzen von Völkern und Staaten ein Nebeneinander und Durcheinander verschiedener Völkerelemente nachweisen, die enge Verbindungen miteinander eingehen", konstatiert z. B. M. Jahn; überhaupt sei viel weniger ausschließlich, als es die unter dem Einfluß Kossinnas stehende Richtung der

Vorgeschichtsforschung annahm, der Abstand und die Unterschiedlichkeit der vorgeschichtlichen Kulturen vorherrschend; ziemlich ebenso verbreitet seien die gegenseitige Entlehnung und Verschmelzung der Elemente [28]. Ein Beispiel dafür aus dem uns hier interessierenden Raum bot bereits die sogenannte Laetenkultur des 4. Jahrhunderts n. Chr. und die Umstrittenheit ihrer ethnischen Zuordnung [29].

Natürlich stellt sich das entsprechende Problem auch für die Reihengräberzivilisation heute in neuer Weise. Darf man sie wirklich noch als hinreichend sicheres Zeugnis für eine germanisch-fränkische Besiedlung Belgiens und Nordfrankreichs in Anspruch nehmen oder ist sie dafür inzwischen teilweise oder gänzlich unbrauchbar geworden? Das ist eine Kernfrage, die einer sorgfältigen Untersuchung bedarf und bei der es töricht wäre, sich mit einer summarischen Antwort in dem einen oder anderen Sinne zu begnügen. Stellen wir jedoch zunächst ohne alle Umschweife fest, daß wesentliche Einschränkungen gegenüber unseren früheren Ansätzen in der Tat erforderlich geworden sind. Auch bei der Reihengräbersitte auf westfränkischem Boden ist die Möglichkeit, daß an ihr neben den für die Ausbildung der Gesamtkultur richtungweisenden Germanen gleichzeitig die alteingesessene provinzialrömische Bevölkerung beteiligt war, in erheblich größerem Umfang in Rechnung zu stellen, als ich gleich Steinbach bei aller Betonung der Vorläufigkeit des Ergebnisses das in meinem „Volkserbe" (S. 45 f., 827 ff., 842 ff.) zu tun geneigt war.

Wir verdanken diese Erkenntnisse den bereits zitierten Untersuchungen, die der leider zu früh verstorbene unbestrittene Meister der frühgeschichtlichen Forschung in Deutschland, Hans Zeiß, 1941 den germanischen Grabfunden zwischen mittlerer Seine und Loire hat zuteil werden lassen. In eindringender Kritik der Ansätze Barrière-Flavys, auf dessen Angaben meine Ausführungen für dieses fränkische Randgebiet im wesentlichen beruhten, gelang es Zeiß, innerhalb des frankenzeitlichen Fundmaterials dieser Gegend eine Scheidung in wahrscheinlich germanisches, wahrscheinlich romanisches und solches zweifelhafter ethnischer Provenienz durchzuführen.

Die von Barrière-Flavy einheitlich den Franken zugeschriebenen Grabfunde sind nämlich in ihrem Fundcharakter sehr unterschiedlich. Neben Friedhöfen, bei denen die Beigabensitte ganz mit derjenigen im germanischen Osten des Frankenreiches übereinstimmt und für die neben dem Auftreten der bekannten fränkischen Keramik die Sitte der Waffengräber kennzeichnend ist, finden sich eine erhebliche Anzahl völlig oder fast völlig beigabenloser, bei denen die alteinheimische Sitte der Bestattung in Särgen aus Stein oder Gipsplatten sehr verbreitet ist. Zwischen beiden stehen Gräberfelder, in denen weder Waffen noch Gefäße angetroffen werden, sondern wo sich die Beigabensitte auf einfache Trachtenstücke, in erster Linie Schnallen und Beschlägplatten, beschränkt.

In der ersten Gruppe glaubt Zeiß mit genügender Sicherheit die Hinterlassenschaft der landnehmenden Franken, in der zweiten die der bodenständigen Bevölkerung sehen zu dürfen. Zweifelhaft ist ihm die Zuweisung der dritten, in seinem Untersuchungsgebiet fast zwei Fünftel aller Fundplätze umfassenden Gruppe. Zeiß hält es für wahrscheinlicher, daß wir auch bei diesen Gräberfeldern die Hinterlassenschaft einer Bevölkerung vorwiegend bodenständiger Herkunft vor uns haben, auf die das Beispiel der germanischen Herrenschicht bezüglich der Beisetzung mit Trachtenstücken eingewirkt habe (so z. B. S. 9), schließt aber auch die andere Möglichkeit nicht aus, daß diese Gräber „auf Franken zurückgehen, die inmitten einer weit zahlreicheren romanischen Bevölkerung bereits im 7. Jahrhundert mit anderen Zügen ihrer Eigenart auch die Waffenbeigabe aufgegeben haben" (so S. 287 f.).

Wie dem auch sei, jedenfalls führen die von Zeiß eingeführten Unterscheidungen für das Gebiet zwischen der Seine und Loire zu einer sehr fühlbaren Einschränkung der sicher oder mit einiger Wahrscheinlichkeit auf die germanischen Franken zurückgehenden Grabfunde. An Friedhöfen mit Waffenbeigaben verzeichnet er in seinem Gebiet nur 22, ohne daß man berechtigt wäre, die Spärlichkeit ihres Vorkommens mit Mängeln der Erforschung in Verbindung zu bringen. Vielmehr ergibt ihre geographische Verbreitung eine auffällige Beschränkung auf das nähere Vorfeld der Seine. Zeiß folgert daraus (S. 23 ff.) ein entsprechendes Abklingen der volksmäßigen fränkischen Siedlung. Meine Herausstellung der Seine als markanter Häufigkeitsgrenze der fränkischen Siedlung erkennt er als richtig an, mißt der fränkischen Siedlung südlich der Seine aber nur noch in Einzelgebieten wie der Normandie und der Umgebung von Paris größere Bedeutung bei, während die von mir im Anschluß an Barrière-Flavy konstatierten kleinen Verdichtungsgebiete um Le Mans, die mittlere Mayenne, die Sarthe, Angers und Orléans zu streichen seien, da hier kaum Waffengräber gefunden wurden. „Im größeren Zusammenhang betrachtet, sind die Waffengräber jenseits der Seine Außenposten der fränkischen Landnahme, die von den östlichen Kernlanden ausgegangen sind. Die Statistik zeigt, daß diese Außenposten gerade noch die heutigen Départements Eure-et-Loir, Loire-et-Cher und Loiret erreichen; hier endet das einheitliche Gebiet der germanischen Reihengräbersitte. Wenn vereinzelte

Kriegergräber bis in die Gegend der Westküste nachzuweisen sind, so liegen sie fernab vom geschlossenen Hauptgebiet ..." (S. 28); Zeiß rechnet hier mit der Möglichkeit jüngerer Nachwanderung (S. 22). Die Zone der germanischen Besiedlung würde sich bei Zuweisung der einfachen Trachtengräber, die sich in auffälliger kulturgeographischer Geschlossenheit vor die Räume mit stärkerem Auftreten von Waffengräbern legen, nach Westen und Süden erweitern, doch hält Zeiß diese Möglichkeit für wenig wahrscheinlich.

Im einzelnen bleiben mancherlei Unsicherheiten. Auf eine, die Nichtberücksichtigung der Tatsache, daß wesentliche Gebiete vielleicht nur deshalb in der Fundkarte ausfallen, weil sie spätes Ausbauland sind, weist Zeiß wenigstens anmerkungsweise hin (S. 28). Ferner bildet die von Zeiß offen gelassene Frage, wieweit ein Verkümmern oder Schwinden der Beigabensitte die Folge einer ausklingenden fränkischen Landnahme oder eines fortgeschrittenen Stadiums der Romanisierung ist, natürlich einen ganz großen Unsicherheitsfaktor. Wenn man bedenkt, daß die Masse der zwischen Seine und Loire aufgefundenen Gräberfelder nach der von Zeiß gegebenen Datierung erst dem 7. Jahrhundert angehört und die Beigabensitte gegen Ausgang des Jahrhunderts auch im Bereich der deutschen Reihengräberkultur zu Ende geht, ist wohl die Frage berechtigt, ob uns zwischen Seine und Loire, in nächster Nachbarschaft des alten aquitanischen Missionszentrums, in den waffenlosen Beigabengräbern nicht doch in erster Linie ein fortgeschrittener Zustand der Christianisierung und Romanisierung germanischen Frankentums entgegentritt. Meines Erachtens ist die Tatsache, daß bei Annahme der Zeißschen Interpretation die Gegend um die geschichtlich überlieferte fränkische Teilresidenz Orléans bisher keinerlei Spur einer fränkischen Niederlassung ergeben hat, ein ernsthaftes Argument gegen die uneingeschränkte Gültigkeit der Zeißschen Kriterien.

Andererseits kann an der methodischen Fruchtbarkeit seiner Unterscheidungen kein Zweifel sein. Besonders wichtig scheint mir, daß nunmehr für die Beantwortung der Frage nach den Gräbern der alteingesessenen keltoromanischen Bevölkerung — bisher eine der dunkelsten des ganzen Problemkomplexes! — auch über das von Zeiß untersuchte Gebiet hinaus bestimmtere Anhaltspunkte gegeben sind. Im Rheinland wird man nach der Zeißschen Methode die beigabenlosen frühmittelalterlichen Sarkophaggräber von St. Severin und St. Gereon in Köln sowie St. Martin in Trier, ferner die beigabenlosen Gräber aus dem Töpferzentrum Mayen, der Frankenniederlassung Ehrang bei Trier, um die Märtyrerkirche des Bonner Münsters und bei der Andernacher Peterskirche — um nur einige wichtige Beispiele zu nennen — der fortlebenden Provinzialbevölkerung zuweisen dürfen [31]. Ähnlich werden die meist beigabenlosen frankenzeitlichen Friedhöfe im Umkreis der ältesten Doorniker Kirchen zu beurteilen sein [32].

Es ist nicht zufällig, daß die Mehrzahl dieser Beispiele in die Nähe alter Kirchen führt. Wenn in der Regel der Nachweis der frühmittelalterlichen Friedhöfe der keltoromanischen Bevölkerung so schwierig ist, so liegt der Hauptgrund darin, daß diese Friedhöfe, da von vornherein christlich, gewöhnlich viele Jahrhunderte hindurch und oft bis in die Gegenwart weiter belegt wurden, wodurch natürlich in der Regel die Schicht der frühmittelalterlichen Gräber vernichtet worden ist. Anders die Mehrzahl der Frankenfriedhöfe, bei denen die Belegung nur dann die zu Anfang des 8. Jahrhunderts erfolgende Einrichtung von Friedhöfen bei den Pfarrkirchen überdauerte, wenn sich die Kirche selber auf dem

Gräberfeld ansiedelte. Es bestanden also für die fränkischen und einen Teil der keltoromanischen Friedhöfe bis zu einem gewissen Grade verschieden günstige Erhaltungsbedingungen [33].

Am lehrreichsten liegen die Verhältnisse bei Andernach, über das wir durch Ausgrabungen und Inschriften besonders gut unterrichtet sind. Hier existiert neben zwei Friedhöfen, auf denen sich fränkische und provinzialrömische Gräber auf die geschilderte Weise mit großer Wahrscheinlichkeit unterscheiden lassen, ein dritter, für das 5. und 6. Jahrhundert völlig beigabenloser Friedhof von einigen Hundert Gräbern, der der eigentliche Hauptfriedhof der Provinzialbevölkerung auch in der Frankenzeit gewesen zu sein scheint. Bei diesem ergeben sich ganz konkrete Anhaltspunkte für die romanische Volkszugehörigkeit der dort Bestatteten: 2 der 14 aus fränkischer Zeit namentlich Genannten — der Notarius Amicatus und der Presbyter Crescentius — tragen noch genuin romanische Namen (eine Sitte, die im Rheinland schon früh ins Schwinden geriet); ferner fand man auf dem Friedhof 44 christliche Grabsteine des 6. und 7. Jahrhunderts, deren Verwendung und deren Formelgut bruchlos und ohne Änderungen die Bestattungsbräuche der spätrömischen Christen fortsetzt, während die Franken diese Sitte in der Regel nicht übernommen haben. Hier ist also jeder Zweifel an dem Zusammenfall von Romanität und Beigabenlosigkeit wohl ausgeschlossen [34].

Auch Zeiß' Vermutung, daß die Gräber mit reinem Trachteninventar z. T. auf die keltoromanische Provinzialbevölkerung zurückgehen, eröffnet weitgehende Unterscheidungsmöglichkeiten. In dieser Kategorie der Reihengräber wird — allerdings vorerst ohne die Möglichkeit anteilmäßiger Festlegung — auf ehemals römischem Boden die Hinterlassenschaft desjenigen Teiles der bäuerlichen Provinzialbevölkerung vermutet werden dürfen, der beim Zusammenbruch der römischen Herrschaft zwischen den landnehmenden Germanen sitzen blieb und sich, wenn auch oft in sozial geschwächter Stellung, am alten Orte behauptete. Daß mit solcher Siedlungskontinuität eines Teiles der Vorbevölkerung zu rechnen ist, ergibt sich auf Grund des Durchlaufens von Gräberfeldern mit ziemlicher Sicherheit für die Laetenbevölkerung am Rhein, ist aber auch für einen Teil der alteingesessenen Provinzialbevölkerung selbst am linken Niederrhein wahrscheinlich zu machen [35].

Um die Verbreitung der Gräber mit reinem Trachteninventar über die verschiedenen westfränkischen Gebiete genauer überblicken zu können, wäre es im höchsten Grade wünschenswert, daß entsprechende Untersuchungen wie die Zeißschen einmal auch an anderen Stellen des Westfrankenreiches angestellt würden. Mit ihrem Vorkommen wird überall zu rechnen sein. Beispielsweise begegnet uns auch auf dem beigabenarmen spätfränkischen Friedhof von Trémont im Maasdépartement ein ausgesprochener „compromis entre les modes nouvelles et la mentalité de campagnards plus ou moins autochthones", der daran zweifeln läßt, ob die hier Bestatteten unter die Einwirkung der fränkischen Sitten geratene Romanen oder im Zustand der Romanisierung befindliche Franken waren [36]. Vielleicht ist mit Elementen von beiderlei Herkunft zu rechnen, da auf dem Friedhof die Waffengräber immerhin noch vorkommen.

Daß auch die Zeißsche Gleichsetzung von Waffengräbern mit Gräbern der germanischen Franken in Einzelfällen doch einer gewissen Einschränkung bedarf, steht allerdings außer Zweifel. Auch in die fränkische Beamtenhierarchie aufgenommene und in der unmittelbaren Umgebung des

Königs lebende Romanen, mit denen wir nach den Forschungen Strohekers[37] insbesondere in Südfrankreich schon seit Chlodwig in erheblichem Umfang zu rechnen haben, können doch wohl auch die fränkische Sitte der Waffengräber übernommen haben, wie sie bekanntlich seit dem 6. Jahrhundert in rasch wachsendem Maße zur Sitte der germanischen Personennamen übergegangen sind. Rechnet doch neuerdings auch der genaueste Kenner der fränkischen Archäologie der Rheinlande, K. Böhner, mit der Tatsache, daß dort auch in die Abhängigkeit der fränkischen Sieger geratene Angehörige der Provinzialbevölkerung, soweit ihnen das Tragen von Waffen gestattet wurde, sich in Anpassung an die Sitten der fränkischen Herrenschicht zuweilen mit einzelnen Waffen bestatten ließen[38]. Was aber im Rheinland möglich war, kann natürlich bei der ebensoweit getriebenen Vermischung der Volkskulturen auch in Nordgallien nicht von der Hand gewiesen werden. Mit der Anerkennung einer solchen Möglichkeit scheint ein Punkt erreicht, an dem auch der so vielversprechende Zeißsche Versuch einer Unterscheidung des germanischen und romanischen Anteils an der Reihengräberkultur wieder in einer vollkommenen Sackgasse endet. Haben daher die belgischen Archäologen nicht recht, wenn sie ihm nur den Wert einer Rückzugsposition im Zuge der Abkehr von dem spezifisch deutschen Irrglauben an die siedlungsarchäologische Methode kossinnascher Prägung beimessen und die Möglichkeit einer praktisch für die Siedlungsgeschichte verwertbaren Unterscheidung der ethnischen Elemente in der Reihengräberzivilisation rundweg in Abrede stellen[39]?

Ich glaube, eine solche Schlußfolgerung hieße das Kind mit dem Bade ausschütten! Was gegen sie spricht, sind nicht nur allgemeine Erwägungen, sondern sehr konkrete Beobachtungen der letzten Jahre. Überall nämlich, wo sich im Rheinland Romanen in den Reihengräberfriedhöfen nachweisen ließen[40], zeigte sich, daß sie bis etwa zum Jahre 600 bei ihren überkommenen beigabenlosen Bestattungssitten blieben und erst dann allmählich anfingen, die fränkischen Bräuche zu übernehmen; ja, es gibt nicht unbedeutende Orte wie das castrum Bitburg in der Eifel, wo die hier anscheinend aus Provinzialrömern bestehende Bevölkerung noch im 7. Jahrhundert an den alten Sitten festhielt[41].

Zeigte aber schon die früh der Eindeutschung verfallene provinzialrömische Bevölkerung der Rheinlande eine so geringe Eile bei der Annahme der fränkischen Bestattungssitten, so dürfte doch — bei allen Ausnahmen im einzelnen, die wir gern zugeben wollen — das in ungleich stärkerer Position befindliche westfränkische Romanentum sich seine Eigenart auf diesem Gebiet mindestens ebensolange bewahrt haben. Daher möchte ich glauben, daß es sich die belgischen Archäologen zu leicht machen, wenn sie, anders als ihre älteren archäologischen Vorgänger, den Reihengräberfriedhöfen ohne weitere Detailuntersuchung allen ethnischen Aussagewert absprechen. Es wäre zweifellos fruchtbarer, nun erst einmal an die Einzelprüfung und Edierung des wertvollen Materials zu gehen. Die Roosens'sche Arbeit war in dieser Hinsicht eine Vorarbeit, nicht anders als meine eigene auch — die spezielle *archäologische* Sichtung steht bis heute noch immer aus!

Die Tatsache, daß auch in Nordgallien das einzelne Waffengrab noch keinen sicheren Schluß auf die fränkische Herkunft des darin Bestatteten zuläßt, verträgt — ich möchte das wiederholen! — keine unbesehene Verallgemeinerung. Insbesondere berechtigt sie keineswegs sogleich zu der Folgerung, daß auch bei einem Auftreten von Waffengräbern in größerer Anzahl und reicher Ausstattung nicht doch mit fränkischer Volkssiedlung im Gebiet gerechnet werden dürfte, besonders wenn es sich um Waffengräber der Landnahmezeit handelt. Die ihrer Entstehung nach spezifisch germanische Sitte der Bestattung in Waffen konnte in Nordgallien, wo die Beigabenlosigkeit in den Gräbern der Provinzialbevölkerung seit dem 4. Jahrhundert allmählich die Regel und von der Kirche gefordert wurde, nämlich ohne Zweifel nur dort Eingang finden, wo eine bedeutende germanische Schicht dafür das Beispiel gab. Zu einem vollgültigen Urteil gelangt man in dieser Frage nur, wenn man sich über die begrenzte wallonisch-nordfranzösische Beobachtungsgrundlage erhebt und die Verbreitung der frühmittelalterlichen Reihengräberzivilisation im ganzen ins Auge faßt. Wie charakteristisch ist z. B. ihr Fehlen in dem großen romanischen Reliktgebiet an der unteren Mosel und in den erst spät eingedeutschten Teilen der Voralpen und des Schweizer Jura (vgl. darüber Näheres in Abschnitt 5)! Sie erscheint in typischer Form überall dort, aber auch nur dort, wo die landnehmenden Germanen der Völkerwanderungszeit wirklich ansässig geworden sind [41]; die diesbezüglichen Feststellungen meines „Volkserbe" (S. 45 f., 827 f.) besitzen auch heute noch uneingeschränkte Geltung. Die Möglichkeit oder Unmöglichkeit einer befriedigenden Erklärung dieser Tatsache ist ein Prüfstein für die Stichhaltigkeit eines jeden Deutungsversuchs. Deshalb glaube ich gegen Roosens und Dhondt mit aller Bestimmtheit daran festhalten zu müssen, daß die reich mit Waffengräbern ausgestatteten nordgallischen Reihengräberfelder, wenn schon nicht im konkreten Einzelfalle, so doch im ganzen mit hinreichender Sicherheit auf das Vorliegen einer beträchtlichen germanischen Volkssiedlung hinweisen. Waffengräber der Zeit um 500 wie Marboué, auf das Zeiß so großen Wert gelegt hat, dürfen in jedem Fall als fränkisch angesprochen werden. Soviel ich sehe, entspricht das auch dem Ergebnis, zu dem Salin in der Praxis für sein Untersuchungsgebiet gelangt ist [42]. Auch die Schweizer Forschung wertet die Reihengräberfriedhöfe in ihrem Gebiet als Zeugnisse für eine germanische Besiedlung des Landes [43].

Die Frage der Ausstattungs- und Waffengräber und der mögliche Anteil, den die Romanen daran besessen haben können, bleibt ein ganz entscheidender Punkt für jede siedlungsgeschichtliche Auswertung der Funde. Deshalb wäre es in hohem Grade dankenswert, wenn dieser Frage in den künftigen archäologischen Untersuchungen erhöhte Aufmerksamkeit gewidmet würde.

Überhaupt wird bei dem Versuch einer schärferen Scheidung der Gräberfelder nach Zeißschem Muster oder auch zum Zwecke einer genaueren sozialen Differenzierung [44] vor jedem Schematismus zu warnen sein. Beispielsweise kann die Beigabenlosigkeit in manchen Gräbern auf rheinischen Friedhöfen des 6./7. Jahrhunderts nur ein Kennzeichen einer durchgreifenden Christianisierung der Oberschicht sein, während die Gräber der bäuerlichen Toten gleichsam im Sinne der Anschauung vom gesunkenen Kulturgut noch eine Fülle von Beigaben aufweisen.

Wenn Zeiß für sein Untersuchungsgebiet zu einer sehr einschneidenden Reduzierung der mit einiger Sicherheit den germanischen Franken zuzuweisenden Gräberfelder kommt, so dürfte der Prozentsatz der als Zeugnis der fränkischen Siedlung zu streichenden Anlagen nördlich der Seine bedeutend geringer sein. Denn hier überall ist, wie auch Zeiß (S. 30) hervorhebt, die Sitte der Waffengräber allgemein verbreitet. Sie begegnet in ungleich stärkerem Grade in Burgund, gibt den lothringischen Reihengräberfriedhöfen ihr

Gepräge[45] und ist auch im Norden durchaus die Regel[46]. Auch die anthropologische Beschaffenheit der in den Reihengräbern Bestatteten wird man ungeachtet des Mißkredits, in den die sog. rassische Geschichtsbetrachtung diesen Forschungszweig gebracht hat, dabei sorgsam im Auge haben müssen[46a]. Vielleicht wird der methodische Vergleich mit den Friedhöfen der vorangegangenen Perioden im Gebiet dann doch einmal gewisse Rückschlüsse ermöglichen.

Im ganzen bleibt meines Erachtens die wallonisch-nordfranzösische Reihengräberzivilisation trotz der Abstriche, die bei Zugrundelegung der Zeißschen Kriterien und der Einrechnung der auch dann noch verbleibenden Unsicherheiten in den einzelnen Gebieten am Gesamtbestand der als fränkisch anzuerkennenden Gräber und evtl. Gräberfelder zu machen sein werden, nach wie vor ein nicht zu übersehendes Zeugnis germanischer Volkssiedlung. Auch stärkemäßig kann sie in den Gebieten nördlich der Seine mit der Verbreitung der Reihengräber in Westdeutschland einen Vergleich aushalten. So weist Wallonien mit rund 450 Gräberfeldern bei etwa 16 000 qkm Bodenfläche etwa die gleiche Funddichte auf wie das Rheinland[47]. Hinter der von Veeck für Württemberg ermittelten Funddichte[48] bleibt sie zwar zurück, erreicht sie jedoch, wenn man den Vergleich auf die vorwiegend altbesiedelten Provinzen Namur und Hennegau beschränkt, wo auf einen Raum von 7380 qkm 255 Reihengräberfelder auftreten. Auch wenn man von diesen Zahlen einen gewissen Prozentsatz für Anlagen in Abzug bringt, die möglicherweise nur mit Einheimischen belegt waren, bleiben mithin Wallonien und Nordfrankreich bis zur Seine Kerngebiete dieser wichtigsten germanisch bestimmten Kultur des Frühmittelalters.

2. DAS ZEUGNIS DER ORTSNAMEN

Läßt sich schon von dem äußeren Verbreitungsbild der Reihengräberfunde im Westfrankenreich nur mit einiger Vorsicht auf die Richtung und Stärke der ursprünglichen fränkischen Landnahme im Gebiet zurückschließen und bedarf es dringend der näheren Interpretation, um siedlungsgeschichtlich auswertbar zu werden, so gilt das in noch ungleich höherem Grade von dem Befund der Namenforschung. Erst kombiniert vermöchten die unmittelbaren germanischen Namenreste, die unter germanischem Einfluß entstandenen Namen vom Typus der Weiler-Namen und der Ortsnamenausgleich — so suchte ich im „Volkserbe" nachzuweisen — [49] eine ungefähre Gesamtvorstellung von dem Ausmaß der fränkischen Volkssiedlung in Nordgallien zu vermitteln. Leider aber sind wir zum mindesten vorläufig nicht in der Lage, das Ausmaß, in dem vor allem der Ortsnamenausgleich bei der Einschmelzung der fränkischen Siedler in das romanische Volkstum das frühfränkische Namenbild Nordgalliens wieder im romanischen Sinne vereinheitlicht hat, auch nur annähernd abzuschätzen. Ebenso entzieht sich der Umfang, in dem das fränkische Volkselement an der Bildung der Weiler-Namen in der ersten Ausbauzeit noch aktiv beteiligt war, unserer Kenntnis. Als weiteren Unsicherheitsfaktor hat E. Gamillscheg die Möglichkeit in die Debatte geworfen, daß bestimmte germanische Namengruppen in der Romania nicht auf die Landnahme, sondern erst auf jüngere germanische Zuwanderung zurückgehen. Ich habe gegenüber dieser These und Gamillschegs berechtigten etymologischen Einwänden meine eigene Anschauung nochmals überprüft und präzisiert[50].

Die Aufnahme dieser Kontroverse durch die romanistische Forschung läßt sich dahin zusammenfassen, daß diese Gamillschegs sprachlich-etymologischen Einwendungen im allgemeinen zustimmt und sie in Wallonien insbes. auf Grund der lexikographischen und dialektischen Besonderheiten des Gebiets wohl auch noch ergänzt hat[51], daß sie aber in der Frage der zeitlichen und besonders der stammesmäßigen Auswertung der als germanisch anerkannten Namensschicht mehr oder weniger meine eigenen Ansätze bestätigt. Allgemeine Ablehnung gefunden hat z. B. in Übereinstimmung mit meinen eigenen Ausführungen („Zur Grundlegung" S. 30—46) Gamillschegs Annahme später Zuwanderungen von „*bizzi*-Leuten" und sächsisch-friesischen „*inghem*-Leuten"[52]. Es gebe zwar (was ich selber nie verkannt habe) germanische Nachwanderungen, „aber das Ausmaß dieser Volksbewegung ist von Gamillscheg auf Grund seiner unhaltbaren Ortsnameninterpretation gewaltig überschätzt worden" — so lautet in dieser Hinsicht das Schlußergebnis W. von Wartburgs[53]. Völlig ergebnislos verlaufen ist bisher auch der Versuch einer sprachlichen Unterscheidung zwischen Saliern und Ripuariern auf dem Boden Nordgalliens[54]. Es ist in dieser Frage zwar noch durchaus nicht das letzte Wort gesprochen; ich gedenke mich selber noch einmal zu diesem Problem zu äußern. Aber die von Gamillscheg vorgeschlagenen Unterscheidungen halten nicht Stich.

Im ganzen genommen hat der Umfang der von mir im „Volkserbe" als fränkisch angenommenen Orts- und vor allem Flurnamen unbestreitbar eine recht fühlbare Reduktion erfahren; es wäre zu wünschen, daß daraufhin für den verbleibenden germanischen Bestand eine neue Übersichtskarte gezeichnet würde. Vermutlich würden sich auf ihr die späterschlossenen Gebirgsriegel noch sehr viel klarer abheben, als das bereits in meinen eigenen Übersichtskarten der Fall war (vgl. insbes. „Volkserbe", Karte 30).

Was von allen Veränderungen im einzelnen unberührt geblieben ist, ist das Gesamtbild der Verbreitung der germanischen Namenspuren im romanischen Sprachgebiet: ihre Massierung unmittelbar jenseits der Sprachgrenze und ihr mehr oder weniger starkes Abklingen nach dem Innern des romanischen Sprachgebietes zu (vgl. dazu „Volkserbe" S. 814) einerseits und andererseits die Tatsache, daß in den altbesiedelten Gebieten Walloniens und den angrenzenden Teilen des Pariser Beckens von einer wirklichen Schicht germanischer Namen gesprochen werden darf. Die Tiefe der intensiv von germanischen Namen durchsetzten Zone ist abschnittsweise verschieden. In ausgesprochen spätbesiedelten Räumen wie den Zentralardennen, aber auch in manchen altbesiedelten Räumen wie dem Metzer Becken ist sie nur schmal, während Südartesien, der nördliche Hennegau und Wallonisch-Brabant, wie noch kürzlich J. Vannérus bestätigt hat [55], einen wirklich ins Gewicht fallenden Einschlag germanischer Namen aufweisen.

Auch für ein zentralwallonisches Gebiet wie das Namurois ist der junge flämische Sprachforscher M. Gysseling, ein Schüler E. Blancquaerts, unlängst auf Grund genauerer Untersuchung der in der französischen Vita Bertuini vorkommenden Ortsnamen Floreffe, Flawenne und Marlagne und ihrer sprachlichen Entwicklung zu dem Ergebnis gekommen, daß es noch im 8. Jahrhundert wirklich zweisprachig gewesen sei [56]. Bei der fränkischen Ausdehnung im Sambre-Tal seien nicht nur neue germanische Namen entstanden (Beispiel: Flawenne, im 8. Jahrhundert *Hlopanna* zu *Hlaupana), sondern auch vorgermanische an die Aussprache der neuen Bevölkerungsgruppe angeglichen worden (Beispiele: Marlagne, zu keltisch *magal-onia, vom 8.—13. Jahrhundert mit dem germanischen Ausgang auf *-inia*, also *Mahlinia* u. ä., ferner Formen wie *Samber* neben *Sambra*, Sambre). Neben und in engem Kontakt mit dem Romanischen, das niemals ausgestorben sei, habe also eine germanische Minderheit bis ins 10./11. Jahrhundert ihre Sprache bewahrt und außerdem mit der Bevölkerung nördlich der heutigen Sprachgrenze sprachliche Beziehungen unterhalten. Was aber für das Namurois zutreffe, könne auch für andere Gebiete südlich der Sprachgrenze als wahr unterstellt werden, selbst wenn dort gleichwertige frühmittelalterliche Quellen nicht vorhanden seien.

Von wallonischer Seite ist die Sicherheit der schriftlichen Überlieferung, auf die Gysseling sich stützt, in Zweifel gezogen und insbesondere die Tragweite seiner Beobachtungen in Abrede gestellt worden.[57] Man kann deshalb auf die großangelegte Neuaufnahme des ganzen germanischen Ortsnamenmaterials in Flandern und den angrenzenden romanischen Gebieten bis zum Jahre 1125 gespannt sein, die Gysseling in den belgischen, niederländischen und nordfranzösischen Archiven durchgeführt hat[58] und deren erster großer Vorzug gegenüber allen bisherigen Ortsnamensammlungen und -bearbeitungen bis hin zu A. Mansions „Oudgentscher Naamkunde" darin bestehen wird, daß sie überall den Rückgriff auf die Originalurkunden oder älteste archivalische Überlieferung vornimmt und dadurch eine Vielzahl der gerade in den belgischen Urkundenpublikationen sehr häufigen Verlesungen und Entstellungen von Namen durch die Editoren ausschaltet.

Soviel ich unterrichtet bin, beträgt das von Gysseling für die wallonisch-nordfranzösischen Gebiete gesammelte Namenmaterial, das den germanischen Siedlungseinfluß bestätigt, ein Mehrfaches des meinigen; er gelangt — bei vielfachen Korrekturen im einzelnen —, was die Verbreitung der germanischen Spuren in Wallonien und dem angrenzenden Frankreich sowie den Ausgleichscharakter der Sprachgrenze angeht, zu Ergebnissen, die den meinigen verwandt sind.

Zu den wichtigsten Ortsnamenschöpfungen der Frankenzeit, die aber zugleich ihrer siedlungsgeschichtlichen Einordnung besondere Schwierigkeiten bereiten, gehören auf französischem Boden die sog. Weiler-Namen, im Anschluß an Gamillscheg heute gern Namen vom Avricourt-Typus genannt, d. h. Namen mit den rein romanischen Grundwörtern -*court*, -*villers*, -*ville* usw., die aber durch ihre meist unromanische Wortfügung (Nachsetzung des Grundwortes hinter das Bestimmungswort) und die häufige Verwendung eines germanischen Personennamens im Bestimmungswort aus dem normalen französischen Rahmen herausfallen. Letztere Tatsache hatte ein Gutteil der deutschen und französischen Romanisten veranlaßt, sie zumindest teilweise in mehr oder weniger direkter Form als Zeugnisse fränkischer Herrensiedlungen über einheimischem Bauerntum in Anspruch zu nehmen. Gamillscheg griff auf die ursprüngliche Ansicht des Romanisten Gröber zurück und vermutet hinter einem Kern der französischen Weiler-Namen Ausgleichsformen aus gleichwertigen germanischen Ortsnamen, während die Namen auf -*villers* Zeugnis für einen Alemannenvorstoß des 7. Jahrhunderts bilden sollen [59].

Demgegenüber habe ich das Vorkommen des Ortsnamenausgleiches bei den Weiler-Namen zwar durchaus in Rechnung gestellt und mancherlei Belege dafür beigebracht (insbes. „Volkserbe" S. 721 ff.), im ganzen mich aber gleich Steinbach („Studien" S. 148 f.) dahin entschieden, daß die französischen Weiler-Namen in erster Linie als Zeugnisse frühmittelalterlicher Ausbausiedlung anzusehen sind, in denen zwar der fränkische Spracheinfluß besonders sinnfällig in Erscheinung tritt und die deshalb eins der wichtigsten sprachlichen Zeugnisse dafür bilden, wie weitgehend germanische Sprachgewohnheiten damals auch bei den romanischen Massen Eingang gefunden hatten, daß sie aber im ganzen genommen als Zeugnisse für die fränkische Landnahme nicht verwendbar sind. Sie als typische Hervorbringungen der spätmerowingisch-frühkarolingischen Reichskultur zu betrachten, zwang nicht nur ihre geographische Lage vorherrschend in Ausbaugebieten, sondern besonders ihre innere Zusammengehörigkeit mit den deutschen Weiler-Namen, die ganz die entsprechende Mischung romanischer und fränkischer Sprachgewohnheiten aufweisen[60].

Übereinstimmung herrschte in der neueren Forschung im allgemeinen darüber, daß die unfranzösische Bildungsweise der französischen Weiler-Namen in irgendeiner Weise mit den sprachlichen Wirkungen der fränkischen Landnahme zusammenhing. Demgegenüber hat vor einigen Jahren eine Göteborger romanistische Dissertation die These aufgestellt, daß die unbestreitbaren unfranzösischen Züge dieser Namenklasse nicht auf die Franken, sondern auf das Weiterwirken eines bereits gallischen Benennungsprinzips zurückzuführen seien[61].

Indes hat der als Arbeitshypothese interessante Versuch keinerlei Anklang gefunden. Auf französischer Seite bestritt Dauzat, daß er gegenüber den Arbeiten der letzten 15 Jahre irgendeinen Fortschritt bringe[62]. Zu einem gleich negativen Resultat führte die Nachprüfung von keltologischer Seite[63]. Weder hat 1. das Gallische von vornherein die Bildungsweise, auf die es ankommt, in ausreichendem Maße besessen, noch haben 2. diese gallischen Ortsnamentypen sich durch die Römerzeit hindurch so fest erhalten, daß sie nicht durch die andersartigen romanischen Sprachgewohnheiten verdrängt wurden, noch ist schließlich 3. ihre Kraft so stark geblieben, daß sie nun die zahlreichen neuen Namen, die mit meist germanischen Bestimmungswörtern gebildet wurden, hätten hervorrufen können. Selbst im günstigsten Fall kann nach Weisgerber nur ein schwacher Nachklang keltischer Kompositionstypen bis in die Frankenzeit nachgewiesen werden, der die außerordentliche Entfaltungskraft der nun hochkommenden Avricourt-Typen selbst bei positivster Einschätzung der bodenständigen Sprachgewohnheiten auf keinen Fall zu erklären vermag. Nach dem Scheitern der keltischen Möglichkeit darf die frankenzeitliche Entwicklung dieses Namenstyps, angesichts der bekannten dafür sprechenden Argumente, die Johnson keineswegs zu entkräften vermocht hat, heute wohl endgültig als gesichert gelten[64].

Als die „methodische Achse" von meiner (und Steinbachs) Auffassung vom siedlungsgeschichtlichen Aussagewert der germanischen Ortsnamen in Wallonien und Nordfrankreich hat 1937 Frings den Ortsnamenausgleich bezeichnet[65]. Seine systematische Inrechnungsetzung und nicht etwa die quantitativen Unterschiede in der Einschätzung der direkten germanischen Namenspuren in Nordgallien begründen auch, wie man mit Recht hervorgehoben hat, den eigentlichen Gegensatz von Gamillschegs und meiner Auffassung. Es ist der gleiche Gegensatz, der auch die Auffassungen von Gamillscheg sowie Wartburg und Th. Frings voneinander trennt. Unabhängig von mir hat Frings bereits in seiner Kritik von Gamillschegs „Romania Germanica"[66] für Nordgallien Ausräumungs- und Ausgleichsprozesse großen Ausmaßes als sprachgestaltende Kräfte in Ansatz gebracht und an die Besprechung meines „Volkserbes" die Anregung geknüpft, die entsprechenden Beobachtungen an den verschiedenen Volksgrenzen und sprachlichen Grenz- und Überschichtungsgebieten Europas einmal vergleichend zu behandeln.

Diesem Wunsche ist inzwischen mit gewissen kriegsbedingten Einschränkungen entsprochen worden durch H. Drayes Studie über „De gelijkmaking in de plaatsnamen" [67]. In vergleichender Betrachtung der deutsch-slovenischen, deutsch-ungarischen, deutsch-tschechischen, deutsch-litauischen, deutsch-wendischen und englisch-skandinavischen Sprachgrenzen kommt sie zu dem Ergebnis, daß das Phänomen des Ortsnamenausgleichs bei aller Individualität der jeweiligen Grenzbildung, die im Einzelfall auch einmal durch geographische Momente oder durch Verteidigungsanlagen wie den karolingischen limes Saxoniae gegenüber den Wenden mitbestimmt worden sein könne, im ganzen genommen durchaus als allgemeingültiges Prinzip anerkannt werden müsse. Die entscheidende Frage nach Maß und Bedeutung des Namenausgleichs innerhalb des von der fränkischen Landnahme erfaßten romanischen Sprachgebiets hat auch Draye nicht beantworten können. Was er bietet, ist eine kritisch gereinigte Übersicht der im „Volkserbe" verzeichneten Ausgleichsfälle und Doppelformen, wobei er meine Beobachtung bestätigt, daß die mit Sicherheit in die Frühzeit zurückreichenden Ausgleichsfälle vom Typus *Trognée/Truilingen, Crisnée/Gerstekoven* und *Diedenhofen/Thionville* sich auf die alten offenen Kulturräume um Metz oder Tongern konzentrieren, während das spät erschlossene Ardennengebiet oder der westflämische Teil der Sprachgrenze, dem eine intensiv mit germanischen Namen durchsetzte Zone vorgelagert ist, seit dem

Einsetzen der urkundlichen Überlieferung in den Ortsnamen nur verhältnismäßig spärliche Spuren von Ausgleich aufweisen. Quantitativ betrachtet kommt Draye zu dem Ergebnis, daß in den niederländischen Sprachabschnitten der Namenausgleich sich in erster Linie nicht auf dem Wege der Übersetzung, sondern der Assimilation vollzieht. Man müsse aber, wie schon Frings in seiner Besprechung meines „Volkserbes" bemerkte, auch die auf dem Wege der sprachlichen Assimilation sich vollziehende Angleichung in die Betrachtung des Gesamtphänomens mit einbeziehen.

Abschließend führt Draye mit Hilfe einer Spezialuntersuchung der Namensentwicklung zweier in den letzten Jahrhunderten romanisierter flämischer Gemeinden[68] den Nachweis, daß der Namenausgleich in der doppelten Form der Assimilation und der Übersetzung als eine stetig wirkende Kraft tätig ist. Es führe dazu, daß das namenkundliche Gesamtbild eines seine Sprache wechselnden Ortes bis auf einige, von den Bewohnern nicht als solche empfundene Relikte in wenigen Jahren völlig der neuen Sprache angeglichen wurde.

Drayes dahingehende Beobachtung findet ihre Bestätigung nach der flämischen Seite hin an der Namengebung der in den letzten Jahren flamisierten altwallonischen Sprachgrenzgemeinde Herstappe[69]. Auch hier entspricht der fortschreitenden Umlagerung in den flämischen Sprachkreis, wie Herbillon und Stevens nachweisen, ein entsprechender Ausgleich des Orts- und Flurnamenbestandes. Er vollzieht sich teils durch Ausmerzung romanischen Sprachgutes, teils durch Angleichung (so besonders in den Gehöftnamen), teils durch Neubildung, in einer recht beträchtlichen Zahl von Fällen aber auch auf dem Wege der Übersetzung romanischer Bezeichnungen[70].

Diese Beobachtungen sind über den Einzelbefund hinaus von grundsätzlicher Bedeutung. Sie zeigen, daß die Tendenz zum Sprachausgleich in den Orts- und Flurnamen eine allgemeine ist und immer dann auftritt, wenn sich ein Gebiet oder eine Bevölkerungsgruppe in sprachlicher Umlagerung befindet. Ich erblicke darin eine Bestätigung unserer These und einen nicht zu übersehenden Hinweis darauf, daß die uns an der Sprachgrenze entgegentretenden Ausgleichserscheinungen in der Tat nur den letzten Rest eines Vorgangs darstellen, der sich im Frühmittelalter bei der Einschmelzung der in der Romania ansässig gewordenen Germanen überall vollzogen hat, wo Germanentum wirklich siedelte und seine Sprache aufgab; der der vollen sprachlichen Assimilierung durch die Romanen vorangehende Zustand der vollendeten Zweisprachigkeit und die Tatsache, daß ein großer Teil der Namen damals noch als lebendiges Sprachgut empfunden wurde, wird dabei diese Verbreitung des Prozesses besonders begünstigt haben. Daß aber ein solcher Zustand allgemeiner Zweisprachigkeit während der ersten Jahrhunderte des Mittelalters im nördlichen Gallien auch in dem Ortsnamengebiet wirklich bestanden haben muß, hat noch unlängst A. Carnoy für Belgien wieder vertreten [71] und W. v. Wartburg mit allen sich daraus für den Namenausgleich im Westfrankenreich aufdrängenden Schlußfolgerungen erneut dargelegt [72].

Beachtung verdient bei diesem Stande der Forschung das Bemühen, auch aus dem Innern der Sprachgebiete weitere Belege für den Namenausgleich beizubringen. Mehrere neue Beispiele für das Nebeneinander von germanischer und romanischer Namensentwicklung im früheren Mittelalter lieferte die bereits zitierte Studie Gysselings über das Namurois [73]. Im Gebiet der Canche konnte er ferner dank der guten Überlieferung Hesmond (826, Kopie 961

Hethenesberg; 838, Kopie 961 *Hethenesmont;* 857, Kopie *Hethenasberg,* um 1120 *Hethemund)* zweifelsfrei als romanische Ausgleichsform aus ursprünglich germanischem *Hethenas-berg* bestimmen[74]. Für die Schweiz haben W. Bruckner[75] und F. Stähelin[76], für Süddeutschland F. Langenbeck[77] und andere auf verschiedene wertvolle Belege für alten Namenausgleich hingewiesen. So ist *Wiflisburg,* die deutsche Ausgleichsform für Avenches, keineswegs nachlandnahmezeitlich (so „Volkserbe" 751), sondern, wie die Heranziehung einer infolge ihres barbarischen Lateins allerdings fast unverständlichen Bemerkung Fredegars zu ergeben scheint, nach jenem *Wibilus* benannt, unter dessen Führung die Alemannen Aventicum, die größte römische Niederlassung in der Schweiz, zerstörten und dann nach Italien zogen. Auch *Rotten (*zu *Rodanus)* und *Sitten (*zu *Sedunum),* die deutschen Bezeichnungen für die Rhone und die Walliser Bischofsstadt Sitten-Sion, sind landnahmezeitlich und können nicht erst auf die später über die Grimsel zugewanderten Oberwalliser Alemannen zurückgehen, da sie beide die Verschiebung von *d* zu *t* noch mitgemacht haben. Bei den rheinischen Ortsnamen ist die Weiterbildung vom keltischen *Lopodunum* über *Lobodone castro* zu *Ladenburg* ein echter Ausgleichsvorgang; ferner gehören Pforzheim und vielleicht auch Cannstatt in diese Namengruppe. Entsprechend sind Regensburg und, wenn Forrer recht hat, auch Straßburg echte Ausgleichsformen.

Die zahlreichsten und instruktivsten Belege für den Namenausgleich auf deutschem Boden aber bietet der deutsche Moselraum und namentlich das moselländische Weinbaugebiet zwischen Koblenz und Trier. Eine sehr verdienstliche und hoffentlich einmal im Druck zugängliche Neuaufnahme des frühmittelalterlichen moselländischen Namengutes durch den

Germanisten W. Jungandreas, die im Manuskript zu meiner Kenntnis gelangte und über die Jungandreas bereits in Vorträgen berichtete [77a], enthält eine Vielzahl von Beispielen für Ausgleichungen jeder Art. Es findet sich: 1. Ausgleich durch Übersetzung aus dem Keltoromanischen ins Deutsche. Auf diese Weise wurden etwa ein *Fundus rivus* zu *Dufesbach* und die ursprünglichen *scalcellae* der Weinberge zum Erdener, Kardener, Piesporter usw. *Treppchen;* 2. Ausgleich auf dem Wege der Angleichung, besonders auf Grund eines von beliebten deutschen Grundwörtern und Suffixen ausgeübten Systemzwangs. So wurden eine ganze Anzahl mit ostgall.-*ancum* gebildeten Ortsnamen zu -*ingen*-Namen (Beispiel: *Celtanc* zu *Zeltingen);* Systemzwang von -*heim* liegt z. B. vor bei *Olzheim* (um 800 *Ulmecum*), von -kirch bei Enkirch (690 *Anchiriacus*), von -*hofen* bei *Orenhofen* (953 *Ornava)* usw. Eine weitere Möglichkeit bildet 3. die völlige Neubenennung vordeutsch benannter Orte. Sie liegt z. B. mit Sicherheit vor bei Saarburg, von dem es 964 heißt: „*monticulum qui antea vocabatur Churbellun (Curvelun), nunc autem Sarburg.*" Im ganzen vermag Jungandreas mehrere Dutzend alter sicherer Belege für derartigen Namenausgleich im Mosellland beizubringen; sie stammen sämtlich tief aus dem Innern des deutschen Sprachgebiets und liegen bis zu 150 km von der Sprachgrenze entfernt. Sie müßten, meine ich, auch den größten Skeptiker davon überzeugen, daß 1. der Namenausgleich nicht nur in der heutigen Sprachgrenzzone am Werke ist, sondern daß es ihn überall gibt, wo einmal germanische und romanische Menschen nebeneinander gesiedelt haben und es zu einer wirklichen Zweisprachigkeit gekommen ist, sowie 2. daß dieser Ausgleich dann auch hier nicht nur eine seltene Ausnahme darstellte, sondern eine Massenerscheinung, die wohl geeignet war, das Namenbild einer Landschaft im Sinne der obsiegenden Sprache wesenhaft umzugestalten.

Gerade in diesem Punkt zeigt sich jedoch bei den flämischen nicht weniger als bei den wallonischen Bearbeitungen der Siedlungs- und Sprachgrenzprobleme der Frühzeit eine auffällige Scheu, sich von dem vertrauten heimischen Boden zu lösen und auch die zentralen Teile des Westfrankenreiches mit in die Betrachtung einzubeziehen. Man unterläßt es zwar, die durch Frings und v. Wartburg noch über mein „Volkserbe" hinaus entwickelte These vom Ortsnamenausgleich als geradezu entscheidendem Gestaltungselement der nordfranzösischen Namenlandschaft im einzelnen zu widerlegen, kann sich aber noch weniger dazu entschließen, dem Ausgleich praktisch die behauptete Tragweite zuzuerkennen — übrigens eine Einstellung, die ganz grundsätzlich auch bei anderen Namenforschern gegenüber dem Problem des Namenausgleichs zu beobachten ist[78]. Ein sonst so klarer Kopf wie J. Dhondt hat aus meinen vorstehenden Ausführungen sogar herausgelesen, daß ich den Ortsnamenausgleich als Argument für eine fränkische Volksbesiedlung im Westfrankenreich gänzlich preiszugeben bereit sei[79]. Er hat mich in diesem Punkte völlig mißverstanden.

Es sei mir daher gestattet, hier mit allem Nachdruck festzustellen, daß ich wirklich keinen Anlaß sehe, diese „methodische Achse" der von mir in Gemeinschaft mit vielen anderen Forschern vertretenen Auffassung irgendwie preiszugeben. Ich wüßte auch nicht, daß mit irgendwelchen konkreten Argumenten bisher ihre Unrichtigkeit nachgewiesen worden wäre. Nicht nur hat sich eine Autorität auf dem Gebiet der Namenforschung wie A. Bach kürzlich wieder uneingeschränkt zu ihr bekannt[80] — auch A. Kuhn bezeichnet sie in seinem großen Rechenschaftsbericht über die Fortschritte der romanischen Philologie im hinter uns liegenden Kriegs- und Nachkriegsjahrzehnt auch für das Innere Frankreichs als eine erwiesene Tatsache, durch die auch hier die Namengebung in bedeutsamer Weise umgestaltet worden sei —, sehr richtig weist er darauf hin, daß bei dem ganzen Charakter der frühmittelalterlichen Ausgleichsvorgänge ein für den heutigen Forscher noch greifbarer schriftlicher Niederschlag dieser Vorgänge gar nicht erwartet werden darf [81].

Noch weniger als für die frühmittelalterliche Archäologie möchte ich daher nach dem bisherigen Verlauf der Diskussion für den Namenausgleich die Folgerung für gerechtfertigt halten, daß man auf seine Inrechnungsetzung für die fränkische Siedlungsgeschichte verzichten müsse. Es ist gewiß ein schweres Hemmnis, daß wir über seine Intensität in den verschiedenen Teilen des Westfrankenreiches bisher keine genaue Aussage machen können — aber allein schon die Tatsache, *daß* er im ganzen Reich mit Einschluß der zentralen Teile des Pariser Beckens am Werke war, ist ein Ergebnis von fundamentaler Bedeutung. Es sollte zur Vorsicht veranlassen und summarische Urteile über die relative Bedeutungslosigkeit der germanischen Niederlassung in der Romania unmöglich machen.

Auf der andern Seite erweist sich eine weitere Klärung des Ausgleichsproblems weit über den Bereich der germanisch-romanischen Sprachgrenze und Nordgalliens hinaus als eines der dringendsten Anliegen der frühmittelalterlichen Sprach- und Siedlungsforschung. —

Germanische Siedlungsnamen, germanisch beeinflußte Ausbaunamen vom Avricourt-Typus und durch Namenausgleich aus dem Germanischen gebildete romanische Namen sind die drei hauptsächlichsten Namengruppen, die uns von den fränkischen Einwirkungen in Nordgallien Kunde geben. Handelt es sich namentlich bei der ersten und dritten Gruppe dieser Namen um solche, die ihre Entstehung vornehmlich einem spontanen Akt der Namengebung seitens der fränkischen bzw. frankoromanischen Siedler verdanken, so glaubt W. Kaspers neuerdings für den gesamten fränkischen Machtbereich eine weitere Gruppe von Benennungen feststellen zu können, deren Entstehung auf ganz bewußte zentrale Schöpfung durch den fränkischen Fiskus zurückgehe, deren nationaler Aussagewert deshalb nur begrenzt sein soll und die er als „politische Ortsnamen des Frankenreiches" zusammenfaßt[82].

Von der bekannten Tatsache ausgehend, daß die Verteilung bestimmter fränkischer Namengruppen (insbes. der *heim*-Namen) an manchen Stellen in auffallendem Zusammenhang mit dem Verlauf der alten Straßen und der Verbreitung des Reichsgutes an ihnen zu stehen scheint, vermutet er die gleiche Beziehung auch bei den Namen auf *-rich* „Reich", den Bezeichnungen, die die Namen eines bestimmten germanischen oder sonst in der fränkischen Reichsgeschichte eine Rolle spielenden Volkes enthalten und den Namen, die der Kennzeichnung eines bestimmten Standes oder einer besonderen sozialen Ordnung in der fränkischen Gesellschaft dienen, und zwar sollen sie an den betreffenden Stellen immer gruppenweise gehäuft und in typischen Abständen widerkehren. Kaspers folgert daraus, „daß die Orte zu einem Teil ohne Rücksicht auf die Nationalität und den Stand der Einwohner benannt worden sind" (S. 105). Eine Anknüpfung an keltoromanische Siedlungsnamen sei innerhalb des Westfrankenreiches möglich, aber nicht mit Sicherheit zu beweisen.

Aus der Fülle der politischen Namengruppen, die Kaspers mit Hilfe der von ihm angegebenen Kriterien im ehemaligen

Westfrankenreich nachweisen zu können glaubt, seien als Beispiele genannt: eine Gruppe um Tongern mit Hermalle, Herstal, Herstappe, Hermée und Herbroeck (Kaspers Nr. 126), eine weitere um das normannische Fécamp mit Sassetot, Normanville, Flamanville und Fréville (= Nr. 127); eine dritte um Tours mit Françay, Villefrancoeur, Villeromain usw. (= Nr. 128); eine vierte um Reims mit Aumenancourt (850 *Curtis Alemannorum*), Gueux (850 *Gothi*), Villers Franqueux (1126 *Ville Francorum*), Bourgogne (1190 *Burgundia*) (= Nr. 129) usw.; eine fünfte um Chartres mit Richarville (*Rich-hart-ville!*), Allainville, Francourville, La Forêt-le-Roi, les Granges-le-Roi usw. (= Nr. 130); schließlich eine sechste um Francorchamps in der Provinz Namur mit Sassor (zu *Saxorum*) und Engelsdorf, das von Kaspers als „Dorf der Angeln" gedeutet wird (= Nr. 161). Entsprechend häufig sollen die Sachsen und Alemannen vertreten sein, doch soll es auch an slavischen Völkernamen nicht fehlen; beispielsweise soll in Bezeichnungen wie Wintremont oder Vendin (999 *Wendinium*) der Name der Wenden enthalten sein.

Kaspers These scheint mir noch einer sehr genauen Nachprüfung zu bedürfen. Ob an ihr etwas ist und eventuell wieviel, läßt sich endgültig nur in kritischer Durchsicht des Gesamtmaterials erweisen. Die Gruppe der germanischen Völkerschaftsnamen in der Champagne, die er als besonders beweisend für seine These ansieht, pflegte man bisher mit guten Gründen als sprachliche Hinterlassenschaft spätrömischer Laetensiedlungen anzusehen[83]; andere, wie das normannische Beispiel, galten bisher nicht weniger plausibel als nachfränkisch und als Schöpfungen privater Grundherren; so sind ein Teil der angeblichen Völkerschaftsnamen, die in Verbindung mit Grundwörtern wie -*ville* auftreten, wahrscheinlich bloße

Personennamen. Überhaupt ist Kaspers' Namendeutung nicht selten sehr gezwungen und mit den Gewohnheiten frühmittelalterlicher Namengebung schwerlich im Einklang. So werden an seinen Ansätzen ohne Zweifel sehr viele Abstriche nötig sein. Aber auch wenn nur ein genügender Rest gesicherter oder hinreichend wahrscheinlicher Beispiele übrig bleiben sollte, würde das unsere Vorstellung von der karolingischen (also nachlandnahmezeitlichen) Namengebung im Frankenreich wesentlich bereichern. Ein günstiger Ansatzpunkt für die Nachprüfung könnten im Westfrankenreich die zahlreichen Wald- und Forstnamen sein, deren Auftreten nach den Erfahrungen im Rheinland nicht selten auf fränkisches Krongut deutet, das für eine Staatskolonisation im Kasperschen Sinne natürlich in erster Linie in Frage kam. Ich fürchte freilich, daß die Nachprüfung nicht positiver ausfallen wird als die von E. Christmann für die Pfalz [84]. Deshalb scheint mir bis auf weiteres gegenüber Kaspers' Ansätzen die äußerste Zurückhaltung geboten zu sein.

3. DAS ZEUGNIS
DER SPRACH- UND VOLKSGESCHICHTE

„Ni la phonétique, ni la syntaxe (sc. du francais) n'indiquent la moindre influence germanique", glaubte H. Pirenne, in dem ebenso kühnen wie diskutierbaren Alterswerk feststellen zu können, das er der Forschung hinterlassen hat[85]. Er hielt diese Feststellung für das durchschlagende Argument gegen die Annahme einer tiefergehenden germanischen Einwirkung auf die Romania.

War Pirennes Urteil angesichts der von ihm bereits benutzten „Romania Germanica" Gamillschegs schon bestreitbar und wurde seine Auffassung in diesem Punkt niemals von der großen Mehrheit der Romanisten geteilt, so ist seither W. v. Wartburg in Zusammenarbeit mit Th. Frings bekanntlich zu einer weitgehenden Umkehrung der dem pirenneschen Urteil zugrundeliegenden sprachgeschichtlichen Prämissen gekommen[86].

V. Wartburgs neue Auffassung gründet sich vornehmlich auf 1.) die Vielzahl der fränkischen Elemente aus allen Lebensbereichen im französischen Wortschatz, die ohne eine beträchtliche fränkische Siedlung in Nordgallien und dessen jahrhundertelange Zweisprachigkeit nicht denkbar seien; 2.) die Beobachtung, daß das Französische eine größere Zahl von germanischen Wörtern besitzt, die auf germanische Formen sowohl mit unverschobenen wie verschobenen Konsonanten zurückgehen, was abermals nur bei Fortdauer eines neustrischen Fränkisch mit einem dem Althochdeutschen entsprechenden Konsonantismus angenommen werden könne; 3.) und vor allem auf weitgehende Gemeinsamkeiten in der Entwicklung des romanischen und germanischen Vokalismus im Bereich des Frankenreiches, die wiederum nur die unmittelbare Auswirkung der Symbiose gewesen seien, in der die beiden Sprachen in Nordfrankreich vom 5. bis 9. Jahrhundert gestanden hätten; innerhalb der romanischen Sprachwelt erkläre sich von daher das Auseinanderfallen des Provenzalischen und des Französischen: das Provenzalische habe den Vokal in einer lateinischen Lautung bewahrt, das Französische ihn hingegen unter germanischem Einfluß gebeugt und gebrochen.

Th. Frings hat v. Wartburg sekundiert und die germanisch-romanische Symbiose im Frankenreich seinerseits mit als Erklärung auch für den Auseinanderfall von Hochdeutsch und Niederdeutsch in Ansatz gebracht[87]. Eines der wichtigsten Merkmale, welches das Althochdeutsche vom Niederdeutschen scheide, die Diphthongierung der Vokale, sei aus dem zweisprachigen Nordfrankreich nach Deutschland gelangt: „Das Germanische griff mit seinen Längen in das Romanische ein, das Romanische griff mit Diphthongen in das Germanische zurück"[89].

Neben Gamillschegs "Romania Germanica" und meinem "Volkserbe" haben vor allem diese in ihren sprachgeschichtlichen Konsequenzen sehr weittragenden linguistischen Neudeutungen v. Wartburgs und Frings' dazu beigetragen, die Erörterung der sprach- und siedlungsgeschichtlichen Probleme der Landnahmezeit in Nordgallien auszuweiten und zu vertiefen. Der bedeutende Erkenntnisfortschritt, den die Erforschung des Romanischen v. Wartburg verdankt, ist in romanischen Fachkreisen unbestritten[90].

Jedoch ist die Diskussion über seine These von dem maßgebenden Einfluß der fränkisch-romanischen Symbiose auf die Entwicklung des französischen Vokalismus und die Herausbildung der französisch-provenzalischen Sprachenscheide noch in vollem Gange. Unter den deutschen Philologen sind die Ansichten geteilt[91], und auch bei den französischen Forschern gehen die Meinungen in diesem Punkte sehr auseinander. Eine wahre Fülle anderer möglicher Ursachen: die volkliche Gliederung der keltischen, ligurischen und iberischen Vorbevölkerung, die verschiedene Intensität der Romanisierung, staatliche und kirchliche Grenzen selbst der Neuzeit und verkehrsgeographische Bedingtheiten hat man in buntem Wechsel für die Erklärung der einzelnen dialektgeographischen Linien ins Feld geführt. Wo v. Wartburg vor allem die sprachumgestaltende Kraft der verschiedenen Germanenvölker am Werke sieht, vermutet zum Beispiel Lausberg zu einem Teil das Weiterwirken älterer, bereits vorrömischer Zustände, zum andern die Auswirkung jüngerer mittelalterlicher Kräfte wie des (allerdings ebenfalls durch die Germanen zu neuem Leben erweckten) einzelstaatlichen Prinzips und des Feudalismus. Als Historiker widerstehen wir der Versuchung, dem Ausgang der sprachwissenschaftlichen Aussprache vorzugreifen — v. Wartburg hat seinerseits eine neue Stellungnahme in Aussicht gestellt! — und begnügen uns mit der allgemeinen Feststellung, daß auch auf linguistischem Gebiet die Diskussion in entscheidenden Punkten noch offen ist. Daß es unmittelbar oder wenigstens mittelbar die Germanen waren, die im Frühmittelalter wichtige neue Züge in die sprachliche Entwicklung der Romania gebracht haben, wird dabei von den Romanisten weithin anerkannt. Auf keinen Fall sollte man auch Frings' und v. Wartburgs ganz neue Perspektiven eröffnenden Versuch, die französische und die deutsche Sprachgeschichte unserer Frühzeit in einen gemeinsamen Blickwinkel zu bringen, so überheblich abtun wie H. Meier, der v. Wartburgs Erfolg vorläufig nur darin sehen will, eine neue These und „Nachfahrerin der Ideologien der Renaissancephilologen" aufgestellt zu haben [93].

Im Recht dürfte H. Meier sein, wenn er v. Wartburgs (allerdings mit aller Vorsicht vorgetragenen) linguistischen Wahrscheinlichkeitsschluß, daß das germanische Element in Nordgallien nach der Landnahme 15 bis 25 Prozent der Gesamtbevölkerung betragen habe [94], in Zweifel zieht. Er ist nicht unbegründeter, aber auch nicht zwingender als die sich auf ein Zehntel davon belaufende Schätzung Dhondts [95]; gerade die Gegenüberstellung beider sollte deshalb zur Vorsicht mahnen. Über die grundsätzliche Feststellung von dem Vorhandensein einer beträchtlichen germanischen Siedlung neben der der alteinheimischen Bevölkerung und einer dadurch hervorgerufenen bedeutenden Zweisprachigkeit wird mit linguistischen Mitteln schwerlich hinauszukommen sein. Was mit ihrer Hilfe allerdings noch möglich, ist die Feststellung einer gewissen Maximalgrenze für den germanischen Sprach- und Siedlungseinfluß. Er war, wie seinerzeit schon Gamillscheg feststellte [96] und die Forschung inzwischen bestätigt hat, im heutigen wallonischen und nordfranzösischen Sprachgebiet, soweit wir sehen, nirgends so stark, daß er die genuine Weiterentwicklung der Sprache vom Lateinischen her zeitweise unterbrochen hätte. „Es handelt sich" — so faßt z. B. Legros im Anschluß an einen von v. Wartburg geprägten Ausdruck das Ergebnis seiner Untersuchungen zusammen [97] — „um ein germanisches Superstrat, nicht um ein Substrat. Der fränkische Beitrag ist zu dem alten gallo-romanischen Grundbestand hinzugetreten, der dadurch zwar ziemlich beträchtlich beeinflußt, aber nicht völlig überschwemmt worden ist. Die indirekte Filiation, die auf einem großen Teil des Territoriums unterbrochene Latinisierung, die Reromanisierung auf dem Umweg über Aquitanien und die Provence sind auszuscheiden. Das Französische bleibt die direkte Fortsetzung des Lateinischen, aus dem es sich an Ort und Stelle und ohne wirklichen Bruch weiterentwickelt hat [98]."

Damit scheidet also die Möglichkeit aus, daß in den Jahrhunderten der fränkisch-galloromanischen Koexistenz das Germanische in größeren Teilen des nordgallischen Landes zur Alleinherrschaft gelangt und das Romanische erst wieder von außen an diese Gebiete herangetragen worden wäre [99]. Dieses Ergebnis hat unzweifelhaft seinen Wert — aber ich muß gleichwie 1939 [100] nochmals erklären, daß ich selber — ebensowenig wie v. Wartburg — an eine solche Möglichkeit außer für kleinere Gebiete der äußeren Randzone jemals gedacht habe. Es wäre ja doch auch absurd anzunehmen, daß sich das Romanische auf deutschem und niederländischem Sprachboden zum Teil noch bis in spätfränkische Zeit gehalten habe, dafür aber in ganz Nordgallien zeitweise gänzlich untergegangen sei. Die Behauptung ernsthafter Forscher, ich hätte für das ganze Gebiet bis zur Loire mit einer fränkischen Bevölkerungs m e h r h e i t gerechnet [101], ist eine Fehldeutung, wie zum Beispiel aus der richtigen Wiedergabe meiner Auffassung durch Legros [102] zu entnehmen ist. Was die Möglichkeit einer zeitweise völligen Germanisierung einzelner romanischer Randgebiete angeht, so wird eine solche für das südliche Brabant auch von einem so genauen Kenner dieser Provinz wie J. Lindemans angenommen [103]. Nach ihm ist Wallonisch-Brabant erst durch einen Rückstoß der romanischen Sprache, der sich auch nördlich der heutigen Sprachgrenze

verfolgen läßt und hier zu einer Umgestaltung der alten
-*(inga)heem*-Namen geführt hat, im 10. Jahrhundert rückromanisiert worden.

Wenn ich die Diskussion in diesem Punkte überblicke, so zeigt sich, daß besonders der von mir — gelegentlich übrigens auch durch v. Wartburg verwendete — Ausdruck „Rückromanisierung" [104] zu mancherlei Mißverständnissen Anlaß gegeben hat. Er ist vieldeutig und erlaubt die Vorstellung, daß es sich nicht um die volle Wiedereinschmelzung eines ehemals reinromanischen, seit der spätrömischen Zeit mehr oder weniger intensiv germanisch durchsetzten Gebietes in den romanischen Sprachverband, sondern um die sprachliche Rückgewinnung zeitweise völlig an das Germanische verlorener Gebiete handele, in denen die dort zuvor ansässigen Romanen entweder ganz untergegangen oder doch praktisch aus dem romanischen Sprach- und Kulturverband ausgeschieden gewesen wären. In Wirklichkeit habe ich mit diesem Ausdruck, nicht anders als v. Wartburg, immer nur die Rückführung zeitweise fränkisch durchsetzter Gebiete zur Einsprachigkeit gemeint, das Schicksal der in ihnen verbliebenen Romanen, deren Existenz ich niemals in Abrede gestellt habe, aber nicht näher behandelt. Das von mir gebrauchte Bild des Zurückflutens der romanischen Sprachwellen gegen die werdende Sprachgrenze hin sollte zwar die assimilierende Tätigkeit, die von den ortsverbliebenen und an ihrer Sprache festhaltenden Romanen ausging, keineswegs ausschließen, läßt sie aber in der Tat zu sehr im Hintergrund. Daß das Gros dieser Romanen durch die jahrhundertelange fränkisch-romanische Symbiose in ihrer romanischen Sprachzugehörigkeit nicht entscheidend erschüttert worden sein dürfte, ist durch die Romanistik inzwischen überzeugend dargetan worden [105]. Glaubt doch Jungandreas sogar für das romanische Reliktgebiet an der mittleren und unteren Mosel den Nachweis führen zu können, daß es in seiner sprachlichen Entwicklung während der ganzen Frankenzeit und noch darüber hinaus am sprachlichen Leben des Romanischen im Westfrankenreich ohne Unterbrechung lebendig teilgenommen habe [105a]! Im ganzen ist es, vom Sprachlichen her gesehen, vielleicht zweckmäßiger, in Zukunft nicht mehr von einer „Rückromanisierung" Nordgalliens, sondern entsprechend Warlands Vorschlag von einer „Entgermanisierung" dieser Gebiete zu sprechen und demgemäß die Sprachgrenze als den Rand des Aufsaugungsgebietes der in Wallonien und Nordfrankreich ansässig gewordenen Franken zu bezeichnen. Doch ist das meines Erachtens keine Frage der grundsätzlichen Betrachtungsweise, sondern nur der Terminologie.

Das eigentliche Kernstück unserer Auffassung: daß wir es im Frankenreich mit einem weitgehend einheitlichen historischen Gebilde zu tun haben, in dem die Germanen und die provinzialrömische Vorbevölkerung überall in die engste Schicksalgemeinschaft zueinander getreten sind, wird dadurch nicht berührt und scheint mir auch sonst nicht widerlegt zu sein. Vielmehr hat diese Annahme in den letzten Jahren durch neuere Untersuchungen über die politische Stellung der Völker im Frankenreich und ganz besonders über die Entstehung unseres deutschen Volksnamens — Forschungen, die beide durch die von Steinbach und mir zur Debatte gestellten Gedanken befruchtet worden sind — nachdrückliche Unterstützung erhalten.

Wenn G. Rohlfs in der Tatsache, daß germanische Völker verschiedentlich romanischen Ländern und Landschaften einen neuen Namen aufgedrückt haben, einen deutlichen Hinweis dafür sieht, „wie tiefgreifend die germanische Durchdringung der Romanen gewesen ist"[106], so bieten die

Untersuchungen, die unlängst ein junger österreichischer Historiker dem politischen Gemeinbewußtsein im Westfrankenreich gewidmet hat[107], dazu für das nördlich der Loire gelegene Stück der Romania eine eindrucksvolle Illustration. Parallel mit der sprachlichen Romanisierung der Germanen fand hier nach Zöllner eine geistige „Germanisierung oder genauer gesagt Frankisierung der Romanen" statt; Zöllner spricht von einer „geistigen Umvolkung der romanischen Bevölkerung Nordgalliens[108], als welche die Übernahme des fränkischen Rechtes, die Annahme des fränkischen Volksbewußtseins und eine in den übrigen Germanenstaaten im romanischen Sprachgebiet gleichfalls ohne Beispiel dastehende Annahme der germanischen Eigennamen angesehen werden müsse.

Den literarischen Niederschlag dieser geistigen Frankisierung Nordgalliens fand H. Löwe in der dieser Periode angehörenden sogenannten Fränkischen Völkertafel. Sie erweiterte die aus Tacitus bekannte alte Überlieferung von den drei germanischen Hauptstämmen der Ingwäonen, Istwäonen und Herminonen zu einer Stammtafel, der die im fränkischen Reich zusammengeschlossenen Völker *einschließlich* der Römer und Bretonen eingeordnet waren! Die Erweiterung war das germanische Pendant zu der bekannten Herleitung der Franken von den Trojanern, hinter der Löwe galloromanischen Einfluß vermutet. Beides zeugt für die weitgehende Verschmelzung und innere Annäherung der beiden das Reich tragenden Bevölkerungsgruppen[109].

Wie tief die in diesen Vorgängen zum Ausdruck kommende geistige Wandlung war, zeigt sich nach Zöllner an der von ihm scharf herausgearbeiteten Andersartigkeit der Entwicklung in Südfrankreich[110]. Der Grad der Romanität sei im Süden ungleich tiefer geblieben. „Die Aquitanier identifizierten sich nicht mit den Römern, sahen sich aber als deren Nachkommen an" und unterschieden sich damit grundlegend vom romanisch sprechenden Norden des Landes mit seinem fränkischen Volksbewußtsein. Über die geschichtlichen Ursachen der Nord- und Südfrankreich voneinander trennenden Sprachentscheide mag man verschiedener Meinung sein können — d a ß die Loire im Frühmittelalter zu einer einschneidenden Grenze des Volksbewußtseins wurde, ist nach Zöllner quellenmäßig einwandfrei zu belegen [111].

Von Wichtigkeit ist, daß auch das germanische Gegenbild nicht fehlt. Auch für unser deutsches Volksbewußtsein und seine besondere Prägung ist die mehrhundertjährige Berührung und Durchdringung des Germanischen mit der romanischen Sprachwelt im Frankenreich von bleibender Bedeutung geworden. Dafür hat L. Weisgerber in den immer wieder neu ansetzenden und ständig tiefer schürfenden Untersuchungen, die er in den Jahren von 1936 bis 1947 dem Problem unseres Volksnamens und den Anfängen des Volksbewußtseins in Westeuropa gewidmet hat, wohl endgültig den Beweis erbracht [112]. Der deutsche Volksname verdankt seine Entstehung nicht erst, wie es in vielen Handbüchern zu lesen steht und wie man es zum Teil bis in die letzten Jahre hinein zu verteidigen gesucht hat [113], irgendeiner aus dem Nichts geschöpften gelehrten Konstruktion. Durch den älteren Ausdruck *walhisk* „welsch" sprachlich vorbereitet, entstand er vielmehr — das ergibt sich aus der Heranziehung der altromanischen und westniederländischen Zeugnisse für diese Wortprägung mit genügender Sicherheit — im westfränkischen Merowingerreich ums Jahr 700, wo die ganze sprachlich-völkische Situation gebieterisch nach einer neuen, adäquateren Bezeichnung für den in seiner Sprachzugehörigkeit unerschüttert gebliebenen Franken verlangte. Westfränkisch *theudisk* „in Sitte und Sprache zur eigenen *theudo* gehörig" wurde zum „Kennwort der neu entstehenden Volkstumsgrenze". Weisgerber kommt damit rein von seinen sprachlichen Beobachtungen her zu einer uneingeschränkten Bestätigung der von Steinbach beigebrachten Argumente für das Mitspielen sprachlich-volkischer Kräfte bei der Auseinanderentwicklung von Ost- und Westfrankenreich[114].

Die seit A. Dove bekannte und unter den Argumenten für den gelehrten Ursprung des Wortes „deutsch" immer wieder angeführte Tatsache, daß mittellatein. *theodiscus* die frühstbezeugte Form des Wortes ist — noch dazu zur Bezeichnung der englischen Sprache und in der Abschrift eines Berichtes, den Georg von Ostia 786 als päpstlicher Legat dem Papst Hadrian erstattete —, findet eine überraschende Erklärung durch W. Levisons Nachweis, daß Georg von Ostia Bischof von Amiens war und seit 753 häufig im Westfrankenreich weilte, so daß der von ihm angewandte Ausdruck *theodiscus* wohl nur die Latinisierung eines ihm von dort her vertrauten westfränkischen *theudisk* darstellt[115].

So hat die sprach- und volksgeschichtliche Einzeluntersuchung weitere wichtige Belege dafür erbracht, daß zwischen Franken und Romanen im Westfrankenreich tatsächlich eine enge Symbiose bestanden hat. In manchen Außenzonen der Romania wie Wallonien dürfte diese die fränkische Zeit erheblich überdauert haben. „Denn auch von den Reliktwörtern der heutigen Mundarten her hat man den Eindruck einer ganz verschieden rasch und mit unterschiedlicher Intensivität vor sich gehenden Aufsaugung des fränkischen Elementes, also nicht frontal, sondern wie wenn ein Schwamm eine Wasserfläche aufsaugt und sporadisch mehr oder minder große Reste stehen läßt"[115a]. Die zahlreichen mittelniederländischen und flämischen Lehnwörter, die sich neben der fränkisch-germanischen Grundschicht in den wallonischen Mundarten finden[116], sind natürlich zunächst nur Zeugnisse sprachlich-kultureller Wechselwirkung für jeweils die Zeit, der sie entstammen, trafen aber auf einen geschichtlich wohl vorbereiteten Boden.

4. DIE SPRACHGRENZE

Weitgehend angeregt durch Steinbachs und meine Neudeutung der Sprachgrenze, war diese auch in den letzten Jahren Gegenstand zahlreicher Veröffentlichungen von belgisch-niederländischer Seite[117]. Wie schon in den ersten Jahren drehte sich die geschichtliche Debatte dabei in der Hauptsache um die tieferen Gründe für die Festlegung der Sprachgrenze an ihrer späteren Stelle.

Mit der durch die Autorität H. Nesselhaufs gestützten These, daß für die flämisch-wallonische Sprachgrenze der von manchen Forschern vermutete „Limes Belgicus" von konstituierender Bedeutung gewesen sei[118], habe ich mich bereits an anderer Stelle auseinandergesetzt und die nicht geringe Fragwürdigkeit dieser Anschauung nachzuweisen gesucht; auch der Befund im benachbarten Trierer Land schien mir vielmehr die zuerst von Steinbach in seiner Rezension von Des Marez' „Probème de la colonisation franque"[119] mit grundsätzlicher Klarheit formulierte Anschauung von den Römerstraßen als den „natürlichen Einbruchstellen der Eroberer" zu bestätigen[120].

Auf belgischer Seite haben während des letzten Krieges die Kon. Vlaamse Academie in Gent und die Académie royale de Belgique auf eine Initiative des Archäologen Van de Weerd und des Ortsnamenforschers J. Vannérus hin vorbereitende Schritte zu einer systematischen Erforschung des belgischen Limes unternommen[121]. Das damals auch nach der finanziellen Seite hin vorbereitete Projekt einer großzügigen Grabung an den durch bestimmte Ortsnamen oder den archäologischen Befund dafür besonders angezeigten Stellen des römischen Straßensystems in Belgien ist nach dem Kriege völlig stecken geblieben — dem Vernehmen nach nicht nur aus Geld- und Personalmangel, den die belgische Limes-Forschung mit der ganzen belgischen Frühgeschichtsforschung teilt und die zu der Rührigkeit der belgischen Namenforschung in einem auffallenden Gegensatz steht[122], — sondern weil auch manche der zuständigen belgischen Archäologen den Erfolgsaussichten eines mit so großen Mitteln durchgeführten Unternehmens mit Zurückhaltung gegenüberstehen[123]. Bei den Anhängern des belgischen Limesgedankens zeigt sich neuerdings die Tendenz, die ursprüngliche Auffassung von einer linearen Grenzverteidigung längs des Straßenzuges Köln—Bavai—Boulogne aufzugeben zugunsten der Annahme eines in die Tiefe gestaffelten und nach Bavai als dem wichtigsten Straßenmittelpunkt in Nordgallien ausgerichteten spätrömischen Abwehrsystems[124]. Historisch und archäologisch spricht dafür manches. Vor allem fügt sich diese Deutung gut in dasjenige, was wir sonst aus diocletianischer Zeit über die militärische Organisation in den römischen Grenzprovinzen wissen[125]. Diese Auffassung würde grundsätzlich auch durchaus zu dem toponymischen Befund passen, der von Vannérus in einer inhaltreichen Akademieabhandlung erschöpfend untersucht worden ist[126].

Indes steht, wie ich schon früher ausgeführt habe[127], noch dahin, wieviele der zahlreichen, sowohl im flämischen wie im wallonischen Sprachgebiet auftretenden Namen vom Typus *castrum, castra, castellum, burgus, turris* usw., die Vannérus namhaft macht, tatsächlich spätrömisch sind und mit der vermuteten Grenzverteidigung in Verbindung gebracht werden dürfen. Daß die Mehrzahl der *castra*-Orte römischer Provenienz sind, läßt sich immerhin durch allgemeine geographisch-geschichtliche Überlegungen wahrscheinlich machen. Doch folgt daraus, wie zwei eindringliche belgische Kritiker der Limes-These, Verlinden[128] und Dhondt[129] übereinstimmend bestätigen, noch keineswegs, daß sie Bedeutung für die Ausbildung der Sprachgrenze gehabt hätten. Die diocletianische Wehrverfassung bestand in der Belgica secunda überhaupt nur bis auf Konstantin d. Gr.[130]. Auch mein seinerzeitiger Einwand, daß die Funde an sämtlichen bisher untersuchten Plätzen schon vor Beginn der fraglichen Zeit abbrechen („Volkserbe" S. 22 ff.), gilt heute noch genau wie vor vierzehn Jahren. In den entscheidenden Jahrzehnten der Landnahme waren alle diese Befestigungen bereits aufgegeben. Darauf allein aber kommt es in unserem Zusammenhang an.

Stutzig machen muß ferner, daß auf den während des letzten Krieges durch die deutsche Luftwaffe gemachten Luftbildaufnahmen, deren Auswertung sich J. Werner angelegen sein ließ, wohl weitere römische Villenreste und Straßen, nicht aber die Spuren der vermuteten spätrömischen Befestigungswerke zu erkennen waren und daß sich auch für die große Rolle, die neuerdings Bavai in diesem Abwehrsystem zugeschrieben wird, keine Anhaltspunkte ergeben haben. Werner glaubt daher weder an den Limes Belgicus noch an eine besondere Abwehrfunktion der Stadt Bavai im 4. Jahrhundert[131]. Dem entspricht, daß man Bavai in der Notitia dignitatum vergeblich sucht und der Ort im Gegensatz zu den nachweislich noch in der Spätzeit bedeutsamen Römerplätzen des Gebiets im Mittelalter nicht mehr die geringste Rolle gespielt hat[132].

Wenn die für den Limes Belgicus in Anspruch genommene Zone im späteren 4. Jahrhundert im wesentlichen von römischen Truppen entblößt war, so suchen Verlinden und ihm folgend Dhondt im Anschluß an v. Petrikovits[133] die Erklärung darin, daß die salischen Franken seit ihrer Aufnahme in den römischen Reichsverband als Föderaten aus Bedrohern zu Verteidigern der römischen Herrschaft geworden seien und daß sie diese Haltung mit wenigen Unterbrechungen bis tief ins 5. Jahrhundert beibehalten hätten, so daß Südbelgien erst nach der Mitte des 5. Jahrhunderts völlig von ihnen in Besitz genommen sei. Erst in die zweite Hälfte dieses Jahrhunderts sei mithin der entscheidende fränkische Aufbruch nach Süden zu setzen — also in eine Zeit, in der der Limes Belgicus seine Rolle in jedem Fall längst ausgespielt hatte[134].

Daß es falsch ist, sich die Heerführer der in den Reichsverband aufgenommenen Germanen als grundsätzliche Gegner Roms vorzustellen, hat schon Steinbach betont. Das gilt sogar noch für Childerich[135]. Mit einem solchen Verhältnis ist natürlich ein gegen sie gerichteter Limes unvereinbar.

Noch eine weitere der Grundvoraussetzungen, von denen die These vom Limes Belgicus ausgeht, ist in den letzten Jahren wieder in Frage gestellt worden: die besonders von J. H. Holwerda[136] verfochtene Annahme, daß Rom im 4. Jahrhundert den niederländischen Abschnitt der Rheingrenze völlig aufgegeben und die Verteidigung des Reiches weiter nach Süden verlegt habe. Schon Byvanck stellt in einem gewissen Widerspruch zu seiner Akzeptierung der belgischen Limesthese fest, daß die Römer nach Julian, für dessen Feldherrn- und Verwaltungstätigkeit in den nördlichen Niederlanden genügende Zeugnisse vorliegen, dieses Gebiet nicht einfach sich selbst überlassen haben. Gleich den befestigten niederrheinischen Plätzen, von denen wir wissen, dürften Nijmegen und Castra Herculis in der Betuwe weiter von ihnen besetzt gehalten sein[137]. Besonders aber wurde durch die Fortschritte, die in den letzten Jahren in der archäologischen Einzelkenntnis erzielt wurden, Holwerdas von vornherein etwas fragwürdiger Schluß ex silentio in seiner Vorläufigkeit offenbar: A. E. van Giffen gelang die Auffindung der spätrömischen Schicht im Kastell unter dem Domplein zu Utrecht; desgleichen erbrachte die Durcharbeitung der Münzfunde von Vechten Anhaltspunkte dafür, daß auch dieser römische Platz bis in spätrömische Zeit hinein mit Truppen belegt war; schließlich vermochte F. Oelmann für die Brittenburg bei Katwijk, die Holwerda als karolingisch in Anspruch genommen hatte, mit Hilfe sorgfältiger Typenvergleichung den ziemlich sicheren Nachweis zu führen, daß es sich hier um einen durch Karl den Großen lediglich wieder in Benutzung genommenen spätrömischen Leuchtturm wahrscheinlich der valentinianischen Zeit handelt. Insgesamt kommt Oelmann auf Grund des heutigen Standes der archäologischen Forschung am Rhein-Limes des spätrömischen Reiches zu dem Ergebnis, daß die zeitgenössische literarische Überlieferung, die übereinstimmend die große Bedeutung dieses Limes mit Einschluß des Rheinmündungsgebietes bezeugt, ihre volle Bestätigung erfahren habe und von Holwerda zu Unrecht beiseite geschoben sei[138]. Die Diskussion ist freilich auch über diesen Punkt noch nicht abgeschlossen[139].

Im Ganzen kann man aber wirklich nicht behaupten, daß die These von der sprachgrenzbildenden Wirkung des angeblichen Limes Belgicus in den letzten Jahren an Wahrscheinlichkeit gewonnen hätte. Es ist nach wie vor im höchsten Grade unwahrscheinlich, daß die Straßensicherungen des belgischen Gebiets für das 4. Jahrhundert ein irgendwie anderes Bild ergeben werden, als wir es aus anderen römischen Grenzprovinzen für die gleiche Zeit kennen. Und gerade im entscheidenden Augenblick hatten sie ihre Rolle ausgespielt. Darum hat Dhondt recht „... la question du limes n'a pas, pour l'étude de l'origine de la frontière linguistique ... plus d'importance que feu la Forêt Charbonnière" [140]. Von den Historikern möchte, soviel wir sehen, nur Ganshof an seiner Bedeutung festhalten [141].

Für das Verständnis der Sprachgrenze in Belgien und Nordfrankreich auf jeden Fall wesentlicher als die spätrömische Grenzverteidigung war eine andere Nachwirkung der römischen Verhältnisse, auf deren Bedeutung die belgische Forschung in den letzten Jahren wachsenden Nachdruck gelegt hat. Schon 1939 hatte ich von einem Versuch H. Drayes zu berichten, im Anschluß an die ebenso umfassenden wie gründlichen Untersuchungen De Maeyers über die Verbreitung der römischen Villen in Belgien [142] die Sprachgrenze in Belgien mit der Nordgrenze der bereits in römischer Zeit intensiv romanisierten Gebiets in Verbindung zu bringen (vgl. „Zur Grundlegung" S. 52). Draye hat diese These in den letzten Jahren in leicht abgewandelter Fassung erneut vertreten [143].

In sehr ausgeprägter Form begegnet der Gedanke ferner bei Dhondt [144], der dabei die volle Zustimmung von Gysseling findet [145]. Auch Dhondt geht von der Annahme aus, daß wahrscheinlich die Mehrzahl der salischen Franken sich teils als Bauern, teils als Grundbesitzer südlich der Sprachgrenze niedergelassen hätten [146]. Jedoch seien sie hier relativ bald in der ungleich dichter siedelnden, alteingesessenen gallo-romanischen Bevölkerung aufgegangen, während sie sich im dünnbesiedelten und nur oberflächlich romanisierten Flandern sprachlich durchzusetzen vermocht hätten. Im einzelnen habe sich die Sprachgrenze auf dem Wege des kulturellen

Ausgleichs gebildet, doch hätten dabei mehr die lokalen Umstände den Ausschlag gegeben, als die von Steinbach und mir namhaft gemachten überlokalen Kulturströmungen, von denen er nur die assimilierende Wirkung der Städte mit ihrem starken geistlichen Element stärker in Betracht zu ziehen bereit ist.

Die These von dem Einfluß der vorfränkischen Bevölkerungsdichte auf die Herausbildung der Sprachgrenze trifft, wie ich schon nach dem Erscheinen von Drayes erstem Aufsatz erklärt habe („Zur Grundlegung", a.a.O.), ohne jeden Zweifel ein entscheidendes Moment der Sprachgrenzbildung im niederländischen Nordwesten[147]. Diese Tatsache anzuerkennen, fällt mir um so leichter, als Draye, wie er sich selber wohl bewußt ist[148], damit nur einen Gedanken aufgreift, der schon in Steinbachs „Studien" „mit überlegener Klarheit und Überzeugungskraft"[149] vertreten wird und dem ich selber von jeher Rechnung getragen habe („Volkserbe" S. 954 f.). Schon Steinbach hat ausdrücklich darauf hingewiesen, daß „die Sprachgrenze . . . auf der ganzen Linie am Nordrande der alten Siedlungsräume" liegt („Studien" S. 171), während ich es als „geradezu überraschend" bezeichnete, „wie nahe die Grenze der intensiven Verbreitung der Römerfunde in Belgien der späteren Sprachgrenzen kommt" („Volkserbe" S. 955).

Doch sollte die Tatsache, daß sowohl Steinbach wie ich selber die Beziehung der Sprachgrenze zu den Grenzen der alten Kulturräume des Westens erkannt und in Rechnung gesetzt haben, davor zurückhalten, diese Eigenschaft gegen ihren Ausgleichscharakter auszuspielen. Denn die Gleichsetzung von altbesiedeltem, in römischer Zeit intensiv bebautem Kulturboden und späterem romanischen Sprachgebiet gilt nur für die alten Kulturräume des niederländischen Westens, während sie schon für Lothringen nur eingeschränkt und für das Rheingebiet und das ganze Alpenvorland gar nicht zutrifft[150]. Und selbst in Belgien ist die Übereinstimmung zwischen der Sprachgrenze und der Grenze der intensiv romanisierten Siedlungsräume durchaus keine absolute. Beispielsweise schiebt sich, wie H. Draye brieflich mit Recht hervorhebt, im nördlichen Hennegau zwischen den romanisierten Altsiedelraum und die Sprachgrenze ein villenloses Ausbaugebiet. Es gilt sich hier also vor Überspitzungen zu hüten. Auch für den niederländischen Nordwesten wäre es ferner, um ganz klar zu sehen, erforderlich, daß man die römische Villenkultur nicht unter Verzicht auf alle zeitliche Differenzierung als ein Ganzes behandelte, sondern in erster Linie nur die Villen in Betracht zöge, die nachweislich noch in spätrömischer Zeit bewirtschaftet wurden; auch in Nordgallien haben wir ja — dafür haben De Maeyers Untersuchungen die eindrücklichsten Belege erbracht — ganz wie im Rheinland[151] in spätrömischer Zeit mit einem einschneidenden Rückgang der Siedlungsfläche zu rechnen. Und auch hier noch führte die fränkische Landnahme zu einem einschneidenden Siedlungseinbruch. Es gibt meines Wissens in ganz Belgien keine einzige römische Villa, die noch in fränkischer Zeit weiterbewohnt worden wäre. Im großen gesehen, konzentriert sich die Siedlung der römischen und der fränkischen Zeit gewiß weitgehend auf die selben Räume; im einzelnen aber vollzog sich auch hier ein tiefgreifender Wechsel: die Siedlung der römischen Zeit war in erster Linie straßenorientiert, die der fränkischen Zeit hingegen folgte, ganz wie auf deutschem Boden, den Wasserläufen[151a]. Das bedeutet eine sehr wesentliche Einschränkung der Kontinuität!

Von entscheidender Bedeutung für die Gesamtauffassung von der Landnahme und Sprachgrenzbildung ist ein zweiter

Vorbehalt, der insbesondere gegenüber den früheren Arbeiten Dhondts[152] zu machen ist: seine zu schmale, ziemlich ausschließlich niederländisch-nordfranzösische Beobachtungsgrundlage. Wenn die Landnahme beiderseits der Sprachgrenze, wie Dhondt schon dort gegenüber Kurth und seinen Nachfolgern richtig hervorhebt, keinen grundsätzlich verschiedenen Charakter aufwies — warum gilt dann die Beobachtung von der sprachlichen Assimilierung nur für die altbesiedelten Räume des Westens und nicht auch für das Rheinland? Denn auch hier überall erweist sich — von dem Siedlungsrückgang, den wir in weiten Teilen des Rheinlandes anfänglich feststellen und der eine Folge des Übergreifens der Landnahme auf Westeuropa war, einmal abgesehen —, die Richtigkeit des der Forschung seit langem vertrauten Grundsatzes von der Kontinuität einer Besiedlung der alten Kulturräume. Ob wir die Trierer Bucht und das deutschsprachige Mittelmoselgebiet[153], ob wir Elsaß-Lothringen[154] oder die übrigen Oberrheinlande[155] ins Auge fassen — überall beobachten wir, daß sich die Zeugnisse der Reihengräberkultur auf die gleichen Räume konzentrieren wie die römischen Villen und das Gros der vorgeschichtlichen Kulturen; es gibt eine ziemliche Anzahl von Orten mit Reihengräberfriedhöfen, in denen von der Steinzeit bis zum Frühmittelalter jede oder so gut wie jede Fundperiode vertreten ist[156]. Dabei handelt es sich, was die belgische Forschung gegenüber diesem Problem ziemlich ganz außer Acht gelassen zu haben scheint, durchaus nicht immer um eine Kontinuität der siedelnden Bevölkerung, sondern zunächst nur, wie etwa H. Aubin bei Gelegenheit der Erörterung des Städteproblems[157] und ganz allgemein F. Huttenlocher[158] gezeigt haben, um eine solche der Siedlungs*räume,* die dadurch zustande kam, daß gewisse Gebiete besonders siedlungsbegünstigt waren und deshalb nach etwaigen Wechseln in der Bevölkerung immer wieder aufgesucht wurden, also um eine lediglich geographische Kontinuität. Aber freilich, sofern auch zwischen den Bevölkerungen verschiedener Siedlungsschichten ein gewisser Zusammenhang bestand, mußte er sich natürlich auf diese kontinuierlich besiedelten Räume konzentrieren, wenn man die meines Erachtens in ihrer Bedeutung oft stark überschätzte Möglichkeit der Abdrängung der Vorbevölkerung in abgelegene Gebiete beim Bevölkerungswechsel [159] einmal außer Betracht läßt.

Auch für den Mittel- und Niederrhein glaubt Böhner aus dem Vergleich zwischen seiner Karte der Reihengräberfunde und der Verbreitung der vorgermanischen Ortsnamen [160] mit Sicherheit entnehmen zu dürfen, daß sich die bäuerliche Provinzialbevölkerung vorzugsweise in den Räumen erhalten habe, die auch die Hauptsiedlungsgebiete der Franken gewesen sind [161]. Mit *einer* bedeutsamen und bei der Diskussion um den Ausgleichscharakter der Sprachgrenze noch immer zu wenig beobachteten Ausnahme: das ganze Moseltal unterhalb Trier mit seiner Häufung vorgermanischer Orts- und Flurnamen, die im Verein mit der im wesentlichen romanischen Herkunft der alten Fachausdrücke des Weinbaus [162] darauf hindeuten, daß hier die weinbautreibende Bevölkerung ähnlich wie die Töpfer in Mayen verhältnismäßig ungestört in Sprache und Sitte weiterlebten, bleibt bis zum Ausgang des 6. Jahrhunderts völlig außerhalb der fränkischen Reihengräberkultur; von den Zeugnissen des 7. Jahrhunderts ist es unsicher, ob sie auf Franken zurückgehen, die nun allmählich auf diesen Raum übergriffen, oder auf Alteinheimische, die sich schließlich der fränkischen Bestattungssitte anpaßten [163]. Jedenfalls lag hier, wie insbesondere die Untersuchung der Ortsnamen ergeben hat, noch Jahrhunderte hindurch eine ausgedehnte keltoromanische Reliktzone. Von ihrer langen Lebenskraft zeugen 35–40 Orte, deren undeutsche Namen, wie schon seit Lamprecht bekannt ist, sprachlich ganz überwiegend nicht in die römische Zeit gehören, sondern in die mittellateinische Periode, vor allem das 6. bis 8. Jahrhundert, zum Teil sogar noch später[164]. Es ist sicher nicht zufällig, daß das Moseltal abwärts Trier, wie wir seit langem wissen und neuere Untersuchungen eindrucksvoll bestätigen[165], mit altem Reichsgut geradezu übersät war. Vielmehr deutet vielerlei darauf hin, daß sich die Vorbevölkerung auf fränkischem Königsgut besonders gut zu erhalten vermochte. Ganz das Entsprechende beobachteten wir im Elsaß und am Mittelrhein[166].

Außer als Bearbeiter und Verwalter von Königsgut dürften die alteingesessenen Provinzialen in der fränkischen Zeit innerhalb der diesen Berufen damals gezogenen Grenzen auch als Handwerker und als Fernhändler von Einfluß geblieben sein. Zum Beispiel vermag die frühmittelalterliche Archäologie auf Grund eingehender Beobachtung heute mit aller Bestimmtheit zu versichern, daß die wichtigen Mayener Töpfereien auch nach der Landnahme von den Einheimischen weiter betrieben wurden und ihren bis in die nördlichen Niederlande reichenden Handel nie unterbrochen haben[167]. Das Gleiche gilt für einige weitere Gewerbe wie die Glasmacher oder Goldschmiede[168]; von den Weinbauern war bereits die Rede.

Die nach Umfang und Sache wichtigste Fortwirkung der Spätantike ergab sich in den römischen Städten und namentlich den bis über die fränkische Zeit zurückreichenden Bischofssitzen. Hier kam zu der erheblichen Anzahl romanischer Kleriker und den Resten des Handels eine nicht unbedeutende Schicht kleiner Leute provinzialrömischer Abkunft, die mit Gewerbe, Kleinhandel, eventuell Landwirtschaft und allerlei Gelegenheitsarbeit sich recht und schlecht durchs Leben schlug — keine vollen Städter mehr im antiken Sinne, aber doch in stadtgeschichtlicher Hinsicht mit ihrer Gewöhnung an geschlossenes Zusammenleben auch nicht bedeutungslos und ein Element, an das später die Entwicklung zur mittelalterlichen Stadt wieder anknüpfen konnte [169]. Sie waren mit die Hauptträger der Kontinuität. Nicht nur in Mayen, sondern auch in Trier und Straßburg hat man fränkische Töpferöfen gefunden, die die spätrömische Handwerkertradition fortsetzen; das Ledergewerbe des Mittelalters saß in Köln fast an der gleichen Stelle wie das römische, und auch für die rheinische Glasindustrie neigt man heute zur Annahme einer direkten Kontinuität [170].

Aber nicht nur in den Metropolen der römischen Zeit, sondern in den meisten rheinischen Städten und Kastellen von Straßburg bis Xanten hat sich, wie der Fortbestand römisch-christlicher Gemeinden erweist, ein gewisses provinzialrömisches Element erhalten. Regional betrachtet, verlief die Entwicklung recht unterschiedlich: Gegenüber dem nördlichen Niederrhein, wo das städtische Lebensprinzip die stärkste Einbuße erlitt, steht der Mittelrhein bis Mainz mit merklich günstigeren Verhältnissen, neben dem kontinuitätsärmeren Oberrhein und der oberen Donau die in ihren Verhältnissen mehr dem Mittelrhein vergleichbare mittlere Donau [171].

Besonders bedeutend war das verbliebene provinzialrömische Element wohl in Mainz. Wie in Andernach [172] ist es uns in spezifisch christlichen, die spätrömische Tradition fortsetzenden Bestattungssitten archäologisch unmittelbar greifbar. Vor allem an Hand der christlichen Grabsteine von St. Alban in Mainz [173] läßt es sich lückenlos vom 4. bis ins 8. Jahrhundert verfolgen. Die Grabinschriften sagen dasselbe aus wie die Schilderungen Salvians: daß nämlich ein Gutteil der christlichen spätantiken Bevölkerung, bunt zusammengewürfelt, wie sie war, in Mainz im 5. Jahrhundert fortdauerte. Allmählich erst, in Resten bis ins 6./7. Jahrhundert sich haltend, weichen in den Inschriften von St. Alban die romanischen Namen dem germanischen Sprachgut[174]. Die Ursache des Wechsels war — darin hat Büttner gewiß recht — wohl kaum eine progressive Verdrängung der Christen provinzialrömischer Abkunft durch germanische, sondern weit eher das Hinüberwechseln der Bevölkerung aus der galloromanischen Kulturwelt in die germanisch-fränkische, merowingische Reichskultur[175].

Die bereits mehrfach genannten Weinbaugebiete der Mosel und die Stadt Trier hätten Jungandreas zufolge ihren vorherrschend romanischen Charakter bis in die Kaiserzeit hinein bewahrt. Schießt er mit seinen Zeitansätzen auch ganz entschieden über das Ziel hinaus, so ist doch ebenso sicher, daß auch der Versuch F. L. Ganshofs, aus der Nichterwähnung einheimischer Romanen in der Lex Ribuaria zu folgern, daß es zur Zeit der Abfassung dieses Gesetzes kurz vor 640 im ripuarischen Gebiet kein bodenständiges Romanentum mehr gegeben habe, unmöglich richtig sein kann; Ganshofs Beweisführung ist denn auch in diesem Punkte keineswegs zwingend[175a].

Wie am Rhein, so lassen auch an der Mosel die neueren Arbeiten der christlichen Archäologie die Kontinuität im Bereich des Kirchlichen in einer Weise sichtbar werden, die zu Rückschlüssen auch auf siedlungsgeschichtlichem Gebiet berechtigt[176]. Man weiß heute, dank den vorbildlichen Grabungen Th. Kempfs[177], daß nicht die Völkerwanderung und Landnahmezeit trotz der von ihnen angerichteten Zerstörungen der großartigen spätantiken Doppelkirchenanlage

Triers den Untergang bereitet haben, sondern erst der Normannensturm von 882. Nach den Zerstörungen der Wanderungszeit wurden zuerst die Südkirche und dann im 6. Jahrhundert auch die Nordkirche wiederhergestellt und wieder in Benutzung genommen — was naturgemäß ohne den Fortbestand einer ansehnlichen provinzialrömisch-christlichen Gemeinde in Trier nicht denkbar gewesen wäre.

Auch sonst erkennen wir heute immer genauer, wie sehr das Moselgebiet in Deutschland die Landschaft mit den am längsten und stärksten erhalten gebliebenen Bindungen an das romanische Gallien gewesen ist [178]. Namentlich die Geschichte der Trierer Kirche im Frühmittelalter spiegelt diese Tatsache wider. Nicht nur, daß sich hier die christliche Tradition der spätrömischen Zeit ungebrochen fortsetzen konnte, wofür wohl die lückenlos erhaltene Bischofsliste zeugt — auch die Beziehungen zu Innergallien rissen im 5. Jahrhundert nicht ab, sondern verstärkten sich in der Merowingerzeit sogar wieder. Es war ein Trierer Bischof, Leontius, dem Papst Leo der Große 644/45 als dem Senior des gallischen Episkopats das Präsidium der gesamtgallischen Kirche übertrug. Eine ganze Anzahl seiner Vorgänger auf dem Trierer Stuhl, darunter Chlodwigs Zeitgenosse und der Gründer der Abtei St. Maximin, Fibicius, sowie der bedeutendste moselländische Prälat der Merowingerzeit, Bischof Nicetius von Trier, kamen aus Aquitanien. Gregor von Tours berichtet außerdem, daß Chlodwigs Sohn Theuderich, der erste austrasische König, Kleriker aus der Auvergne kommen ließ, um die Reihen des Trierer Klerus wieder aufzufüllen. Erst im späteren 6. Jahrhundert übernahmen dann einheimische Kräfte die Führung beim Ausbau der kirchlichen Organisation auf dem Lande, darunter in erster Linie, wenn Ewig recht sieht, zunächst Angehörige des an der Mosel noch stark bodenständigen romanischen Elements. Auch burgundische Beziehungen machen sich danach im 7. Jahrhundert bemerkbar.

Den personalen Beziehungen Triers zur gallischen Kirche ging zur Seite eine ebensolche kulturelle und besitzmäßige Verklammerung mit dem Südwesten, die von den fränkischen Königen planmäßig gefördert zu sein scheint, aber auch die vorfränkische Ausrichtung Triers fortsetzte. Seine ältesten Patrozinien wie die des Hl. Hilarius oder Maximin teilt Trier mit Aquitanien; noch im 9. Jahrhundert hören wir von aquitanischen Pilgern am Grabe Maximins. Umgekehrt war Trier noch im gleichen Jahrhundert in der Auvergne und im Limousin begütert, wie die Güter „circa Ligerem" der trierischen Urkunden zeigen.

Den trierischen Kultbeziehungen zu Aquitanien entsprachen im übrigen Austrasien während der Merowingerzeit etwa an den Remigius- und Stephan-Patrozinien zu fassende Kultbeziehungen, die von Südgallien aus dem Mittelmeer auf den seiner Zeit in meinem „Volkserbe" herausgearbeiteten Bahnen durch das Pariser Becken gegen Maas, Mosel und Rhein vordrangen[179].

Gegenüber der Stärke der romanischen Beziehungen des Moselgebiets und großer Teile des Rheinlandes im Frühmittelalter traten die der Niederlande mit Ausnahme des Maasgebiets an Bedeutung offenbar sehr zurück. Doch gibt es auch hier einzelne Gebiete wie Südostflandern mit stärkeren Relikten in Siedlungs-, Wald- und Bergnamen[180].

Der bedeutende Kulturstrom, der sich in merowingischer Zeit von Südgallien gegen Nordosten ergoß und für den die hier behandelten Beziehungen nur wichtige Beispiele darstellen, blieb natürlich auch sprachlich nicht ohne Folgen. Man hat zwar von romanistischer Seite die Mitwirkung südfranzösischer Sprachkräfte an der Entgermanisierung Nordgalliens in fränkischer Zeit in Abrede gestellt. Wenn man damit die unhaltbare Vorstellung verband, das Südfranzösische hätte Nordgallien erst ganz von außen her zurückerobern müssen, so gewiß mit Recht; hat doch selbst das Moselromanische noch lange Jahrhunderte hindurch an der gesamtromanischen Sprachentwicklung lebendig teilgehabt! Aber daß das Südfranzösische doch auf den fränkischen Norden nachhaltig eingewirkt haben muß, ergibt sich mit Sicherheit schon aus den romanischen Lehnwörtern, die im Frühmittelalter über Trier und den Rhein ihren Eingang in die deutsche Sprache gefunden haben und deren südfranzösisch-mittelmeerische Herkunft von Th. Frings eindeutig nachgewiesen worden ist [181]. Nach allem, was wir wissen, war ein wirklich diesen Namen verdienender, sich über Jahrhunderte hinziehender Ausgleichsprozeß erforderlich, bis das ehemals römische Rheinland restlos in den werdenden deutschen Sprach- und Volkskörper eingeschmolzen war.

Es läßt sich nicht dagegen einwenden, daß das ganze Rheinland im Unterschied zu den südlichen Niederlanden und Nordgallien schon in spätrömischer Zeit sprachlich zum guten Teil germanisiert sei. Das mag bis zu einem gewissen Grade für den linken Niederrhein zutreffen, nach dem heutigen Stande unserer Kenntnis aber keinesfalls für die Mittel- und Oberrheinlande oder gar für das Moselgebiet. Über den ethnischen Charakter der dort von den Römern bezeugten „Germani cisrhenani" ist noch nicht das letzte Wort gesprochen. Die in ihrem Gebiet auftretenden, im heutigen Verstand des Wortes „germanischen" Sprachspuren sind im Ganzen so spärlich, daß man daraus die Gegensätzlichkeit ihrer frühmittelalterlichen sprachlichen Entwicklung gegenüber den angrenzenden alten Kulturräumen des Westens nicht ableiten kann. Für Trier wissen wir aus dem bekannten Hieronymuszeugnis, von dem nunmehr hinreichend gesichert ist, daß es den sprachlichen Zustand Triers zu Beginn des 4. Jahrhunderts wiedergibt, wie sehr hier das Keltische noch in spätrömischer Zeit die Umgangssprache war [182].

Ich will nun nicht unbedingt in Abrede stellen, daß die von der Natur gesegneten Oberrheinlande, auf die die Germanen bei der Landnahme zuerst stießen, durch die Landnahme eine intensivere germanische Besiedlung erhalten haben werden als die angrenzenden altbesiedelten Räume des Westfrankenreiches, wenn es auch auffällig bleibt, daß auch am Oberrhein zunächst ein Rückgang der besiedelten Fläche eingetreten ist und die eindrucksvolle Geschlossenheit, die die Ortsnamen auf -*heim* in der Oberrheinebene aufweisen, nur das deutsche Gegenbeispiel zu der durch großzügigen Namenausgleich vereinheitlichten Namenlandschaft darstellt, als welche wir im romanischen Sprachgebiet das Pariser Becken ansehen [183]. Aber schon für den Trierer Raum kann von einer sonderlich dichten Besiedlung keine Rede sein [184], und am ganzen Niederrhein gibt es sichere Anzeichen für einen einschneidenden Siedlungsrückgang im frühen Mittelalter [185]. Deshalb muß als Erklärung für den Gegensatz der sprachlichen Entwicklung in den alten Kulturräumen Nordgalliens und den ehemals römischen Rheinlanden nach der Landnahme ihre, bei vielerlei Übereinstimmungen im einzelnen, gegensätzliche kulturgeographische Einordnung im großen unbedingt in Rechnung gestellt werden. Wer sie übersieht, wird niemals zum vollen Verständnis der Abscheidung der Sprachen und Volkstümer in den ehemals römischen Teilen des Frankenreiches durchdringen können.

Sollte noch irgend ein Zweifel darüber möglich sein, daß für die spätere Sprachzugehörigkeit der altbesiedelten Gebiete nicht bereits ihr sprachlicher Zustand am Vorabend der Landnahme, sondern überall erst der nachlandnahmezeitliche Sprach- und Kulturausgleich entscheidend gewesen ist, so wird er behoben bei Berücksichtigung der Verhältnisse im Alpenvorland und insbesondere in der Schweiz [186]. Auch hier richtete sich die germanische, alemannische oder burgundische Landnahme nach dem übereinstimmenden Befund von Sprachwissenschaft und frühmittelalterlicher Archäologie zuerst auf die alten, siedlungsgünstigsten Räume zwischen Boden- und Genfersee. Eine Begrenzung nach Westen durch die spätere Sprachgrenze ist, wie Bruckner in ausdrücklicher Bestätigung von Steinbachs „Studien" hervorhebt, dabei auch für die Alemannen nicht festzustellen. Auch große Teile des Welschschweizer Kernraumes um Wiflisburg-Avenches, Peterlingen-Payerne und Iferten-Yverdon sowie der welsche Jura um Delsberg und Pruntrut waren mit Sicherheit altes germanisches Siedlungsgebiet. Hingegen wurde in der ganzen Schweiz sowohl im Jura- wie im Voralpenland das weniger zugängliche Wald- und Bergland von den Alemannen und Burgundern zunächst gemieden. Soweit damals überhaupt besiedelt, blieb es — das hat Bruckner an Hand eines im Vergleich zum Nordabschnitt der Sprachgrenze unvergleichlich viel reichhaltigeren und aussagekräftigeren Materials einwandfrei nachzuweisen vermocht! — bis etwa zur Wende des 7./8. Jahrhunderts die unbestrittene Domäne des Romanischen. Daher das Fehlen der hochdeutschen Lautverschiebung in den Ortsnamen dieser Gebiete (vgl. Namen wie Gurnigel zu *corniculum*, Gampelen zu *campellus,* Frakmünt *Fractum Montem*, Pratteln zu *pratellum*, Nugerols zu *Nucariolum* u. a. m.), daher statt dessen die Teilnahme zahlreicher Ortsnamen an gewissen lautlichen Veränderungen des Altfranzösischen bzw. Francoprovenzalischen (= Namen wie Tschingel zu *cingulum*, Tschampetten zu *campus*, Tschalun usw.). Große Teile der Kantone Glarus und St. Gallen, das Züricher und Berner Oberland, ganze Abschnitte des Basler und Solothurner Juras und bedeutende Partien des Mittellandes östlich des Bielersees und westlich Bern sind erst drei oder mehr Jahrhunderte nach der Landnahme und in ganz allmählichem Sprachausgleich zu Bestandteilen des deutschen Sprachgebiets geworden. Für das Glarnerland zum Beispiel kommt Zopfi auf Grund langjähriger Untersuchungen zu der Annahme eines runden halben Jahrtausends romanisch-deutscher Zweisprachigkeit; erst im 11. Jahrhundert errang hier die alemannisch-deutsche Sprache die Alleinherrschaft. Charakteristischerweise fehlen den eben genannten Gebieten bis auf ein paar Einzelbeispiele in der Nähe strategisch wichtiger Punkte und Straßen auch die Reihengräber.

Zu genau dem gleichen Ergebnis führt die Untersuchung der romanischen Reliktwörter in den Alpenmundarten der deutschen Schweiz durch J. Jud. Das Gebiet, das die Romania Helvetica seit dem 8./9. Jahrhundert an das Deutsche verloren hat, erstreckt sich nach seinen Ergebnissen, wie ein Blick auf die der Arbeit beigegebene Karte der romanisch-deutschen Sprachgrenze in der Schweiz zeigt, in einem etwa 200 km langen und bis zu 100 km tiefen Streifen vom Neuenburger bis zum Bodensee: „Der Gegenschlag gegen die Romanisierung der Alpen, die im 6. Jh. dem Abschluß nahe war", so kennzeichnet Jud den Vorgang ganz im Sinne der hier vertretenen Auffassung vom Werden der Sprachgrenze, „ist deren teilweise *Entromanisierung*, die fast die ganze Bevölkerung auf der Nordseite der Berner und Glarner Alpen erfaßt und auch in der inneralpinen Zone, im Wallis und in Graubünden, um sich griff. Entromanisierung bedeutet langsame Auflösung der Struktur und des Wortschatzes des dreifach variierten Romanischen in der Nordschweiz zugunsten der alemannischen Mundarten, die westlich und nördlich des Gotthards in rascherem Tempo einzurücken vermochten als im östlich des Gotthards gelegenen rätoromanischen Sektor. Zweifellos fand eine etwas stärkere Durchdringung des Berner Oberlandes und der Innerschweiz durch Neusiedlung statt als in der Ostschweiz, wo eine länger währende Zweisprachigkeit der stark seßhaften Bevölkerung dem Übergang zum Alemannischen vorausging. Abgesehen von der inneralpinen Wanderung der Walser von Westen nach Osten ... scheinen an den Zufahrtsstraßen von Zürich—Chur und Bregenz—Chur bedeutendere alemannische Nachsiedlungen östlich des Walensees und südlich von Altstätten im Rheintal nach dem Ausweis der Orts- und Flurnamen nicht erfolgt zu sein." (S. 105).

Verhältnismäßig früh erfolgte die Eindeutschung des Bodenseegebiets. Aber auch hier treffen wir im 7. Jahrhundert zwar nicht auf dem flachen Lande, wohl aber in den stadtartigen Siedlungen eine romanische Bevölkerung an, für die noch lange Zeit das romanische Chur der gegebene Hauptort war und die auch nach der Einverleibung des Gebiets ins fränkische Reich eine gewisse Verbindung nach Italien hinüber bewahrten. Selbst in Konstanz, später einem Ausstrahlungsherd der Verdeutschung, war, wie Th. Mayer an Hand zeitgenössicher Quellen sehr schön zeigen konnte, die städtische und christliche Bevölkerung um 630 noch zu einem wesentlichen Teil romanisch. Auch im St. Galler Konvent dominierten noch zu Beginn des 8. Jahrhunderts die Mönche churrätischer Abkunft. Erst mit Dagobert I. und endgültig mit Karl Martell begann hier überall die planmäßige Zurückdrängung des churrätischen Einflusses [187].

Langsam und von Etappe zu Etappe wich dabei das Romanische im Laufe der Jahrhunderte immer tiefer ins Gebirge zurück. In den innersten Teilen Vorarlbergs hielt sich das Romanische noch bis ins 14. Jahrhundert, und in Graubünden ist der Prozeß der Umlagerung in den deutschen Kulturraum sprachlich bekanntlich bis heute noch nicht zum Abschluß gekommen. Als Musterbeispiel für die Erkenntnis der bei der sprachlichen Umlagerung wirksamen Kräfte kann Vorarlberg gelten. Bis zum 13. Jahrhundert wahrte hier das Romanische dank dem sprachlich-kulturellen Rückhalt, den es am romanischen Bistum Chur fand, relativ erfolgreich seinen Bestand; auch am Landesausbau hatte es noch aktiven Anteil. Der entscheidende Rückgang setzte dann ein infolge des Zusammenwirkens von vornehmlich vier Momenten: 1. einer planmäßigeren Wirksamkeit der meist deutschen Grundherren im Sinne der Germanisierung; 2. dem Übergang wichtiger wirtschaftlich-sozialer Schlüsselstellungen in die Hand der zugewanderten deutschen Walser; 3. der Ausbildung einer spezifisch deutschen Stadtkultur, deren Einfluß auf das Land ausstrahlte und 4. der durch all diese Momente ausgeübten sozialen Anziehungskraft, die den sozial in der Regel ziemlich gedrückten Romanen beim Übergang zum Deutschtum größere Aufstiegsmöglichkeiten eröffnete. Alle vier Momente zusammen führten in verhältnismäßig kurzer Zeit zur völligen Eindeutschung Vorarlbergs [187a].

Teils eine Parallele, teils ein lehrreiches Gegenbeispiel zu der Eindeutschung Vorarlbergs bietet die Siedlungs- und Sprachentwicklung in der germanisch-romanischen Berührungszone südlich des Alpenkammes. Parallel mit der Wiederbefestigung der Tiroler Herrschaft über Trient erfolgte hier seit dem 13. Jahrhundert, teils als Siedlungs-, teils als Kulturvorgang, eine Ausdehnung des deutschen Sprachgebiets nach Süden. Ende des 15. Jahrhunderts stand die Sprachgrenze an den Mündungen von Noce und Avisio nur einige Kilometer nördlich von Trient. Auf dem Höhepunkt der Ausbreitung des Deutschen gab es jenseits des geschlossenen deutschen Sprachgebiets eine Anzahl weiterer deutscher Täler und Hochflächen. Außerdem lebten im Suganatal und im Etschtal bis Rovereto starke deutsche Minderheiten. Den sprachlichen Umschlag und Rückgang des deutschen Sprachgebiets bis zur Salurner Klause bewirkte die Gegenreformation durch die von ihr eingeleitete Wiederumlagerung der deutsch gewordenen Gebiete in den italienischen Sprach- und Kulturraum — also ein ganz vorwiegend kulturgeographischer Vorgang. In Trient selbst, wo eine starke deutsche Minderheit in der Contrada Tedesca unter der Burg der Bischöfe saß, erlosch das letzte bodenständige deutsche Leben im 18. Jahrhundert [187b].

So lassen sich im Alpengebiet bis auf unsere Zeit sprachliche Ausgleichsprozesse beobachten, die ohne scharfe Zäsur die klassische Periode der Sprachgrenzbildung im Flachland fortsetzen und als Paradigmata für die auch hier wirksam gewesenen Kräfte überörtlichen Wert besitzen. Über Maß und Bedeutung dieser Vorgänge ist auch hier noch nicht überall das letzte Wort gesprochen — beispielsweise erheischt die große Gruppe der Walchen-Namen [188] dringend eine zusammenfassende neue Bearbeitung —, aber an ihrer großen sprachraumgestaltenden Kraft neben und unabhängig von der Siedlung kann gerade hier kein Zweifel sein. Dabei war das Romanische, da durch den Wall der Alpen von seinem sprachlichen Hinterland abgeschnitten [189], im Norden des Gebirgszuges mit Ausnahme der Westschweiz und des Juras überall der Verlierer.

Anders weiter nördlich zwischen Rhein und Seine bzw. Loire. Man hat gegen Steinbachs und meine Annahme, daß sich der Sprachenausgleich im Frankenreich vornehmlich auf Kosten des Germanischen vollzogen habe und daß hier die Sprachgrenze daher auch als „Rückzugslinie des Germanischen" zu gelten habe, im Anschluß an gewisse Beobachtungen F. Rousseaus [190] freilich eingewendet, daß in dem alten Kulturland um Tongern und Maastricht nicht das Romanische, sondern im Gegenteil das Germanische in spätfränkischer Zeit Fortschritte erzielt habe und daß die Sprachgrenze, verglichen mit der volkisch-sprachlichen Lage vor Beginn der Wanderungszeit, auch in ihrem Gesamtverlauf vielmehr als „Rückzugslinie und Eindrückungslinie des Romanischen" zu werten sei [191].

Hier wird aus Teilwahrheiten ein meines Erachtens unberechtigter Gesamtschluß gezogen. Was zunächst das Gebiet um Tongern-Maastricht angeht, so rechnet schon mein „Volkserbe" (S. 956) mit der Möglichkeit, daß hier die Germanisierung erst in spätfränkischer Zeit zum Abschluß gelangt ist. Nach Gysseling [192] wäre Vaals vielleicht sogar bis ins 9. Jahrhundert eine romanische Sprachinsel oder Teil einer solchen gewesen. Die Konzentrierung des alten Reichsgutes auf die unteren Teile des Maasraumes, wie sie die Reichsgutforschung klar [193] erkennen läßt, ist wie an der unteren Mosel geeignet, die Annahme besonders bedeutender Relikte der alten Provinzialbevölkerung an dieser Stelle zu unterstützen. An der Tatsache, daß sich der Sprachausgleich an der Maas, im ganzen gesehen, vorwiegend zu Ungunsten des Fränkischen vollzogen hat, ändert sich dadurch jedoch nichts. Das Gebiet um Tongern steht gleich dem unteren Maasland, wie der Verlauf der Ürdinger und Panninger Linien der Dialektgeographie bis auf den heutigen Tag erweist[194], sprachgeographisch in innigen Beziehungen zum Rheinland, während die kulturellen Bindungen des ganzen übrigen Maaslandes — das hat Rousseau überzeugend nachgewiesen[195] — im Frühmittelalter ganz vorwiegend nach Süden gingen. So erfolgte der Sprachenausgleich zwar an der unteren Maas im germanischen Sinne, im ganzen Gebiet von Herstal und Lüttich an aufwärts aber zum Romanischen hin[196].

Daß das Romanische gegenüber der volklich-sprachlichen Lage in spätrömischer Zeit Einbußen erlitten hat, ist eine Binsenwahrheit[197]. Aber Pirenne hat doch ohne Zweifel recht, wenn er diesen Verlust im Vergleich zu der großen volklich-politischen Energieentfaltung auf germanischer Seite als „peu de chose" bezeichnet[198]. Die endliche Sprachgrenze war Ausgleichslinie, für deren Zustandekommen beide, Romanen und Germanen, Opfer gebracht haben, aber die größeren volklich-sprachlichen Einbußen erlitt doch — was bei der zivilisatorischen Gesamtlage der Zeit kaum anders sein konnte — das germanische Element; gerade in den Niederlanden beweist das die Lage der Sprachgrenze im Nordrand der alten Siedlungsräume.

Unsere Auffassung, daß die sprachlich-kulturelle Auseinandersetzung zwischen Franken und Romanen in den einzelnen Gebieten auf dem umfassenden Hintergrund der politisch-kulturellen Gesamtstruktur des Frankenreiches gesehen werden müsse, hat sich erneut bestätigt. Ich verweise nur auf den unverkennbaren inneren Zusammenhang zwischen der langen Erhaltung der romanischen Relikte an der mittleren Mosel und den die Landnahme überdauernden starken Bindungen dieses Gebiets an den romanischen Süden und Südwesten und umgekehrt auf die Tatsache, daß der Beginn der Karolingerzeit im Bodenseegebiet zugleich einen neuen Abschnitt in der Auseinandersetzung mit dem Churrätischen einleitete. Pirennes These von der zwischen Merowinger- und Karolingerzeit liegenden Zäsur hat mancherlei berechtigte Kritik erfahren[199], sich in ihrem Kern aber als richtig erwiesen. Das Zentrum des geistigen Lebens im späteren Merowingerreich war der noch voll in der mittelmeerisch-antiken Kulturtradition stehende Raum der Loire und der Rhone, das politisch-geistige Zentrum des Karolingerreiches Aachen[200]. Daß aber zwischen beiden Perioden auch in wirtschaftlicher Hinsicht ein Einschnitt liegt und dabei die mediterranen Kräfte zunehmend durch solche aus dem Norden verdrängt wurden, beweisen die kulturgeographisch höchst aufschlußreichen Münzuntersuchungen des leider zu früh verstorbenen französischen Forschers Le Gentilhomme[201]. Seit den letzten Jahrzehnten des 7. Jahrhunderts vollzog sich nach ihm in der Münzgeschichte des Westfrankenreiches ein grundlegender Wandel: die Ersetzung der alten Goldsous durch die Silberdenare, zuerst in Gestalt der angelsächsischen und friesischen Sceattas und dann durch das Silbergeld der letzten Merowinger und Pippins, „mieux adapté que l'or à une économie restreinte". Es war nach Gentilhomme die eigentliche Ablösung des Altertums durch das Mittelalter[202].

Neben der Siedlungsdichte der Vorbevölkerung und den großen kulturgeographischen Kulturzusammenhängen hat in nicht wenigen Abschnitten noch ein drittes Moment die Sprachgrenzgestaltung nachhaltig mitbestimmt: der Landesausbau der späterschlossenen Gebiete, der ja überhaupt erst die uns auf allen modernen Sprachenkarten entgegentretende durchgängige lineare Scheidung zwischen Germania und Romania geschaffen hat. Noch in der Landnahmezeit schoben sich zwischen die altbesiedelten Gebiete ausgedehnte siedlungsleere oder siedlungsarme Zonen[203], für deren künftige sprachliche Zugehörigkeit natürlich die Richtung, von der aus sie erschlossen wurden, von großer Bedeutung war.

So verdankt zum Beispiel Flandern, das in weiten Teilen mittelalterliches Ausbauland ist, seine Erhaltung als germanisches Land ohne Zweifel zu einem nicht geringen Teil der Tatsache, daß hier der Ausbau in enger Wechselwirkung mit der germanischen Küstenkultur rings um die Nordsee vor sich gegangen sein muß, worauf meines Erachtens sowohl der Charakter der Ortsnamen wie das verschiedentliche Auftreten des Leichenbrandes in den flämischen Reihengräbern hindeuten [204]. Vor allem gewinnt der große Keil, mit dem sich das Wallonische zwischen das deutsche und niederländische Sprachgebiet einschiebt, wie Müller-Wille gezeigt hat [205], ein wesenhaft neues Gesicht, wenn man in Rechnung stellt, daß es sich hier zu einem sehr erheblichen Teil um das ardennische Gebirgsland handelt, das meist spätes Ausbauland ist und als solches von der Romania her, teils von den lothringischen Mosellanden, teils von der mittleren Maas, erst seit spätmerowingischer Zeit erschlossen worden ist. Das erklärt auch die relative Armut an germanischen Namenspuren in einem Teil der Gebirgszone (vgl. „Volkserbe" Karte 30).

Dieses Beispiel zeigt, wie sehr eine klare Scheidung in altbesiedelte Räume und Ausbauland innerhalb unseres Untersuchungsgebietes unsere Kenntnis von Landnahme und Sprachgrenzbildung zu fördern vermöchte. Sie wäre eine dankbare Aufgabe für einen zugleich mit der Geschichte und ihren frühmittelalterlichen Hilfswissenschaften vertrauten Siedlungsgeographen.

ERGEBNIS

Das Ergebnis von anderthalb Jahrzehnten intensiver Erörterung, die durch die über Europa hinweggegangene Kriegskatastrophe und ihre Folgen zwar zeitweise gehemmt, aber nicht unterbrochen wurde, läßt sich nicht in einem Satz zusammenfassen. Auf den wichtigsten Sachgebieten ist die Aussprache noch im vollen Gange. Im ganzen hat man, wenn sich auch die Ausgangspunkte der Diskussion zum Teil nicht unwesentlich verschoben haben, den Eindruck, daß man sich einer mittleren Lösung nähert [206] — einer mittleren Lösung allerdings, bei der sich Steinbachs und meine Grundauffassung in den entscheidenden Punkten erfolgreich durchgesetzt hat und viel anfänglicher Widerspruch schrittweise abgebaut worden ist. Wohl überall sind die Möglichkeiten und die Grenzen unserer Erkenntnis schärfer hervorgetreten und wurden in der Scheidung von Gesichertem, nicht Stichhaltigem und Zweifelhaftem erhebliche Fortschritte gemacht, doch steht eine Entscheidung in für das Gesamturteil wesentlichen Punkten noch aus.

Ein charakteristisches Resultat der bisherigen Aussprache ist, daß bei den wichtigsten Beweismitteln für die Landnahmevorgänge im Westfrankenreich — archäologischen Funden, Ortsnamen und sprachlichen Erscheinungen — der Zeugniswert im ganzen nicht in Abrede zu stellen ist, daß aber über Maß und Bedeutung grundlegender Teilerscheinungen noch sehr auseinandergehende Urteile möglich sind oder daß sie sich bisher überhaupt einer genaueren Festlegung entziehen, wenn auch alles darauf hindeutet, daß sie in dem von uns angenommenen, wirklich bedeutenden Umfange in Rechnung zu setzen sind.

In einer solchen Lage vermag nach einer allgemeinen methodischen Erfahrung die grundsätzliche Gleichartigkeit des Befundes in den verschiedenen beteiligten Disziplinen die Richtung anzugeben, in der die Lösung zu suchen ist. Was aber bei einem Vergleich der archäologischen, namenkundlichen, sprach- und volksgeschichtlichen Aussagen, zu denen noch weitere wie das in seiner Bedeutung noch längst nicht nach Gebühr ausgewertete Zeugnis der Rechtsgeschichte hinzuzufügen wären [207], sich als übereinstimmender Befund ergibt, ist die Breite und Tiefe der fränkisch-romanischen Berührung und Durchdringung. Sie steht uns, bei allen Abweichungen des Urteils im einzelnen, heute ungleich deutlicher vor Augen als vor anderthalb Jahrzehnten. Worüber demgemäß Übereinstimmung herzustellen sein sollte, ist die Erkenntnis, daß ein solcher Zustand unmöglich die Folge einer bloß peripheren oder oberflächlichen Berührung der beiden Volkstümer und Sprachen gewesen sein kann, sondern nur in einer jahrhundertelang fortdauernden Symbiose und einer beträchtlichen Durchschichtung beider ihre Erklärung findet. Soviel ich sehe, ist diese Annahme die gemeinsame Lösung, auf die sich die Forschung zubewegt. Sie ist heute bereits in viel größerem Maße bereit, die Gebiete zwischen Rhein und Loire als ein weitgehend einheitliches historisches Feld in Rechnung zu setzen, dessen Zusammengehörigkeit auch den Verfall des karolingischen Reiches überdauerte und die Voraussetzung grundlegender geschichtlicher Leistungen des Abendlandes geworden ist [208]. Diese Zusammengehörigkeit in neuer und vertiefter Weise zum Bewußtsein gebracht zu haben, ist der allgemeinste und wohl wichtigste Ertrag von Steinbachs und meiner Arbeit.

Sowie man freilich daran geht, die konkreten Einzelzüge in dieses allgemeine Bild einzutragen: die Art, Verteilung und Dichte der fränkischen Landnahme in Nordgallien, ihr Verhältnis zur galloromanischen Siedlung, ihren numerischen Anteil an der westfränkischen Gesamtbevölkerung der Frühzeit und ihr Schicksal bis zur Herausbildung zweier wieder scharf voneinander abgesetzter europäischer Sprachgemeinschaften, werden auch die Differenzen in den Auffassungen offenbar und zeigt es sich, daß die bisher erzielte Annäherung der Standpunkte vor allem eine prinzipielle ist, während die Meinungen über Maß und Bedeutung der einzelnen Erscheinungen zum Teil noch ziemlich ebensoweit auseinandergehen wie vor 15 Jahren.

Punkte — allerdings im Rahmen des Ganzen grundlegend wichtige Punkte —, über die inzwischen im Prinzip zeitgehende Übereinstimmung erzielt werden konnte, sind die folgenden:

1. Die fränkische Landnahme endete nicht von vornherein an der germanisch-romanischen Sprachgrenze, sondern erstreckte sich auf den ganzen westfränkischen Bereich bis zur Loire: „Il est absolument sur ... que les Francs se sont établis dans l'ensemble de cette région et jusqu' à la Loire", konstatiert zum Beispiel Dhondt, dem wir die letzte zusammenfassende Beurteilung des Sprachgrenzproblems von belgisch-französischer Seite verdanken. „Kein Mensch" zweifle heute mehr an dieser Tatsache; hingegen sei die alte Kurthsche Auffassung vom Siedlungsabbruch an der Sprachgrenze „totalement abandonnée parce qu'en contradiction flagrante avec ce que les textes (loi Salique) nous apprennent"[209].

2. Die Sprachgrenze ist nicht eine von vornherein feststehende Lineargrenze, sondern eine Ausgleichslinie. „Il importe", so bemerkt Dhondt zu diesem Punkt, „de se défier de ce qui subsiste encore inconsciemment dans les esprits du caractère ‚linéaire' de la frontière linguistique primitive: c'est une survivance de la thèse de Kurth", und er weist mit schönem Freimut darauf hin, wie sehr er sich erst allmählich der vollen Tragweite dieser Tatsache bewußt geworden sei [210].

3. Es gab zu beiden Seiten der späteren Sprachgrenze anfangs eine breite Zone der Zweisprachigkeit, bei der man nicht von vornherein sagen konnte, wo sich die Grenze später festlegen würde. Auch von den Bearbeitern der Frankenzeit in dem heute maßgebenden niederländischen Geschichtswerk, Verlinden und Ganshof, wird die Existenz einer solchen Zone anerkannt. Wir hätten es, so meint z. B. Ganshof, in einem Streifen von nicht genau zu bestimmender Tiefe mit „terrae mixtae" zu tun, Strecken mit gemischter Bevölkerung, in denen sich die germanische Bevölkerung im Gefolge eines Assimilationsprozesses, der sich vom 6. bis ins 8. Jahrhundert erstreckt habe, dessen Einzelheiten uns aber entgingen, romanisierte [210a].

4. Weder der „limes Belgicus" noch gar der „Kohlenwald" haben diesen endgültigen Grenzverlauf bestimmt; wohl aber steht er in wichtigen Grenzabschnitten wie der belgisch-nordfranzösischen Lösszone und in Lothringen in auffälliger Beziehung zur Lagerung der alten vorfränkischen Siedlungsräume: Die Grenze verläuft in Belgien und Nordfrankreich in ihrem Nordrand, in Lothringen in ihrem Ostrand.

5. Für die Festlegung der Grenze hat die Einordnung der ursprünglichen sprachlichen Mischzone in den Gesamtzusammenhang der germanischen und romanischen Sprache und

Kultur des Frühmittelalters eine maßgebende Rolle gespielt.
Ausgesprochen dynamischen Anschauungen huldigt die heutige luxemburgische Sprachforschung. So sieht R. Bruchs „Grundlegung einer Geschichte des Luxemburgischen" [210b] den Aufbau des heutigen luxemburgischen Sprachraums entscheidend nicht vom Rheinland her, sondern durch Kulturströmung aus dem Westfrankenreich bestimmt. Seit dem Frühmittelalter steht das luxemburgische Sprachgebiet nach Bruch unter dem Gesetz der Zweipoligkeit. Die germanische Besiedlung des Landes gehe zurück auf bäuerliche Kräfte vom Rhein, seine letztlich ausschlaggebende sprachliche Formung aber sei das Werk der im Pariser Becken ansässig gewordenen fränkischen Oberschicht und der von hier aus nach Osten hin zurückflutenden kulturellen Einwirkungen.

Neben diesen — wir wiederholen es — unseres Erachtens grundlegenden Gemeinsamkeiten der Auffassung stehen nun aber mehrere kaum weniger grundlegende Verschiedenheiten: wir beginnen ihre Erörterung wieder in Anlehnung an Dhondt:

1. Bei aller grundsätzlichen Abwendung von den Kurthschen Thesen zeigt sich bei ihm doch noch immer eine ausgesprochene Neigung, die Entwicklung praktisch von vornherein auf die Herausbildung der Sprachgrenze hintendieren zu lassen. Insbesondere der Nordsaum des belgisch-nordfranzösischen Lössgebiets gilt ihm von Anfang an als die für deren spätere Fixierung prädestinierte Stelle. Zwar nicht in den Einzelheiten, wohl aber in den großen Zügen sei ihr Verlauf bereits landnahmezeitlich: „si pas le tracé exact, du moins la localisation générale remonte jusquà l'établissement des Francs." Der Beweis liegt für Dhondt in der „existence dès avant le déplacement franc d'une zone de population dense à la hauteur de la frontière linguistique", durch die die

sprachliche Entwicklung der sich rechts und links davon niederlassenden Franken von Anfang an in verschiedener Richtung geleitet worden sei [211].

Auch aus der Erstfassung meiner hier vorgetragenen Darlegungen hat Dhondt die Anerkennung dieser Tatsache herausgelesen [212]. Das ist jedoch ein Irrtum. Für Dhondt ist die bedeutende Rolle, die die alten Siedlungsräume in Belgien und Lothringen für die Heranbildung der Sprachgrenze spielen, ohne weiteres identisch mit der Wirksamkeit einer dort ansässig gebliebenen *Vorbevölkerung;* bei Steinbach und mir hingegen gilt der Hinweis auf die Beziehungen zwischen alten Siedlungsräumen und Sprachgrenze zunächst nur dem *Raum* als solchem, also einem rein geographischen Faktum, während die Frage, wieweit in ihnen zugleich mit Bevölkerungskonstanz gerechnet werden dürfe, zunächst durchaus dahingestellt bleibt. Daß in der Tat zwischen Kontinuität der Besiedlung und Kontinuität der in solchen Räumen siedelnden Bevölkerung grundsätzlich unterschieden werden muß, lehrt gleichzeitig das rheinische Beispiel: auch in den in römischer wie fränkischer Zeit besiedelten fruchtbarsten Landstrichen nimmt die rheinische Archäologie einen „einschneidenden Besitzwechsel" an [213]. Müssen wir aber ebenso für das Westfrankenreich die Möglichkeit tiefgehender Bevölkerungsumschichtungen auch in den Alträumen in Rechnung setzen, so verliert die Dhondtsche Beweisführung ihre Schlüssigkeit und ist die Sprachgrenze in noch viel unbedingterer Weise Absetz- und Ausgleichslinie als er bisher anzunehmen bereit ist. Es wäre deshalb zu wünschen, daß die belgischen Archäologen der Frage: Konstanz der besiedelten Räume oder Konstanz der siedelnden Bevölkerung auch für ihren Bereich in Zukunft ganz besondere Aufmerksamkeit widmeten.

2. Ein weiteres, hiermit eng zusammenhängendes Problem, gegenüber dem die Meinungen noch weit auseinandergehen, ist die Frage nach der Intensität der fränkischen Durchdringung des Westfrankenreiches und dem Ausmaß der sprachlich-volklichen Ausgleichungen, die auf beiden Seiten der späteren Sprachgrenze erfolgen mußten, bis die reinliche Scheidung zwischen den germanischen und romanischen Sprachgebieten erreicht war. Auch hierbei kann man, im Großen gesehen, eine vor allem im Westen vertretene Lehrmeinung von einer an der deutschen Dialektgeographie geschulten Auffassung unterscheiden. Nach der ersten hatten die mit der fränkischen Landnahme zusammenhängenden Siedlungs- und Ausgleichsvorgänge, wenn man sie auch als gesamtfränkische Probleme anzusehen gelernt hat, doch nur ein relativ bescheidenes Ausmaß; nach der letzten haben wir auch im Westfrankenreich mit sprachlich-volklichen Mischungen und Ausgleichungen von recht beträchtlichem Umfang zu rechnen.

Man darf freilich bei dieser Gegenüberstellung nicht zu sehr generalisieren. Auch in der sogenannten „Bonner Schule" gibt es zum Beispiel in dieser Frage nicht unerhebliche Unterschiede in der Auffassung, wie sie überall natürlich sind, wo man nicht verbindlich festgelegte Thesen vergibt, sondern sich individuell um Erkenntnis bemüht [214].

Sie beziehen sich — wenn wir das Reihengräberproblem in diesem Zusammenhang einmal beiseite lassen — vor allem auf die Frage, wieweit auch für die zentralen Teile des Pariser Beckens noch mit Sprach- und Namenausgleich großen Ausmaßes zu rechnen ist. W. v. Wartburg hat seiner Zeit im Hinblick auf die eigenartig sich ergänzende Verbreitung mehrerer wichtiger Gruppen von germanischen und romanischen Siedlungsnamen (insbesondere der Namen vom -ingen-

und Weiler-Typus) diesen in seiner Kühnheit ursprünglich auf Th. Frings zurückgehenden Gedanken vertreten und sich noch unlängst wieder dazu bekannt[215]. F. Steinbach hat ihm darin zugestimmt; er kam wesentlich mit von daher zu seinem Urteil, daß die ländlichen Teile auch im Pariser Becken einmal vorwiegend fränkisch gewesen sein müssen[216]. Der jüngste beredte Anwalt der Frings-Wartburgschen These ist der Luxemburger R. Bruch[216a].

Auch ich bin immer der Meinung gewesen, daß der Ortsnamenausgleich für alle Teile des Westfrankenreiches in Rechnung gesetzt werden muß und halte daran, wie oben ausgeführt[217], auch weiterhin fest. Seiner Wirksamkeit auch für die Südhälfte des Pariser Beckens eine das Namenbild im Ganzen von Grund auf umwälzende Rolle zuzuschreiben scheint mir jedoch so lange gewagt, als eine solche Annahme nicht durch eine genügende Anzahl weiterer, in ihrem volksgeschichtlichen Aussagewert hinreichend gesicherter Zeugnisse gestützt wird[218]. Das um so mehr, als in diesem Fall die Reihengräberfunde, einerlei wie man ihren Aussagewert beurteilt, auf jeden Fall im Stich lassen. Schon die nördliche Innenhälfte des Seinebeckens ist — von der Normandie abgesehen — an Funden nicht sehr reich. Vor allem aber tritt dann die Seine als Häufigkeits- und als Siedlungsgrenze gegen Süden hin nach den Darlegungen von H. Zeiß noch sehr viel schärfer in Erscheinung als ich früher angenommen hatte[219]. Diese Sachlage spricht meines Erachtens für die Richtigkeit von v. Wartburgs Vermutung[220], daß hier ein Schwächerwerden der fränkischen Siedlung und ein stärkeres inneres Widerstandsvermögen des Romanischen gemeinsam die Erklärung dafür bieten, daß die fränkischen Spuren im Beckeninneren nur noch spärlich sind.

Auch nördlich davon und in Wallonien ist eine obere Grenze für den fränkischen Sprach- und Siedlungseinfluß durch die Tatsache gegeben, daß den Nachweisen der Romanisten zufolge das Romanische anscheinend nirgends in größerem Umfang eine Unterbrechung seiner Entwicklung erfahren hat. Wieweit Somme und Aisne als Häufigkeitsgrenzen der germanischen Siedlung anzusehen sind, ist nicht zu entscheiden; denn gerade hier wird neben den unmittelbaren germanischen Namensresten der Ortsnamenausgleich wahrscheinlich in sehr wesentlichem Maße in Ansatz zu bringen sein. Nur an den Stellen, an denen ein Abklingen der Namen mit einem solchen der dort sehr reich und typisch vertretenen Reihengräberzivilisation Hand in Hand geht, dürfte ein vorsichtiger Schluß von dem Namen auf die Siedlung vertretbar sein. Für die wallonisch-nordfranzösischen Gebiete bis zur Sprachgrenze wird die Vorlage der Forschungen Gysselings den intensiven fränkischen Siedlungseinschlag endgültig bestätigen.

Im ganzen bleiben bezüglich der Intensität der fränkischen Durchdringung des Westfrankenreiches also noch beträchtliche Unsicherheiten, die sich mit unsern bisherigen Methoden nicht beseitigen lassen. Auch hier bietet sich der weiteren Forschung noch ein dankbares Untersuchungsfeld!

3. Bleibt schließlich als letztes kontroverses Problem die Frage nach dem numerischen Verhältnis von Franken und Galloromanen im Westfrankenreich. Die vorangehenden Erörterungen haben schon gezeigt, welche Hindernisse jeder einigermaßen begründeten Schätzung entgegenstehen. Ich habe deshalb bisher auf solche Versuche bewußt verzichtet, und die Versuche anderer mit ihren fragwürdigen Ergebnissen[221] können mich darin nur bestärken. Wenn man mir wiederholt die Ansicht zugeschrieben hat, ich hätte für ganz

Nordfrankreich mit einer fränkischen Bevölkerungs*mehrheit* gerechnet, so hat man in mein „Volkserbe" etwas hineingelesen, was nicht darin steht — wobei ich gern zugebe, daß die unveränderte Übertragung der in der Dialektgeographie geläufigen Vorstellungen und Begriffe auf das Verhältnis von Fränkisch und Romanisch im Frühmittelalter, da sie etwas zu dynamische Vorstellungen weckt[222], an diesem Mißverständnis nicht ganz unbeteiligt war. Was wir erwiesen zu haben glauben — darin stimmen die „Bonner Schule" und auch v. Wartburg völlig überein —, ist die Tatsache, daß der fränkische Anteil an der damaligen Gesamtbevölkerung des Westfrankenreiches *beträchtlich* gewesen sein muß. Das ergibt sich für uns aus dem mehrere Jahrhunderte langen Fortleben der germanischen Sprache im Innern der Romania, ihrer lebendigen Teilnahme an der sprachlichen Gesamtentwicklung des Germanischen und den von Steinbach zuerst ins Licht gerückten und inzwischen durch so sprechende neue Beobachtungen bereicherten gemeinsamen Wesenszügen der deutschen und französischen Volksgeschichte.

Demgegenüber nunmehr die bereits erwähnten Schätzungen Dhondts[223]. Er kommt auf eine Größenordnung von etwa 3 Prozent. 2 000 000 Galloromanen hätten allerhöchstens 60 000 Franken gegenübergestanden, also eine praktisch völlig bedeutungslose Minderheit. Es ist mir ziemlich unbegreiflich, woher Dhondt, der gegenüber der Verwendung von Reihengräbern und Namenausgleich eine so große Bedenklichkeit an den Tag legt, auf Grund zum Teil allgemeinster Erwägungen und Vergleiche, die für mein Gefühl eine Gleichung mit lauter Unbekannten darstellen, den Mut zu solchen Aussagen nimmt, mögen sie sich auch schon ähnlich bei Pirenne finden. Sie können meines Erachtens nur die Wirkung haben, die eigentlichen Probleme zu verdecken.

Zudem die geringe Höhe von Dhondts Schätzung hat doch wohl die allgemeine Wahrscheinlichkeit durchaus gegen sich. Hätte er recht, so stünden wir im Grunde noch immer vor jenem „miracle historique", als welches es F. Lot mit Recht empfinden mußte, daß es Chlodwig mit einer kleinen Kriegerschar gelungen sei, die Achse der Weltgeschichte aus dem Mittelmeer in die Gebiete zwischen Loire und Rhein zu verlagern. Wenn den Franken mit ihrer Staatsgründung auf Reichsboden das gelang, was allen anderen Germanenvölkern versagt blieb, so doch nur darum, weil diese Gründung auch volksmäßig fest verankert war. Diese Überlegung war einer der Ausgangspunkte unserer Neuaufrollung des Landnahmeproblems, und ich glaube nicht, daß sie durch den bisherigen Verlauf der Diskussion erschüttert worden ist.

So kennzeichnen inzwischen erzielte Übereinstimmungen und fortbestehende Unterschiede der Auffassung zu gleichen Teilen den Ertrag der bisherigen Diskussion über die fränkische Landnahme und die Herausbildung unserer westlichen Sprach- und Volksgrenze im Frühmittelalter. J. Dhondts im Anschluß an die Erstfassung dieser Schrift geäußertes Urteil: er habe den Eindruck, daß man auf der ganzen Linie im Begriff sei, sich zu einigen[224], eilt gewiß den Tatsachen voraus, aber daß die bisherige Aussprache für die Beurteilung dieser quellenmäßig dunkelsten Periode der europäischen Geschichte nicht nutzlos war, wird man mit gutem Grund feststellen können. Und daß sie der zukünftigen Forschung ganz bestimmte Aufgaben stellt, die gelöst werden müssen, ehe ein abschließendes Urteil über die hier diskutierten Vorgänge möglich werden kann, ist vielleicht nicht ihr unwichtigster Ertrag.

ANMERKUNGEN ZU BERICHT I

[1] Kulturströmungen und Kulturprovinzen in den Rheinlanden. Geschichte, Sprache, Volkskunde. Von H. Aubin, Th. Frings, J. Müller, Veröffentlichung des Instituts für geschichtliche Landeskunde an der Universität Bonn, Bonn 1926, S. III—IX.

[2] Vgl. hierzu jetzt auch H. Aubins persönlich gehaltenen Bericht („Gemeinsam Erstrebtes") in der Frings-Festschrift der Rhein. Vierteljahrsbl. 17, 1952, S. 305—331.

[3] Breslau 1938.

[4] Zweite erweiterte Auflage. Halle 1950. Dazu außer Aubin a.a.O. etwa F. Steinbach, Deutsche Sprache und deutsche Geschichte, Rhein. Vierteljahrsbl. 17, 1952, S. 332—343; W. Foerste, Jahrb. des Vereins für niederdeutsche Sprachforschung, Jg. 1951, Heft 74, Seite 140—143 und die stark polemische Stellungnahme von H. Kuhn, Zeitschrift für deutsches Altertum, 83, 1951, S. 53—65, auf die Frings in der Neuauflage seiner „Grundlegung" antworten will.

[5] Jena 1926.

[6] Bonn 1937.

[7] Eine erste derartige Zwischenbilanz bietet bekanntlich Steinbachs und meine gemeinsame Veröffentlichung „Zur Grundlegung der europäischen Einheit durch die Franken", Leipzig 1939. Über die seitherigen namenkundlich-philologischen Veröffentlichungen zum Problem unterrichten erschöpfend die jährlichen Literaturberichte von H. J. van de Wijer und H. Draye in den Handelingen van de Kon. Commissie voor Toponymie en Dialectologie (Bulletin de la Commission royale de Toponymie et Dialectologie) von Jg. 11, 1937 bis 26, 1952. Herrn Kollegen Draye habe ich zugleich für die freundliche Zugänglichmachung von vieler der deutschen Forschung heute schwer erreichbarer Literatur zu danken.

[8] Es ist kaum nötig darauf hinzuweisen, daß die hier vertretene Auffassung der Sprachgrenze als Ausgleichsgrenze, auch wo sie anthropologische Argumente heranzieht wie z. B. bei der Beurteilung des siedlungsgeschichtlichen Aussagewertes der Reihengräber (darüber vgl. Seite 19 ff.) keine „rassische Geschichtsauffassung" darstellt. Unter diesem Gesichtspunkt ist auch heute noch lesenswert die daran im Namen dieser Auffassung geübte grundsätzliche Kritik von Fr. Schilling, Volks-

tum, Volksgrenze und „Kulturkreis". Rückblicke und grundbegriffliche Fragen zur westdeutschen Volksgrenzforschung und zu Petris Deutung des Schicksals der fränkischen Landnahme in Frankreich. Westmärkische Abhandlungen zur Landes- und Volksforschung 4, 1940, S. 126—141.

[9] Nicht nur S t e i n b a c h s, sondern auch meine eigene Hinwendung zu den sprachgeschichtlichen und namenkundlichen Problemen der Landnahmezeit in Gallien liegt vor dem Einsetzen der erfreulichen Intensivierung der Erforschung dieser Probleme auf Seiten der Romanistik und insbes. vor dem Erscheinen von E. G a m i l l s c h e g s „Romania Germanica" (3 Bde., Berlin und Leipzig, 1934 bis 1936), vgl. „Volkserbe" S. XI f.

[10] F. S t e i n b a c h, Das Frankenreich, in: B r a n d t - M e y e r, Ullmanns Handbuch der deutschen Geschichte, Bd. 1, Potsdam 1936, S. 107—146 u. „Gemeinsame Wesenszüge der deutschen und französischen Volksgeschichte", in: S t e i n b a c h - P e t r i, Zur Grundlegung der europäischen Einheit, a.a.O., S. 1—16.

[11] H. R o o s e n s, De merovingische begraafplaatsen in Belgie. Gent 1949. Eine gute Kennzeichnung der ungleichen Verbreitung der Funde in Belgien und der Ursachen dafür gibt neuerdings F. F a i d e r - F e y t m a n s in: Etudes mérovingiennes. Paris 1953, S. 103—110.

[12] E. S a l i n, Rhin et Orient. Le Haut Moyen-Age en Lorraine d'après le mobilier funéraire, Paris 1939, insbes. S. 23 ff., mit Verbreitungskarte. — Vgl. ferner S a l i n, La Civilisation mérovingienne d'après les sépultures, les textes et le laboratoire, 2 Bde., Paris 1950—1952.

[13] H. Z e i ß, Die germanischen Grabfunde des frühen Mittelalters zwischen mittlerer Seine und Loiremündung, 31. Bericht der römisch-germanischen Kommission 1941, Teil 1, Berlin 1942, S. 5—173.

[14] J. W e r n e r, Zur Entstehung der Reihengräberzivilisation, Archaeologia Geographica 1, 1950, S. 23—32.

[15] J. D h o n d t, S. J. D e L a e t et P. H o m b e r t, Quelques considérations sur la fin de la domination romaine et les débuts de la colonisation franque en Belgique. Antiquité Classique 17, 1949 (= Miscellanea philologica, historica et archeologica in honorem Huberti van de Weerd), S. 133—156 mit einem Nachtrag: La fin de la domination romaine et les débuts de la colonisation franque en Belgique, Handelingen der Maatschappij voor Geschiedenis en Oudheidkunde te Gent. N. R. 3, 1948, S. 116—121.

[16] So in Antiquité Classique, a.a.O., S. 156.

[17] W e r n e r, a.a.O.

[18] Vgl. H. Z e i ß, Fürstengrab und Reihengräbersitte, Forschungen und Fortschritte 12, 1936, S. 302 f. Wertvolle Beobachtungen über die Be-

ziehungen zwischen Reihengräbersitte und spätrömischer Laetenzivilisation enthalten auch K. B ö h n e r s Archaelogische Beiträge zur Erforschung der Frankenzeit am Niederrhein, Rhein. Vierteljahrsbl. 15/16, 1950/51, S. 19—38.

[19] W e r n e r, a.a.O., S. 27.

[20] St. Severin in Köln, das W e r n e r, a.a.O. im Anschluß an F r e m e r s d o r f hierher rechnet, wird nach Z e i ß, Die germanischen Grabfunde, a.a.O., S. 14, Anm. 1, da jünger, auszuscheiden sein.

[21] B ö h n e r, a.a.O., insbes. S. 23 f.

[22] S. J. D e L a e t, J. D h o n d t et J. N e n q u i n, Les Laeti du Namurois et l'origine de la Civilisation mérovingienne, SA., aus: Etudes d'Histoire et d'Archéologie Namuroises, dédiées à F. Courtois, Gembloux 1952. — Zustimmend zu Werner S a l i n, Civilisation mérovingienne, a.a.O.

[23] Wie schon K. T a c k e n b e r g, Oxé-Festschrift, Darmstadt 1938, S. 265—272, hervorhob, war meine Charakterisierung der Reihengräberzivilisation als Zeugnis der politischen und militärischen Oberschicht überspitzt.

[24] W e r n e r, a.a.O., S. 28.

[25] Vgl. dazu H. K ü h n, Die germanischen Bügelfibeln der germanischen Völkerwanderungszeit. 2 Bde., Bonn 1940, insbes. S. 65.

[26] Die Belege dafür bietet J. W e r n e r, Das alemannische Fürstengrab von Wittislingen, München 1950, in Verbindung mit Z e i ß, a.a.O., S. 13 f.

[27] Vgl. zum Grundsätzlichen etwa E. W a h l e, Zur ethnischen Deutung frühgeschichtlicher Kulturprovinzen, Sitzungsberichte d. Heidelberger Akademie d. Wissensch. Phil.-hist. Klasse, 1940/41, Abt. 2 sowie neuerdings M. J a h n, Die Abgrenzung von Kulturgruppen und Völkern in der Vorgeschichte, Berlin 1952.

[28] J a h n, a.a.O.

[29] Vgl. S. 15 ff.

[30] Den Titel der Abhandlung vgl. oben Anm. 13

[31] Vgl. für St. Severin in Köln F. F r e m e r s d o r f, Bonner-Jahrb. 130, 1925, S. 262—283 u. 138, 1933, S. 22—80, für St. G e r e o n in Köln B ö h n e r, Archäol. Beiträge, a.a.O., insbes. Anm. 45 und für St. Martin in Trier K. B ö h n e r, Trierer Zeitschr. 18, 1949, S. 107—131. Für die übrigen Orte vgl. K. B ö h n e r, Die Frage der Kontinuität zwischen Altertum und Mittelalter im Spiegel der fränk. Funde des Rheinlands, in: Trierer Zeitschr. 19, 1950, S. 82—106. — Über St. Alban in Mainz vgl. G. B e h r e n s, Mainzer Zeitschr. 33, 1938, S. 29—47 und oben S. 72.

[32] Über sie vgl. R o o s e n s, a.a.O., S. 123 f.

[33] Den Hinweis auf diesen Unterschied verdanke ich wiederum K. B ö h n e r. Über das staffelförmige Vordringen christlicher Einflüsse in der Reihengräbersitte vgl. B ö h n e r, Archäol. Beiträge, a.a.O. Führend sind, wie sich vor allem aus den zeitlichen Unterschieden im Übergang von der vorchristl. Süd-Nord-Richtung zur christl. Ostorientierung der Gräber erkennen läßt, Nordgallien und der Mittelrhein, während sich der Niederrhein nur zögernd den christl. Einflüssen öffnet.

[34] Das Ganze nach B ö h n e r, Kontinuität, a.a.O., S. 90 ff.

[35] Die Beweisführung im einzelnen vgl. bei B ö h n e r, Beiträge a.a.O.

[36] S a l i n, a.a.O., S. 255 ff., läßt die Frage offen.

[37] K. F. S t r o h e k e r, Der senatorische Adel im spätantiken Gallien, Tübingen 1948, insbes. S. 106 ff.

[38] B ö h n e r, a.a.O., S. 28 ff und Kontinuität, a.a.O., S. 87.

[39] So im wesentlichen H. R o o s e n s, Het probleem der Frankische begraafplaatsen, Festbundel v a n d e W i j e r, Löwen 1944, Bd. 2, S. 303—332. Skeptisch in diesem Punkte auch die sonst recht abgewogenen Ausführungen von Ch. V e r l i n d e n in: Algemene Geschiedenis der Nederlanden Bd. 1, Utrecht 1949, S. 231—236, während J. D h o n d t, Essai sur l'origine de la frontière linguistique, in: Antiquité Classique Bd. 16, 1947, S. 275 ff. den germanischen Einschlag in den westfränkischen Reihengräberfeldern anerkennt, auch die seit der Mitte des 4. Jahrhunderts beginnende Beigabenlosigkeit der gallorömischen Gräber hervorhebt, aber an die Möglichkeit einer praktischen Auswertung der Reihengräber in unserem Sinne gleichfalls nicht glaubt, wie auch seine jüngste Stellungnahme (Antiquité Classique 21, 1952, S. 110 f.) zeigt. Dagegen H. D r a y e, De toponymie en de archeologie als hulpwetenschappen bij de studie van de vestigingsgeschiedenis in de Zuidelijke Nederlanden. Antiquité Classique Bd. 17, 1948, S. 157—174 unter Bezugnahme auf E. S a l i n, Sur le peuplement des marches de l'est après les grandes invasions, C. R. Académie incriptions et belles lettres 1945, S. 498—504.

[40] Vgl. dazu die Nachweise S. 29 f.

[41] Auch H. Z e i ß („Zur ethnischen Bedeutung frühmittelalterlicher Funde", Germania 14, 1930, S. 11—24) erhob Bedenken nur gegen die s t a m m e s mäßige Zuweisung der einzelnen Fundgruppen, nicht gegen die Zurückführung auf die Germanen überhaupt; z. B. wird von ihm R e i n e c k e s Scheidung des germanischen und avarischen Siedlungsraumes auf Grund der archäologischen Zeugnisse (Germania 12, 1926, S. 87 ff.) ausdrücklich gutgeheißen.

[42] Civilisation mérovingienne, a.a.O., Bd. II, S. 102 ff.

[43] So trägt L a u r - B e l a r t s Verbreitungskarte der Reihengräber in der Schweiz bei A m m a n n - S c h i b, Hist. Atlas d. Schweiz (Aarau 1951), Karte 8 die Bezeichnung: „Germanische Besiedlung".

⁴⁴ Diesen Versuch unternahm Cl. R e d l i c h, Erbrecht und Grabbeigaben bei den Germanen, Forschungen und Fortschritte 24, 1948, S. 177—180. Zur Kritik vgl. K. B ö h n e r, Beiträge, a.a.O.

⁴⁵ Vgl. S a l i n, a.a.O., S. 24: „Les armes et l'équipement guerrier sont extrêment abondants".

⁴⁶ Das läßt sich bereits aus den knappen Inventarhinweisen von R o o s e n s, De merovingische begraafplaatsen, a.a.O., entnehmen; beispielsweise werden dort für 32 der 70 Gräberfelder trotz ihres zum Teil sehr schlechten Erhaltungszustandes ausdrücklich Waffenfunde erwähnt. Im übrigen bleibt die von J. W e r n e r, Germania 29, 1951, S. 101 ff. geforderte Edierung des belgischen Materials ein dringendes Anliegen und eine Voraussetzung für eine fruchtbare Fortsetzung des Gesprächs.

⁴⁶a Daß die anthropologischen Gesichtspunkte sich allmählich wieder durchsetzen, zeigen die in Anm. 205 und 210b zitierten Arbeiten von H o y o i s und B r u c h.

⁴⁷ Alte Rheinprovinz: über 500 Gräberfelder auf 27 000 qkm Fläche, vgl. die Fundkarte der fränkischen Reihengräberfriedhöfe im Rheingebiet von K. B ö h n e r, in: Geschichtl. Handatlas der deutschen Länder am Rhein. Mittel- und Niederrhein, bearb. von J. N i e s s e n, Köln-Lörrach 1950, Karte 11.

⁴⁸ 787 Gräberfelder auf ca. 19 500 qkm Bodenfläche laut W. V e e c k, Die Alemannen in Württemberg. 2 Bde., Leipzig-Berlin 1931.

⁴⁹ Vgl. insbes. die Kapitel über die Weiler-Namen S. 703 ff., den Ortsnamenausgleich S. 717 ff. und über die fränkische Landname im Lichte der Ortsnamen u. Bodenfunde. S. 809 ff. — Die dort beigegebenen Karten sind natürlich nur indirekt zu lesen und bieten keine Handhabe zur Ermittlung der Stärke, die die betr. Namen anteilmäßig am Gesamtbestand der Namen eines Gebiets besitzen. Die zuweilen an ihrer Technik geübte Kritik, worüber H. D r a y e, Antiquité Classique Bd. 17, 1948, S. 163 Anm. unterrichtet, übersieht diese m. E. wohl vertretbare methodische Voraussetzung.

⁵⁰ Vgl. hierzu E. G a m i l l s c h e g, Germanische Siedlung in Belgien und Nordfrankreich 1. Die fränkische Einwanderung und die junggermanische Zuwanderung. Berlin 1938 u. meine Antwort: Um die Volksgrundlagen des Frankenreiches in: S t e i n b a c h - P e t r i, Zur Grundlegung der europäischen Einheit durch die Franken, a.a.O., S. 17—64.

⁵¹ Hierüber berichtet zusammenfassend E. L e g r o s, Le Nord de la Gaule Romane, Bull. de la Commission royale de Toponymie et Dialectologie 16, 1942, S. 161—228, insbes. S. 203 ff. Hinweise auf Kritiken von H a u s t und H e r b i l l o n gibt L e g r o s, ebda. 26, 1952, S. 351 ff. — Neuerdings glaubt M. G y s s e l i n g, Inleiding tot de studie van let oude Belgisch (Mededeel. v. d. veraniging voor naamkunde te Leuven 28,

1952, S. 69—76) neben der keltoromanischen und germanischen auch eine vorkeltische, von ihm in Übereinstimmung mit S. J. De L a e t „belgisch" genannte Namensschicht aussondern zu können, der er verschiedene der von mir der germanischen Schicht zugerechneten Elemente wie die Namen auf -*apa* und vom Typus *Heusden* zuweisen möchte. Die Aufnahme dieses zweifellos kühnen Versuches bleibt abzuwarten.

[52] Vgl. etwa L e g r o s, a.a.O. 16, S. 210 ff.

[53] Zeitschr. f. roman. Philologie 59, 1939, S. 284—301, insbes. S. 299 ff.

[54] Vgl. L e g r o s, Le Nord a.a.O., S. 212 ff., G. R o h l f s, Archiv f. d. Studium d. neueren Sprachen 175, 1939, S. 133 f. u. v. W a r t b u r g, a.a.O. passim, V e r l i n d e n, a.a.O., S. 242 und W. B l o c h w i t z, Die germanischen Ortsnamen im Dép. Ardennes, in: Volkstum u. Kultur d. Romanen Bd. 12, 1939, S. 1—168.

[55] Vgl. nach seiner älteren Untersuchung über La pénétration germanique dans la région d'Ath, Brüssel 1938, seine Mitteilung über La pénétration germanique dans la région de Jodoigne, Onomastica 2, 1948, S. 2 und Le nom de Behogne, ebda. 1, 1947, S. 21—30. Für Wall.-Brabant vgl. ferner die in Anm. 103 genannte Arbeit von J. L i n d e m a n s.

[56] M. G y s s e l i n g, Le Namurois, région bilingue jusqu'au 8e siècle. Bull. de la Commission roy. de Toponymie et Dialectologie 21, 1947, S. 201-209.

[57] L. R e m a c l e, ebda. 22, 1948, S. 441 f.

[58] Eine Art ersten Vorberichtes für Ostflandern bietet M. G y s s e l i n g, Een inleiding tot de Toponymie van Oostvlaanderen, Gent 1950.

[59] Vgl. Germanische Siedlung, a.a.O., S. 148 ff.

[60] Entsprechend z. B. Th. F r i n g s, Zeitschr. f. deutsches Altertum 73, S. 124 u. W. v. W a r t b u r g, Umfang u. Bedeutung der germanischen Siedlung in Nordgallien im 5. und 6. Jahrh. im Spiegel der Sprache u. der Ortsnamen, Vorträge und Schriften d. Deutschen Akademie d. Wissenschaften zu Berlin, H. 36, Berlin 1950, S. 18 ff.

[61] J. J o h n s o n, Etude sur les noms de lieu dans lesquels entrent les éléments *court ville et villiers,* Paris 1946.

[62] So A. D a u z a t, Rev. internationale d'onomastique, 1, 1949. S. 305 ff.

[63] Durch L. W e i s g e r b e r, in Rhein. Vierteljahrsbl. 14, 1949, S. 262 f. Die Herkunft der Kompositionsausweise aus dem Fränkischen vertritt neuerdings auch E. S c h w a r z, Beitr. z. Namenforschung 2, 1950/51, insbes. S. 48 f.

[64] Gegen Johnson auch W. v. W a r t b u r g, Ein neuer Erklärungsversuch für die mit c o u r t, v i l l e und v i l l i e r s gebildeten Ortsnamen, in: Rhein. Vierteljahrsbl. 17, 1952, S. 59 ff sowie in der Neuauflage seines in Anmerkung 84 genannten Buches über die Entstehung der romanischen Völker, S. 114 ff.

⁶⁵ Der Ausdruck wurde geprägt von Th. F r i n g s, Anzeiger f. deutsches Altertum 75, 1938, S. 75—90.

⁶⁶ Anzeiger f. deutsches Altertum 73, 1936, S. 6—29.

⁶⁷ Löwen-Brüssel 1943; zuerst erschienen in den Handelingen der Kon. Commissie v. Toponymie en Dialectologie, 15, 1941, S. 357—394; 16., 1942, S. 43—63; 17, 1943, S. 305—390.

⁶⁸ Heilissem u. Zittert-Lummen im Südosten der Prov. Brabant.

⁶⁹ Vgl. darüber J. H e r b i l l o n, Toponymie de la Hesbaye liègeoise, 2 Bde. in einzelnen Ablieferungen, Wetteren seit 1930.

⁷⁰ Vgl. dazu im einzelnen den Exkurs am Schluß dieses Aufsatzes!

⁷¹ Vgl. A. C a r n o y, Le bilinguisme des noms de lieux en Belgique, Onomastica 2, 1948, S. 3—8; skeptischer, aber nicht ablehnend äußert sich L e g r o s, a.a.O. 16, insbes. S. 318 f. und 26, S. 353.

⁷² v. W a r t b u r g, Entstehung a.a.O., Neuauflage.

⁷³ Vgl. oben Anm. 56.

⁷⁴ M. G y s s e l i n g, Deux remarques sur l'origine de la frontière linguistique: Hesmond et Vaals, Neophilologus 34, 1950, S. 9—11.

⁷⁵ W. B r u c k n e r, Die Bedeutung der Ortsnamen für die Erkenntnis alter Sprach- u. Siedlungsgrenzen in der Westschweiz. Vox Romanica 1, 1936, S. 1—29.

⁷⁶ F. S t ä h e l i n, Die Schweiz in römischer Zeit. Basel 3, 1948, S. 368.

⁷⁷ F. L a n g e n b e c k, Untersuchungen über Wesen und Eigenart der Ortsnamen, vorwiegend auf Grund oberrheinischer Verhältnisse, in: Zeitschrift Gesch. Oberrheins N. F. 60, S. 55—138. — Für die schwäbischen Ausgleichsnamen vgl. S c h l e i e r m a c h e r, 33. Bericht d. Röm.-Germ. Kommission S. 157 (m. Lit.)!

⁷⁷a Vgl. insbesondere W. J u n g a n d r e a s, Deutsche und Romanen an Mosel und Saar, Protokoll der Saarburger Tagung der Arbeitsgemeinschaft für westdeutsche Landes- und Volksforschung, Sept./Okt. 1953.

⁷⁸ So z. B. bei E. S c h w a r z, vgl. seine Deutsche Namenforschung 2, Orts- und Flurnamen, Göttingen 1950, § 42, S. 130 ff. Kritisch dazu A. B a c h, Probleme der deutschen Namenforschung in Rhein. Vierteljahrsbl. 15/16, 1950/51, S. 378 ff.

⁷⁹ Vgl. Antiquité Classique, a.a.O., S. 74.

⁸⁰ B a c h, a.a.O. mit grundsätzlichen Ausführungen über die verschiedenen Arten des Ausgleichs.

⁸¹ A. K u h n, Romanische Philologie Teil 1: Die roman. Sprachen. Bern 1950, S. 293 f. Es heißt dort u. a.: „Die zahlreichen Ausgleichsmöglichkeiten in den heutigen Sprachgrenzgebieten mit ihrem verschiedenen Alter zeigen deutlich, daß es in zweisprachigen Gebieten zum Verstehen und „Übersetzen" durchaus nicht nötig ist, daß die fremden Wörter in der eigenen Sprache als Lehngut schriftlich verankert sind. Dieser für

das Innere Frankreichs erwiesene „Ortsnamenausgleich" durch gallisch-romanisch-fränkische Angleichung und Übersetzung läßt auch die deutsch-französische Sprachgrenze in Belgien und Nordfrankreich für die Frühzeit als eine Ausgleichsgrenze erscheinen usw."

[82] W. K a s p e r s, Untersuchungen zu den politischen Ortsnamen des Frankenreiches in: Beiträge zur Namenforschung 1, 1949/50, S. 105—148 u. 209—247.

[83] So zuletzt W. v. W a r t b u r g, in: Umfang und Bedeutung, a.a.O., S. 16 f.

[84] E. C h r i s t m a n n, Gegen Wilhelm Kaspers' Mißdeutungen pfälzischer Ortsnamen, Beitr. z. Namenforschung 2, 1950/51, S. 105—110.

[85] Mahomet et Charlemagne, Paris Brüssel [6], 1937, S. 22. Pirenne konnte sich dafür nicht auf A. M e i l l e r berufen, der vielmehr von einer zeitweiligen Zweisprachigkeit im Westfrankenreich überzeugt war, vgl. L e g r o s, a.a.O., Bd. 16 u. 27 mit Nachweisen und in Korrektur der Erstfassung dieser Schrift.

[86] Vgl. insbes. W. v. W a r t b u r g, Die Ausgliederung der romanischen Sprachräume. Zeitschr. f. rom. Philol. 56, S. 1—56, erweitert und in Buchform Bern 1950. Ferner: Die Entstehung der romanischen Völker, 1. Aufl., Halle a. S. 1939, 2. Aufl. Tübingen 1951, und Umfang und Bedeutung, a.a.O.

[87] Th. F r i n g s, in: Beiträge z. Gesch. der deutschen Sprache u. Lit. 63, 1939, S. 103 und Zeitschr. f. rom. Philologie Bd. 59, 1939, S. 257 ff.

[88] Zitiert nach v. W a r t b u r g, Umfang und Bedeutung, a.a.O., S. 14.

[89] v. W a r t b u r g, a.a.O., S. 13.

[90] Das gilt auch auf romanischer Seite, wie Übersetzungen seiner Schriften ins Französische zeigen. Vgl. etwa auch P. G r o u l t, La formation des langues romanes, Tournai-Paris 1947, S. 44 ff.

[91] Zustimmend etwa W. S t a c h, Deutsches Archiv für Erforschung des Mittelalters 9, 1951, S. 336 ff. u. J. M. P i e l, Roman. Forsch. 64, 1952, S. 159; kritisch F. S c h ü r r, Umlaut und Diphthongierung in der Romania, Roman. Forschungen 50, 1936, S. 275—326 u. 53, 1939, S. 311—318; d e r s., Die nordfranzösische Diphthongierung, ebda. 54, 1940, S. 60—66 u. H. L a u s b e r g, ebda. 64, 1952, S. 160—162. Auch H. K u h n (vgl. Anm. 4) verlegt die sprachliche Zweiteilung Frankreichs in die vorfränkische Zeit. Dem Vernehmen nach beabsichtigt v. Wartburg sich in der Neuaufl. seiner Schriften mit dieser Kritik näher auseinanderzusetzen.

[92] Vgl. die Wiedergabe der verschiedenen Anschauungen bei L e g r o s, a.a.O., insbes. S. 179—193.

[93] So H. M e i e r, a.a.O., S. 61 f.

[94] So v. W a r t b u r g, Entstehung, a.a.O., S. 118, u. Umfang, a.a.O., S. 32 f.
[95] Antiquité classique, a.a.O., S. 108 f.
[96] Germanische Siedlung, a.a.O., insbes. S. 165.
[97] L e g r o s, a.a.O., S. 228.
[98] Die Frage, ob Substrat oder Superstrat ist häufiger behandelt und grundsätzlich im gleichen Sinne beantwortet worden, vgl. z. B. M. V a l k h o f f, Superstrats germanique et slave, Neophilologus 31, 1947, S. 149—153.
[99] So auch A. Kuhn, a.a.O. und v. W a r t b u r g, Entstehung a.a.O.
[100] Zur Grundlegung, a.a.O., S. 48 ff.
[101] So z. B. G y s s e l i n g, Neophilologus, a.a.O.
[102] L e g r o s, a.a.O., S. 200, Anm. im Anschluß an H. W i t t e, Zeitschrift für Namenforschung 14, 1938, S. 206—217.
[103] Vgl. hierzu J. L i n d e m a n s, Toponymische verschijnselen, geografisch bewerkt I, Nomina Geographica Flandrica 5. 1 = Abdruck aus: Handelingen v. d. Kon. Commissie v. Toponymie en Dialectologie 14, 1940, S. 67—169.
[104] Die Problematik dieses Ausdruckes ist von W a r l a n d, a.a.O., S. 5 zutreffend hervorgehoben worden. Hingegen befindet er sich im Irrtum, wenn er a.a.O. S. 2 aus sekundären Unterschieden in der Terminologie in Steinbachs „Studien" und meinem „Volkserbe" auf Unterschiede in der grundsätzlichen Auffassung schließt.
[105] Vgl. dazu auch W a r l a n d, a.a.O., S. 5 ff.
[105a] A.a.O.
[106] G. R o h l f s, Germanisches Spracherbe in der Romania, Sitzungsberichte d. Bayer. Akad. d. Wissensch. Phil.-hist. Klasse, Jg. 1944/46, Heft 8, S. 7.
[107] E. Z ö l l n e r, Die politische Stellung der Völker im Frankenreich, Veröffentl. d. Instituts f. österreichische Geschichtsforschung, herausgeg. v. L. S a n t i f a l l e r, Bd. 13, Wien 1950, insbes. S. 80—108.
[108] Z ö l l n e r, a.a.O., S. 107 f.
[109] Zum Ganzen: H. L ö w e, Von Theoderich d. Gr. zu Karl d. Gr., in: Dt. Archiv f. Erforschung des Mittelalters 9, 1952, S. 373 f.
[110] Dazu Z ö l l n e r, a.a.O., S. 87 ff., 95 ff.
[111] „Die Bevölkerung Aquitaniens fühlte sich trotz der ursprünglichen Verschiedenheit der Herkunft als e i n Volk, galt als solches auch im Norden der Loire, von dessen Bevölkerung sie die gegenseitige Antipathie trennte", Z ö l l n e r, a.a.O., S. 99 mit Quellenbelegen.
[112] Vgl. in Sonderheit L. W e i s g e r b e r, Vergils Aeneis VII 741 und die Frühgeschichte des Namens Deutsch, Rheinischen Museum f. Philologie, Bd. 86, 1937, S. 97 ff. — Theudisk. Der deutsche Volksname und

die westliche Sprachgrenze, Marburg 1940. — Die geschichtliche Stellung des Wortes Deutsch, in: Rhein. Vierteljahrsbl. 13, 1942, S. 1 ff. — Walhisk, Die geschichtliche Leistung des Wortes Welsch, ebda. 13, S. 87 ff. u. selbständig, Bonn 1948. — Deutsch und Welsch. Die Anfänge des Volksbewußtseins in Westeuropa, Bonn 1944. — Der Sinn des Wortes Deutsch, Göttingen 1949. — Amiens und die theodisca lingua, in: Rhein. Vierteljahrsbl. 14, 1949, S. 233 ff.

[113] Eine Übersicht über die wesentlichsten Diskussionsbeiträge zum Problem vgl. bei W e i s g e r b e r, Der Sinn des Wortes Deutsch, a.a.O., S. 21 f.

[114] Vgl. hierzu insbes. F. S t e i n b a c h s Austrien u. Neustrien. Die Anfänge der deutschen Volkwerdung und des deutsch-französischen Gegensatzes. Rhein. Vierteljahrsbl. 10, 1940, S. 217—228.

[115] So W e i s g e r b e r, Amiens, a.a.O., im Anschluß an W. L e v i s o n, England and the Continent in the eight Century, Oxford 1946.

[115a] A. K u h n in einer brieflichen Mitteilung an mich.

[116] Von neueren holländ. Untersuchungen zu diesem Fragenkomplex seien genannt: L. G e s c h i e r e, Eléments néerlandais du wallon liégeois (Verhandeling d. Koninkl. Nederl. Akademie van Wetenschappen), Amsterdam 1950 u. W. A. d e R u i g, Phonétique et Morphologie du patois de Neerheylissem, Amsterdam 1949.

[117] Ich sehe hier ab von einer Berücksichtigung der Schriften, die nur die moderne Entwicklung der Sprachgrenze behandeln wie H. D r a y e, De studie van de Vlaamsch-Waalsche Taalgrenslijn in Belgie gedurende de hedendaagsche Periode, Leuven-Brussel, 1942; E. L e g r o s, La frontière des dialectes romanes en Belgique, Mémoire de la Commiss. roy. de Toponymie et Dialectologie 4, 1948, M. V a l k h o f f, Prolégomènes à une carte de la frontière linguistique franco-néerlandaise, in Mélanges Albert Dauzat, Paris 1951, S. 351—366 oder W. P é e, Het verschuiven v. d. Kon. taalgrens in Fransch-Vlaandern in de XIXe eeuw, Handelingen van den Commissie v. Topon. en Dialectol. 14, 1940, S. 4 sowie Dialectatlas van West-Vlaandern, Antwerpen 1946, Inleiding, insbes. S. XII ff.

[118] Vgl. H. N e s s e l h a u f, Die spätrömische Verwaltung der gallisch-germanischen Länder. Abhandlungen d. Preuß. Akad. d. Wissenschaften, Berlin, 1938. Phil.-hist. Klasse, Nr. 2.

[119] Vierteljahrsschr. f. Sozial- und Wirtschaftsgesch. 21, 1928, S. 329 ff.

[120] F. P e t r i, Römerstraßen und germanische Landnahme. Zeitschr. f. Namenforschung 17, 1941, S. 15—32.

[121] Vgl. den zusammenfassenden Bericht von J. V a n n é r u s, Le projet d'exploration systématique du Limes belge. Bulletin de l'Académie roy. de Belgique. Classe lettres, 5e Série, 28, 1942, S. 313—324.

[122] Daß selbst wichtigste Reihengräberfriedhöfe wie Ciply noch nicht

veröffentlicht sind, ist ein ausgesprochenes Hindernis für die frühmittelalterliche Forschung und führt leicht zu Fehlurteilen wie dem über die Fortdauer der einst von B r e n n e r angenommenen Kluft zwischen germ. Laetenzivilisation und den Anfängen der Reihengräberkultur in den oben, Anm. 15, genannten Arbeiten. Auf den gleichen Übelstand verweist J. W e r n e r, vgl. oben Anm. 46.

[123] Über die Einstellung von J. B r e u e r vgl. P e t r i, Römerstraßen, a.a.O., S. 23 und 32. Vgl. ferner H. V a n d e W e e r d, Inleiding tot de Gallo-Romeinsche Archeologie der Nederlanden, Brüssel-Antwerpen, Standaard-Boekhandel, 1944, S. 71 („Langsheen de voornaamste wegen werden sperforten en wachttorens gebouwd, minder met het doel de invallende benden tegen te houden, dan wel hun opmarsch te stuiten totdat het mobiele leger ingrijpen kon, en om steunpunten in handen te houden van waaruit de plunderende groepen konden bestookt en vernietigt worden". Die Befestigungen der Straße Tongern—Nijmegen waren nach V a n d e W e e r d von gleichem Rang wie die an der Straße Köln—Bavay). — Vgl. ferner Germaine F a i d e r - F e y t m a n s, De Romeinsche beschaving in de Nederlanden, in: Algemene Geschiedenis der Nederlanden, Bd. 1, 1949, S. 133—178, insbes. S. 170 ff. („De in de zuidelijke Nederlanden verspreide posten waren in de vierde eeuw eerder bedoeld om roofovervallen tegen vervoer van troepen, van goederen of van waarden [door amtenaren van de fiscus] tegen te gaan, dan als een echten dam tegen de invallen door de dichte volkerenmassa"). — Nicht ohne eine gewisse Reserve auch der Nordniederländer A. W. B y v a n c k. De verovering en de bezetting door de Romeinen, ebda. 1, 1949, S. 83—132, insbes. 129 ff. („Mogelijk liep dus de grens van het gebied dat onder direct Romeins gezag stond niet langs de Waal, maar langs de belangrijke verkeersweg die van Keulen leidde naar Noord-Gallie en de havens ann het Kanaal ... Het is zeker geen toeval, dat die weg nog vrijwel de grens aangeeft tussen de streken, waar later Frans en waar later Nederlands werd gesproken").

[124] So in Sonderheit M. A. A r n o u l d, La place du Hainaut dans le projet d'exploration systématique du Limes belge, in: Rev. belge de Philol. et d'Hist. 23, 1944, S. 268—281.

[125] Darüber vgl. zuletzt W. S c h l e i e r m a c h e r, Der obergerm. Limes und spätrömische Wehranlagen am Rhein. In: 33. Bericht der Röm.-Germ. Kommission 1943—1950, Berlin 1951, S. 133—184.

[126] J. V a n n é r u s, Le Limes et les fortifications gallo-romaines de Belgique, Enquête toponymique. Acad. roy. de Belgique, Mémoires in 4° Brüssel 1943.

[127] Zeitschr. f. Namenforschung, a.a.O., S. 23.

[128] Vgl. Ch. V e r l i n d e n, De Franken en Aetius, Bijdragen voor de

Gesch. der Nederlanden 1, 1946, S. 1—15 u. De Frankische Kolonisatie, in: Algemene Gesch. der Nederlanden 1, 1949, S. 215—251.

[129] J. D h o n d t, Essai sur l'origine de la frontière linguistique. Antiquité Classique 16, 1947, S. 261—286.

[130] Lt. S c h l e i e r m a c h e r, a.a.O., S. 175 f.

[131] Lt. persönlicher Mitteilung. — Ein Bericht über die von 1942—1947 in Bavai unternommenen Grabungen, die aber erst ein Zehntel des Gesamtobjekts erfaßt haben und noch keine allgemeinen Schlüsse gestatten, gab H. B i é v e l e t, Les chantiers de fouilles de Bavai (1942—1947), Sonderabdruck aus Gallia, Jg. 1949.

[132] Das hebt D h o n d t, a.a.O., S. 269, hervor unter Berufung auf eine eigene Spezialuntersuchung über Les subdivisions du pagus de Hainaut, die in den Annales du cercle archéol. de Mons 59, 1945, erschienen ist.

[133] Reichs-, Macht- und Volkstumsgrenze am linken Niederrhein im 3. und 4. Jahrhundert n. Chr., Festschrift für A. O x é, Darmstadt 1938, S. 220—240.

[134] Das Problem der Anwesenheit der Franken in Toxandrien und ihr Verbleib bis zum Tode des Aetius ist in einer ganzen Anzahl neuerer belgischer Arbeiten in ähnlichem Sinne behandelt worden, vgl. außer den vorstehend und oben, Anm. 15, bereits genannten Aufsätzen noch Ch. V e r l i n d e n, Deusone in regione Francorum, in: Handelingen Kon. Commiss. Topon. Dialectol. 20, 1946, S. 63—86 (= Doesborg in Gelderland), M. G y s s e l i n g, Deusone in regione Francorum, in: Handelingen Maatschappij Gesch. en Oudheidkunde, Gent N.R. 3, 1948, S. 88—92 (= Diesen in Nordbrabant) und S. J. D e L a e t, De Kempen in de Romeinse en de vroeg-merovingische tijd, in: Brabants Heem 2, 1950, S. 29—38, M. G y s s e l i n g s Identifizierungsversuch ist der sprachlich einwandfreieste. Vgl. ferner meine Bemerkungen zur Neuauflage von A v e r d u n k - R i n g's Geschichte d. Stadt Duisburg u. F. T i s c h l e r s Ausführungen zur Duisburger Frühgeschichte, in: Rhein. Vierteljahrsblatt 15/16, 1950/51, S. 525.

[135] „Es sieht ganz darnach aus, daß Childerich die Dynastie der römischen Heermeister Ägidius, Paul und Syagrius geduldet und gestützt hat, um hinter ihnen allmählich die eigene, fränkische Herrschaft in Nordgallien aufzubauen", S t e i n b a c h, Das Frankenreich, a.a.O., S. 108.

[136] Oudheidkundige Mededeelingen van het Rijksmuseum van Oudheden te Leiden N.R. 8, 1927, S. 1 ff.

[137] B y v a n c k, a.a.O., S.129. — P. J. R. M o d d e r m a n n, Oudheidk. Mededeel. N.R. 30, 1949, S. 69 ff möchte dem 4. Jahrh. angehörende Scherbenfunde aus verschiedenen Orten der Oberhetuwe, vor allem um Zetten und Herveld mit Castra Herculis in Verbindung bringen.

[138] Vgl. F. O e l m a n n, Zum Problem der Brittenburg bei Katwijk. Studies presented to David Moore Robinson, S. 451—461, mündlich vorgetragen auf dem Congress of Roman Frontier Studies, Juli 1949. Bei Oelmann auch die Quellenhinweise für die neuen archäologischen Ergebnisse in Utrecht und Vechten.

[139] Zweifel an der Schlüssigkeit der Oelmannschen Beweisführung äußert H. v. P e t r i k o v i t s, vgl. Birten, Festschr. f. A. Steeger (= Niederrhein. Jahrb. 3, 1951), Anm. 35.

[140] D h o n d t, a.a.O., S. 270.

[141] Vgl. Fr. L. G a n s h o f, Le peuplement de la Wallonie et du Nord de la France, in: Pages d'histoire, Bruxelles 1941, S. 17—24.

[142] R. D e M a e y e r, De Romeinsche Villa's in Belgie, een archeologische Studie, Antwerpen 's - Gravenhage 1937.

[143] H. D r a y e, De invloed van de bevolkingsdichtheit op het onsstaan van de Vlaamsch-Waalsche taalgrens in Belgie. Sonderabdruck aus: Miscellanea L. Van der Essen, 1947.

[144] Essai, a.a.O., S. 282 ff.

[145] Laut mündlicher Mitteilung und seiner Bemerkung in Neophilologus 44, 1950, S. 10, Anm. 1.

[146] Dabei setzt D h o n d t allerdings die Gesamtzahl der salischen Bevölkerung, die er lediglich vom Salgau bzw. Toxandrien ausgehen läßt, entschieden zu niedrig an.

[147] Die von H. W i t t e, Die deutsch-französische Sprachgrenze in Steinbachs Auffassung, Petermanns Geogr. Mitteilungen, Jg. 1939, S. 304 gegen diese Feststellung erhobenen und auf A. V l a m y n c k gestützten Einwände sind, im großen Zusammenhang gesehen, keineswegs durchschlagend.

[148] Vgl. H. D r a y e, De invloed, a.a.O., S. 112.

[149] F. O e l m a n n in seiner Anzeige der Untersuchungen R. De M a y e r s und der daran anknüpfenden Studie H. D r a y e s, Bonner Jahrb. Bd. 143/144, 1938, S. 325 ff.

[150] Hier im Prinzip durchaus richtig W i t t e, a.a.O., S. 304 f.

[151] Über den Siedlungsrückgang in den Rheinlanden in spätröm. Zeit vgl. J. S t e i n h a u s e n, Archäol. Siedlungskunde des Trierer Landes, Trier 1936, S. 400 ff., die Karten von H. K o e t h e, Germania 21, 1937, S. 106 sowie B ö h n e r, Kontinuität, a.a.O., S. 85 ff.

[151]a F a i d e r - F e y t m a n s, vgl. oben Anm. 11.

[152] Über D h o n d t s jüngste Stellungnahme zum Problem der Entstehung der Sprachgrenze vgl. zusammenfassend S. 88 ff.

[153] Vgl. hierzu J. S t e i n h a u s e n, a.a.O., insbes. S. 542 ff. sowie im einzelnen S t e i n h a u s e n, Ortskunde Trier-Mettendorf, Bonn 1932, unter den einzelnen Orten.

[154] Vgl. K. Gutmann, Die Besiedlung Elsaß-Lothringens in der römischen und alemannisch-fränkischen Zeit, in: Elsaß-Lothringischer Atlas, herausgegeb. v. G. Wolfram u. W. Gley, Frankfurt a. M. 1931, Karte 6.

[155] Vgl. für die Pfalz in Sonderheit F. Sprater, Karte der Funde aus der Römer- und der Merowingerzeit, in: Pfälzischer Geschichtsatlas, herausgegeb. v. W. Winkler, Neustadt a. d. Haardt 1935, Karte 4 u. allgemein, K. Schumacher, Siedlungs- und Kulturgeschichte der Rheinlande Bd. 3, Mainz 1925.

[156] Vgl. dazu insbes. die Nebenkarte über „Die Kontinuität der Besiedlung" bei Gutmann, a.a.O.

[157] H. Aubin, Zum Übergang von der Römerzeit zum Mittelalter auf deutschem Boden, in: Hist. Aufsätze A. Schulte zum 70. Geburtstag, Düsseldorf 1927, S. 30 ff.

[158] F. Huttenlocher. Bedeutungswandel südwestdt. Landschaften im Lauf der Geschichte, Protokoll der Calwer Tagung der Arbeitsgemeinschaft f. westdt. Landes- und Volksforschung. 1951.

[159] Kritik zu den betr. Thesen F. Wittes auch Langenbeck, a.a.O., S. 81.

[160] Vgl. zuletzt Böhner, Kontinuität, a.a.O., S. 86 ff. mit Karte.

[161] Böhner, Archäol. Beiträge, a.a.O.

[162] Dazu Steinhausen, a.a.O., S. 571 mit Belegen und Verweisen sowie neuerdings W. Jungandreas a.a.O.

[163] Beide Möglichkeiten erwägt Böhner, a.a.O., neigt aber entschieden zur Annahme der letzteren.

[164] Im einzelnen vgl. Steinhausen, a.a.O., S. 574 f. sowie Jungandreas, a.a.O.

[165] Ich beziehe mich hier auf noch unveröffentlichte Untersuchungen von Dr. F. Pauly, vgl. bisher ders., Die Hochgemeinde Senheim a. d. Mosel (Diss. Bonn 1949), S. 1, u. H. A. Grimm, Der kaiserliche Fiskus Kroev, Heidelberg 1917.

[166] Vgl. dazu H. Büttner, Geschichte d. Elsaß, Berlin 1939 und ders., Frühes fränkisches Christentum am Mittelrhein, in: Archiv für mittelrheinische Kirchengeschichte 3, 1951, S. 21 ff.

[167] Vgl. dafür im einzelnen Böhner, a.a.O. Auch die wichtigste Stätte der frühmittelalterlichen Keramikfabrikation am Niederrhein, Pingsdorf am Vorgebirge, wäre O. Oppermann, Rheinische Urkundenstudien Bd. 1, Bonn 1922, S. 90, zufolge vielleicht aus altem Reichsbesitz an das Kölner Erzstift gelangt, das dort später einen Tafelhof besaß. Über die Bedeutung der Vorgebirgstöpfereien für den rheinischen Skandinavienhandel des Frühmittelalters vgl. H. Jankuhn, Pro-

bleme des rheinischen Handels nach Skandinavien im frühen Mittelalter, in: Rhein. Vierteljahrsbl. 15/16, 1950/51, S. 495 ff.

[168] Nach B ö h n e r, Kontinuität, a.a.O., S. 90, 93.

[169] Hierzu E. E n n e n, Die Bedeutung der Kirche für den Wiederaufbau der in der Völkerwanderung zerstörten Städte, in: Die Kunstdenkmäler im Landesteil Nordrhein, Beil. 2, 1950 sowie H. v. P e t r i k o v i t s, Das Fortleben römischer Städte an Rhein und Donau im frühen Mittelalter, in: Trierer Zeitschr. 19, 1950, S. 72—81.

[170] Siehe P e t r i k o v i t s, a.a.O.

[171] Für Mainz nimmt H. B ü t t n e r, Frühes fränk. Christentum, a.a.O., das Verbleiben „eines beträchtlichen Teiles der Bevölkerung" an. Seine Vermutung, daß sie nach den Zerstörungen des 5. Jahrhunderts in ihrer Mehrzahl vor den Mauern gesiedelt und erst im 6. Jahrhundert wieder ins Stadtinnere zurückgekehrt sei, teilt K. B ö h n e r laut mündlicher Mitteilung nicht.

[172] Darüber vgl. S. 25.

[173] Näheres b. G. B e h r e n s, Röm. Steininschriften aus Mainz und Rheinhessen, in: Mainzer Zeitschr. 33, 1938, S. 29—47 u. b. B ü t t n e r, a.a.O. (m. weiterer Lit.)

[174] B ü t t n e r, a.a.O., S. 15.

[175] Ebda. S. 19.

[175]a Zum Ganzen vgl. J u n g a n d r e a s und die an seinen Saarburger Vortrag sich anschließende Diskussion, a.a.O.; F. L. G a n s h o f, Het tijdperk van de Merowingen, in: Algemene Geschiedenis der Nederlanden B. I, Utrecht usw. 1949, S. 280 und dazu die folgende briefliche Stellungnahme Th. M a y e r s : „Ich würde aus Lex Rib 36, 6 nicht den weitgehenden Schluß von Ganshof gezogen haben usw."

[176] Über die Nachkriegsgrabungen im gesamten Rheinland berichtet zusammenfassend W. B a d e r, Die christl. Archäologie in Deutschland nach den jüngsten Grabungen, Annalen d. Hist. Vereins f. d. Niederrhein 144/145, 1946/47, S. 5—31. Für Köln vgl. außerdem Kölner Untersungen (= Die Kunstdenkmäler im Landesteil Nordrhein, Beih. 2), hersg. v. W. Z i m m e r m a n n, Ratingen 1950 und die weiterführenden Angaben der Besprechung v. H. v. P e t r i k o v i t s, in: Germania 30, 1952, S. 125—131.

[177] Vgl. T h. K e m p f, Die vorläufigen Ergebnisse der Ausgrabungen auf dem Gelände des Trierer Raumes, in: Germania 29, 1951, S. 47—58.

[178] Im Folgenden beziehe ich mich auf noch ungedruckte Untersuchungen des Mainzer Historikers E. E w i g. Vgl. bisher die gekürzte Wiedergabe seines Vortrages über „Mosel und Mittelrhein in fränkischer Zeit" in: Grundfragen der Landes- u. Volksforschung am Mittelrhein und in den benachbarten Gebieten, Protokoll-Manuskript der Arbeitsgemein-

schaft für westdeutsche Landes- u. Volksforschung über die Arbeitstagung in Speyer vom 27. bis 30. 4. 1952.

[179] Zu den Patrozinien vgl. demnächst die Veröffentlichung der Forschungen von M. Z e n d e r. Zur Zeit unterrichtet darüber die ausführliche Wiedergabe seines Vortrages „Räume und Schichten mittelalterlicher Heiligenverehrung in ihrer Bedeutung für die Volkskunde" (mit Verbreitungskarten) in: Grundfragen der Landes- und Volksforschung im westdeutschen Grenzgebiet, Niederschrift über die Verhandlungen der Arbeitsgemeinschaft für westdeutsche Landes- und Volksforschung (Bonn) in Kronenburg vom 22. bis 25. April 1953.

[180] Nach H. D r a y e, Zur Problematik der zeitl. Schichtung der älteren Namentypen mit Rücksicht auf die Besiedlung der südl. Niederlande, in: Niederschrift Verhandlungen Kronenburg a.a.O.

[181] Vgl. Th. F r i n g s, Grundlegung zur Geschichte der deutschen Sprache, a.a.O. 1950, passim mit Weiterführung der bereits in seiner Germania Romana, Halle 1932, enthaltenen Beobachtungen.

[182] Vgl. zum ganzen bisher L. W e i s g e r b e r, Rheinisches Namensgut (Gebirge, Flüsse und Siedlungen) in römerzeitlicher Überlieferung, Geschichtl. Handatlas, a.a.O., Karte 8, mit Erklärungen und Literaturverweisen. Zur zeitlichen Einordnung des Hieronymuszeugnisses vgl. seinen Aufsatz „Zur Sprachenkarte Mitteleuropas im frühen Mittelalter", Rhein. Vierteljahrsbl. 9, 1939, S. 33—51, insb. S. 25 ff. Weitere Veröffentlichungen Weisgerbers zum Problem stehen bevor; für wichtige mündliche Hinweise bin ich ihm zu Dank verpflichtet.

[183] Vgl. zur Frage der besiedelten Fläche die oben, Anm. 154 bis 156 zitierten Kartenwerke, Zum Problem des Sprachausgleichs am Oberrhein A. B a c h, Die Ortsnamen auf -heim im Südwesten des deutschen Sprachgebiets, Wörter u. Sachen 8, 1923, S. 142—175, insbes. S. 166 ff. sowie L a n g e n b e c k, a.a.O.

[184] S t e i n h a u s e n, Archäologische Siedlungskunde, a.a.O., S. 549, betont ausdrücklich die kurz nach der Landnahme noch recht spärliche Besiedlung des Trierer Landes, insbes. soweit sie aus Neusiedlern bestand.

[185] Dazu neben B ö h n e r, Archäol. Beiträge, a.a.O. u. d e m s. Kontinuität a.a.O. (mit instruktiven Karten) die Beobachtungen von M ü l l e r - W i l l e, Das rheinische Schiefergebirge u. seine kulturgeographische Struktur und Stellung, Deutsches Archiv f. Landes- und Volksforschung Jg. 6, 1942, S. 537—591, über das späte Einsetzen des Landesausbaus am Niederrhein. Vgl. auch R. v. U s l a r, Rhein. Vierteljahrsbl. 15/16, 1950/1951, S. 8 ff. über den sehr späten Beginn der Erschließung des Bergischen Landes.

[186] Vgl. zum Folgenden bes. den oben, Anm. 75 genannten Aufsatz W. B r u c k n e r s sowie seinen auf der Tagung des Verbandes deutscher

Vereine f. Volkskunde 1938 in Basel gehaltenen Vortrag über: Ortsnamen, Siedlungsgrenzen, Volkstum in der deutschen Schweiz, abgedruckt in: Sonntagsbl. der Basler Nachrichten Jahrg. 32, 1938, Nr. 46 v. 13. 11., dessen Kenntnis ich E. O c h s - Freiburg verdanke; ferner J. J u d, Zur Gesch. der roman. Reliktwörter in den Alpenmundarten der deutschen Schweiz, in Vox Romanica 8, 1945/46, S. 34—109 (m. 3 Karten). Sowie neuerdings F. Z o p f i, Zeugnisse alter Zweisprachigkeit im Glarnerland. Vox Romanica 12, 1952, S. 280—315 (mit weiterer Lit.) Wichtige Hinweise ferner b. F. S t ä h e l i n, Die Schweiz in römischer Zeit, Basel ³ 1948. — Zur frühmittelalterlichen Archäologie der Schweiz vgl. bisher O. T s c h u m i, Burgunder, Alamannen und Langobarden in der Schweiz, Bern 1945 und A m m a n n - S c h i b, Hist. Atlas, a.a.O. Auf die von der Schweizer Forschung nicht einheitlich beurteilte Frage der Zuweisbarkeit der einzelnen germanischen Spuren an die Alemannen oder Burgunder gehe ich, da in unserem Zusammenhang unwesentlich, nicht näher ein.

[187] Zum Ganzen vgl. zuletzt: Th. M a y e r, Konstanz und St. Gallen in der Frühzeit, in: Schweizer Zeitschr. für Gesch. 2, 1952, S. 473—524, insbes. S. 478, 488 f., 490, 511 (m. weiterführender Lit.)

[187a] Für Vorarlberg fuße ich auf einen Vortrag, den Prof. B i l g e r i, Bregenz auf einer Tagung der Alemannischen Institute in Feldkirch Anfang Juni 1953 über dieses Thema gehalten hat.

[187b] Zum ganzen zuletzt F. D ö r r e n h a u s, Deutsche und Italiener in Südtirol, in: Erdkunde 7, 1953, S. 185—216 m. Lit. u. Karte.

[188] Daß die Walchenorte Südwestdeutschlands keine Hinterlassenschaft einer keltoromanischen Restbevölkerung seien, vertrat neuerdings, kaum wirklich überzeugend, F. K u h n, Die Walchenorte Oberbadens, Jahrb. d. Schweizer Gesellschaft f. Urgesch. 38, 1947, S. 118—126.

[189] Nur Raetien war, wie u. a. die langobardischen Elemente in den frühsten germanischen Spuren des Gebiets zeigen, über den Lukmanier, den Splügen und die Maloja hinweg mit der Poebene verbunden, vgl. die interessanten Nachweise von P. A e b i s c h e r, Eléments autochthons et étrangers dans la diplomatie et le lexique du testament de Tello, Zeitschr. f. Schweizerische Gesch. 27, 1947, S. 179—210.

[190] F. R o u s s e a u, La Meuse et le pays Mosan; leur importance historique avant le XIIIe siècle. Annales Société archéol., Namur 39, 1930, S. 35 f.

[191] So W a r l a n d, a.a.O., S. 10 f.

[192] M. G y s s e l i n g, Deux remarques sur l'origine de la frontière linguistique: Hesmond et Vaals, a.a.O.

[193] Ich beziehe mich hier auf R. U l e n s, Le domaine impérial de la région Mosane et ses inféodations successives, Verzamelde Opstellen,

uitg. door den Geschieden Oudheidkundigen Studieckring te Hasselt, Bd. 10, 1934, S. 207—223, u. die Bonner Dissertation von G. Rotthoff über „Das Reichsgut in den Niederlanden i. d. sächs. u. salischen Kaiserzeit".

[194] Vgl. dazu Th. F r i n g s u. J. Van Ginneken, Zur Geschichte des Niederfränkischen in Limburg, Zeitschr. f. deutsche Mundarten 1919, S. 97—208, u. Lecoutere-Grootaers, Inleiding tot de taalkunde en tot de geschiedenis van het Nederlands, Leuwen-Den Haag ⁶ 1948.

[195] R o u s s e a u, a.a.O.

[196] Zu einem ähnlichen Ergebnis gelangt M. Valkhoff, Geschiedenis en actualiteit der Frans-Nederlandse taalgrens, Amsterdam 1950, S. 8 ff., der auch grundsätzlich am Ausgleichscharakter der Sprachgrenze festhält.

[197] Zum Vergleich für die spätrömische Zeit am Niederrhein vgl. v. Petrikovits, Reichs-, Macht- und Volkstumsgrenze am linken Niederrhein im 3. u. 4. Jahrhundert, a.a.O.

[198] P i r e n n e, Mahomet et Charlemagne, a.a.O., S. 16.

[199] Von neueren Beiträgen vgl. L. Génicot, Aux origines de la civilisation occidentale. Nord et sud de la Gaule. Miscellanea Van der Essen, a.a.O., S. 81—93, u. E. Sabbe, Papyrus et parchemin au haut moyen-âge, ebda., S. 95—103.

[200] Vgl. im einzelnen Steinbach, Rhein. Vierteljahrsbl. 17, a.a.O., S. 337 f. mit einem Zusatz von H. Büttner.

[201] P. Le Gentilhomme, Mélanges de numismatique mérovingienne, Paris 1940.

[202] Der großen anglo-friesischen Münzinvasion aus der 1. Hälfte des 8. Jahrhunderts widmet Le Gentilhomme Sonderuntersuchungen, vgl. a.a.O., S. 56—93.

[203] Für Belgien hat Ch. Verlinden in seinen oben, Anm. 128, aufgeführten Arbeiten nachdrücklich auf diesen Tatbestand aufmerksam gemacht.

[204] Zum Problem der Ingwäonismen in den flämischen Ortsnamen vgl. M. Gysseling, Bijdrage tot de kennis van het oudste Kustwestvlaams, in: Verslagen en Mededeel Kon. VIa. Academie 1943, S. 819—848. Im Druck befindet sich zur Zeit lt. frdl. Mitteilung v. H. Draye G y s s e l i n g, Toponymie van Oudenburg. Kon. Commissie v. Topon. en Dialectologie, Werken Nr. 5. Die Brandbestattung in den flämischen Reihengräberfriedhöfen, die bei R o o s e n s, De merovingische begraafplaatsen, Repertorium, a.a.O., verschiedentlich bezeugt ist, stellt eine Parallele zu den gleichen Erscheinungen in niederrheinischen Gräberfeldern dar, die Böhner hier auf nordniederländisch-friesische Einwirkung

zurückführt, vgl. B ö h n e r, Archäol. Beiträge, a.a.O. Von nordniederländischer Seite, vgl. M. S c h ö n f e l d, B. H. S l i c h e r v a n B a t h en P. C. B r o e r e n, Friezen, Sachsen, Franken, Amsterdam 1947. Wir lassen dahingestellt, wieviel an dieser Wechselwirkung Siedlung und wieviel Sprach- und Kulturaustausch gewesen ist. Die Bedeutung der Ausbausiedlung im Gebiet unterstreicht V e r l i n d e n Algemene Geschiedenis der Nederlanden a.a.O. I, S. 251. Zum Problem der Küstenkultur vgl. neuerdings in Anlehnung an B. H. S l i c h e r v a n B a t h, Herschreven Historie (Leiden 1949) H. A u b i n, Gemeinsam Erstrebtes, Frings-Festschr. d. Rhein. Vierteljahrsbl. 17, 1952, S. 325 ff. u. Von den Ursachen der Freiheit der Seelande an der Nordsee, in: Nachrichten d. Akad. d. Wissensch. Göttingen. Phil.-Hist. Kl. 1953, S. 29—45.

[205] W. M ü l l e r - W i l l e, Das rheinische Schiefergebirge, a.a.O., insbes. S. 552 ff. Vgl. daneben G. H o y o s, L'Ardenne et l'Ardennais. B. 1, Br. 1949, S. 70 ff., der neben der Eigenschaft der Ardennen als Ausbauland ihren Reliktcharakter hervorhebt, u. a. auch in anthropologischer Hinsicht.

[206] So auch das Urteil von A. D a u z a t, a.a.O.

[207] Für das Letztere vgl. nach S t e i n b a c h, Zur Grundlegung, a.a.O., S. 4 ff., noch H. M e y e r s Besprechung des „Volkserbe" in: Zeitschr. der Savigny-Stiftung f. Rechtsgesch. Germ. Abt., 59, 1939, S. 332—339, u. Z ö l l n e r, a.a.O., S. 105 ff.

[208] Als Beispiel sei P l a n i t z s Konzeption der niederfränkischen Stadtgemeinde genannt, die die Städte vom Pariser Becken bis zum Niederrhein als einheitlichen Typ zusammenfaßt, vgl. H. P l a n i t z, Kaufmannsgilde und städtische Eidgenossenschaft in niederfränkischen Städten im 11. u. 12. Jahrhund., Zeitschr. d. Savigny-Stiftung f. Rechtsgesch., Germ. Abt., Bd. 60, 1940, S. 1—116. Wir lassen hier unerörtert, in welcher Weise sich bei der germanischen Siedlung im Westfrankenreich die Anteile auf spätrömische Laeten, erobernde Franken und fränkische Staatssiedlung verteilt. Mit dieser Frage beschäftigt sich eine vor der Veröffentlichung stehende Untersuchung von Th. M a y e r (lt. briefl. Mitteilung). Neueste Zusammenfassung bei H. L ö w e in Gebhardt's Handbuch der deutschen Geschichte, 8. Aufl. 1954, S. 31.

[209] D h o n d t, Antiquité Classique, a.a.O., S. 108, 114, 116.

[210] A.a.O., S. 119

[210]a Vgl. hierzu Algemene Geschiedenis der Nederlanden, a.a.O. I, S. 149 ff., 280, 329.

[210]b R. B r u c h, Grundlegung einer Geschichte des Luxemburgischen. Luxemburg 1953, S. 30—51.

[211] A.a.O., S. 117.

[212] A.a.O.

²¹³ B ö h n e r, Kontinuität, a.a.O., S. 87.

²¹⁴ Im Folgenden trage ich einer von L e g r o s, Bulletin a.a.O. 26 gegenüber der Erstfassung dieser Schrift mit einigem Recht erhobenen Ausstellung Rechnung. Zugleich berichtige ich damit D h o n d t s Vorstellung von einer in allen Punkten genau übereinstimmenden „école de Bonn", als deren Sprecher er mich gar zu schnell in Anspruch nimmt (z. B. a.a.O., S. 114).

²¹⁵ v. W a r t b u r g, Entstehung, a.a.O., 2. Aufl., S. 115.

²¹⁶ Besonders in: S t e i n b a c h - P e t r i, Zur Grundlegung der europäischen Einheit durch die Franken, a.a.O.

²¹⁶a B r u c h, Grundlegung a.a.O.

²¹⁷ S. 38 ff.

²¹⁸ Das von Steinbach ins Feld geführte Urteil maßgebender französischer Rechtshistoriker läßt aufhorchen, bedürfte aber wohl doch noch einer genauen kritischen Einzelüberprüfung, um diesen Dienst leisten zu können.

²¹⁹ Allerdings bleibt mir ein letzter Zweifel, ob die Zeißsche Beweisführung in diesem Punkte völlig stichhaltig ist. Könnte nicht auch eine schnellere und durchgreifendere Christianisierung und Romanisierung hier etwa ansässig gewordener bedeutenderer fränkischer Gruppen zu dem gleichen Resultat der Verflauung und Verebbung der Reihengräbersitte geführt haben? Man könnte also versucht sein, hier den Gedanken einer Kultusentlehnung in genau umgekehrter Weise zu gebrauchen als die Gegner einer Verwendung der Reihengräber als Zeugnisse für eine germanische Niederlassung es tun. Es hätte sich dann im Süden des Pariser Beckens dasselbe, was um 700 überall zum Absterben der Reihengräbersitte geführt hat, nur einige Generationen früher vollzogen.

²²⁰ v. W a r t b u r g, a.a.O., S. 123 f.

²²¹ Darüber S. 52 und nachstehend.

²²² Über die gegenüber der Mundart viel größere Beharrungskraft der Volkssprache vgl. meinen Aufsatz: „Zur Erforschung der deutsch-französischen Sprachgrenze. Zielbestimmung und Methode. Rhein. Vierteljahrsbl. 1, 1931, S. 2—25.

²²³ D h o n d t, Antiquité classique, a.a.O., S. 108 ff.

²²⁴ A.a.O., S. 107.

BERICHT II: 1953–1976

VORBEMERKUNG

Um einen durchgehenden Vergleich mit dem Forschungsstand vom Jahre 1954 zu erleichtern, schließt sich der nachfolgende Bericht in der Anordnung des Stoffes und der Erörterung der Probleme soweit wie möglich an das in dem früheren Bericht befolgte Schema an. Parallel zu der dort vorgenommenen Einteilung werden behandelt: 1. das Zeugnis der frühmittelalterlichen Archäologie, 2. der Orts- und Personennamen, 3. der Sprach- und Volksgeschichte, 4. die Sprachgrenze und wird am Schluß das Ergebnis kurz fixiert. Neu eingefügt wurde in diesen Bericht ein besonderer 5. Abschnitt über die Aussage der Geschichtswissenschaft zu unserem Thema, was sich aufgrund der Entwicklung der Diskussion in den letzten Jahrzehnten als zweckmäßig erwies, wenn auch in den vorangehenden Abschnitten an einigen Stellen auf sie bereits Bezug genommen werden mußte.

Beide Berichte werden als Bericht I und Bericht II voneinander unterschieden. In allen Fällen, in denen in Bericht II auf bestimmte Stellen in Bericht I Bezug genommen wird, erscheint, um Verwechslungen vorzubeugen, vor dem Seitenverweis (bzw. dem Nummernverweis der Anmerkung) der Zusatz: Bericht I.

1. DAS ZEUGNIS DER FRÜHMITTELALTERLICHEN ARCHÄOLOGIE

Zu den wichtigsten Fragen, deren Klärung seit der Vorlage von Bericht I weiter vorangetrieben werden konnte[1], gehören die Ursprünge und der ethnische Aussagewert der frühmittelalterlichen Reihengräberkultur. Entgegen der in Bericht I wiedergegebenen Ansicht mehrerer belgischer Forscher, daß im heutigen Belgien in spätrömischer Zeit von der Existenz einer auf germanische Bevölkerungselemente zurückgehenden Vorform der nachmaligen Reihengräbersitte nicht die Rede sein könne, sondern es dort nur eine den Galloromänen und Germanen gemeinsame, mit dem Ende der Römerherrschaft abbrechende soziale Oberschichtskultur gegeben habe[2], erbrachten J. Breuer und H. Roosens in Verbindung mit A. Dasnoy und J. Werner am Beispiel des frühfränkischen Friedhofes Haillot (östl. Namur) 1956 den Nachweis, daß im wallonischen Maasgebiet bereits während des ganzen, nach der Brennerschen These angeblich fundleeren, 5. Jahrhunderts — diese Fundleere des 5. Jahrhunderts war ein Hauptargument gegen die germanische Herleitung der Reihengräberkultur — eine germanisch-frühfränkische Krieger- und Bauernbevölkerung ansässig war, deren archäologische Hinterlassenschaft schon alle entscheidenden Grundelemente der Reihengräberkultur aufweist: « le substrat ethnique germanique, la tradition culturelle gallo-romaine, le gout oriental de l'orfèvrerie cloisonnée et les premiers symbols du christianisme. »[3] Diese Erkenntnis hat sich inzwischen in der archäologischen Fachwelt in- und außerhalb Belgiens allgemein durchgesetzt und sichert endgültig die Herleitung der Reihengräbersitte von den reichen, mit Waffen und Schmuck ausgestatteten Gräbern einer sozial gehobenen germanischen Bevölkerungsschicht der zweiten Hälfte des 4. Jahrhunderts in Gallien nördlich der Loire.

Zu einer lebhaften, auch heute noch nicht zum vollen Abschluß gelangten Diskussion kam es über den rechtlichen und sozialen Status dieser germanischen Bevölkerungsgruppe im späten Römerreich: Während K. Böhner in ihr Föderaten erblickte, H. Roosens hingegen an der Wernerschen Laetenthese festhielt, gelangte die von J. Werner veranlaßte Münchener Dissertation von H. W. Böhme aufgrund einer nochmaligen genauen Materialaufnahme zu dem Ergebnis, daß die Träger dieser Fundkultur aus chronologischen Gründen weder mit den Laeten noch mit den Föderaten in zwingende Verbindung gebracht werden können. Böhme führt sie auf Zuwanderer aus den rechtsrheinischen Gebieten zurück, die in das römische Heer eintraten und mit Familien und Gefolgschaft Land in Nordgallien zugewiesen erhielten. Leute mit gleichem sozialen Status, die nach dem Heeresdienst wieder in ihre germanische Heimat zurückkehrten, erklären zugleich das Auftreten ähnlich ausgestatteter Gräber auch rechts des Rheines. Unabhängig von Böhme gelangte auch der Leipziger Althistoriker R. Günther mit Hilfe des Vergleichs der zeitgenössischen literarischen und der archäologischen Quellen zu der Feststellung, daß die Quellen weder für die Laetennoch für die Föderatenthese ein befriedigendes Ergebnis erbringen. Er schlägt deshalb vor, die Urheber der in Rede stehenden germanischen Fundkultur in Gallien in den ebenfalls literarisch bezeugten germanischen Gruppen zu suchen, die im Verband des spätrömischen Heeres unter der Bezeichnung *gentiles* oder *scutarii* erscheinen. Werner hat diesen Vorschlag als Arbeitshypothese akzeptiert, betont aber gleichzeitig, daß sich damit an der Beurteilung des kulturgeschichtlichen Phänomens, mit dem es die Archäologie bei diesen Grabfunden zu tun habe, nichts ändere: „Es sind und bleiben die Gräber einer germanischen Oberschicht innerhalb der Grenzen des spätrömischen Reiches, die nach Ausstattung und Beigabensitte eine Vorstufe der merowingischen Reihengräber darstellen[4]."

Wie über die Wurzeln und den Ursprung der Reihengräbersitte, konnten in den letzten Jahrzehnten auch in der Klärung des umstrittenen Problems ihres ethnischen Aussagewerts weitere Erkenntnisfortschritte erzielt werden, je mehr man daran ging, in räumlich und zeitlich vorsichtig differenzierender Betrachtung auch die Bestattungssitten des romanischen Bevölkerungsteils im Frankenreich und die wechselnde Einstellung zu durchleuchten, die er im Laufe der Zeit gegenüber den fränkischen Bestattungssitten einnahm. Dafür bahnbrechend waren die Untersuchungen von K. Böhner über „Die fränkischen Altertümer des Trierer Landes"[5]. Mit Hilfe der Beobachtung, daß die fränkischen Gräberfelder an der Mosel wie überall, wo es die natürlichen Voraussetzungen gestatten, auf einer Erhöhung über ihren die Nähe des Wassers suchenden Siedlungen angelegt wurden, die im Lande verbliebene romanische Bevölkerung hingegen ihre Friedhöfe nach altrömischem Brauch entlang den Straßen anzulegen fortfuhr, suchte er den Nachweis zu erbringen, daß der von ihm und anderen bereits früher an den größeren frühmittelalterlichen Plätzen der Rheinlande konstatierte Gegensatz zwischen beigabenloser romanischer Bestattung und für die Reihengräberfriedhöfe der neuen fränkischen Herrenschicht charakteristischem prunkvollem Totenbrauchtum bis etwa zum Jahre 600 auch in den ländlichen Siedlungen des Mosellandes durchgehend wiederkehrt. Erst nach diesem Zeitpunkt hätten sich dann auch die Romanen die fränkische Beigabensitte zu eigen gemacht, worin nach Böhner „zweifellos ein Zeichen für die allmählich fortschreitende Verschmelzung der beiden Bevölkerungsgruppen" zu erblicken ist.

Zu weitgehend entsprechenden Ergebnissen kam der französische Archäologe Périn bei einem Vergleich zwischen den ländlichen Gräberfeldern der Ardennen und der nördlichen Champagne einerseits, den Nekropolen im näheren Umkreis von Paris andererseits. Es ergab sich ein deutlicher Gegensatz zwischen beigabenloser oder beigabenarmer Beisetzung unter reichlicher Verwendung von Sarkophagen um Paris und der reichen Ausstattung der Gräber mit Beigaben in der nördlichen Champagne und den Ardennen. Er ist auch nach Périn ein Kriterium für den unterschiedlichen Grad der germanischen Überschichtung der betreffenden Gebiete: Der fränkische Einfluß ist nach ihm dort am größten, wo Beigaben (einschließlich Waffen) reichlich vertreten sind, Sarkophage aber nur selten verwendet wurden. Er ist gering, wo viele Sarkophage, aber nur selten Beigaben vorkommen[6].

Mit ihrem an den Friedhöfen des Trierer Moselmandes geschärften Blick für die Abweichungen in den Bestattungssitten der Franken und der Nachkommen der römischen Provinzialbevölkerung glaubt die Frühmittelalter-Archäologie heute mit hinlänglicher Sicherheit die beiden Volksgruppen auch dort voneinander scheiden zu können, wo die Franken, wie in Gellep, Xanten, Boppard, Karden a. d. Mosel, Augsburg und Regensburg, auf den gleichen Friedhöfen bestattet wurden wie die im Lande verbliebenen Nachfahren der provinzialrömischen Bevölkerung[7]. Vergleichbare Beobachtungen ergeben sich im Umkreis der spätrömischen Befestigungsanlagen Alemanniens[8]. Danach überdauerte auch die romanische Bevölkerung des spätrömischen Kastells Augst die alemannische Landnahme.

«Während in den Kastellsiedlungen die Romanen leben, vor den Toren nach ihrer Sitte die Toten bestatten, liegen in unmittelbarer Nachbarschaft die alemannischen Reihengräberfelder mit deren Bestattungssitten» (H. Steuer). Schwieriger ist es, in Schwaben ein Überleben der Romanen im offenen Land archäologisch nachzuweisen; ein Hilfsmittel ist hier das frühe Auftreten von christlichen Zeichen in Gräbern oder die Feststellung von ins 6. oder 7. Jahrhundert zu datierenden Kirchen. Auch im Ostalpen-Donauraum haben neuere, die Archäologie miteinbeziehende Untersuchungen die früher aus der Vita Severini abgeleitete Annahme einer geschlossenen Auswanderung der provinzialrömischen Bevölkerung korrigiert und das Verbleiben eines bedeutenden Teiles auch der bäuerlichen Bevölkerung ergeben [9].

Von den Einzelkriterien für die ethnische Zuweisung eines Grabes oder Gräberfeldes an die Franken ist das charakteristischste die Waffenbeigabe. Als allgemeines Indiz für germanische Volkszugehörigkeit ist sie seit den bahnbrechenden Untersuchungen von H. Zeiß über die Reihengräbersitte in den Gebieten zwischen Seine und Loire [10] unter den Archäologen nicht mehr umstritten, doch bedarf es im Einzelfall der Inrechnungstellung zweier ihren Beweiswert mindernder Erscheinungen: 1. der Tatsache, daß hohe romanische Würdenträger des fränkischen Staates sich schon früh der fränkischen Sitte haben anpassen können, 2. für die Zeit nach 600 einer zunehmenden gegenseitigen Annäherung und Durchdringung der Bestattungsbräuche. Während in manchen Gegenden die Romanen das fränkische Vorbild mehr oder weniger übernahmen, begann die Beigabensitte in anderen, stärker den christlich-mittelmeerischen Kulturtraditionen zugewandten Gebieten durch die Franken selber fortschreitend aufgegeben zu werden.

Ein im Augenblick der Indruckgabe dieses Berichts erschienener Aufsatz von Frauke Stein über „Franken und Romanen in Lothringen" [11] wirkt in der kartographischen Wiedergabe der archäologischen Befunde wie eine Illustration zu dem eben Ausgeführten. Frau Stein versucht unter Verwertung der Böhnerschen Erkenntnisse und vor allem mit Hilfe einer verfeinerten typologischen Beobachtung des archäologischen Materials nach dem Vorbild von J. Werner zu einer schärferen Scheidung von fränkischen und romanischen Bestattungen in Lothringen zu kommen. Dabei bestätigt sich der klare Gegensatz der beiderseitigen Bestattungssitten für das 6. Jahrhundert, dem etwa ein Sechstel der Reihengräberzeugnisse zuzurechnen ist, und sein Verschwimmen infolge fortschreitender Symbiose beider Bevölkerungsgruppen im 7. Jahrhundert.* Für diese in Lothringen ganz im Zeichen des Landesausbaus stehende Periode kommt die Verfasserin aufgrund ihrer Analyse der archäologischen Verhältnisse zur Annahme einer „offenbar durch Angehörige der fränkischen Oberschicht initiierten fränkischen Besiedlung in einem Raume, der von einer beträchtlichen romanischen Bevölkerung besiedelt ist". Weiterer Nachprüfung bedürfen wird ihre These, daß hauptsächlich die von fränkischen Grundherren abhängigen Romanen die Beigabensitte übernommen hätten, während die Hintersassen romanischer Herren weiterhin ohne Beigaben bestattet wurden. Den Gegensatz zwischen der Fundarmut um Metz und dem durch ausgeprägte fränkische Fundvorkommen repräsentierten Raum um Verdun möchte Frau Stein vor allem daraus erklären, daß bei der romanischen Bevölkerung im Umkreis um Metz, im Unterschied zu derjenigen um Ver-

---

* Vgl. dazu die im Kartenanhang abgedruckte Karte der Verfasserin!

dun, ähnlich wie in der Bretagne im 7. Jahrhundert, die Beigabensitte überhaupt nicht mehr Eingang gefunden habe. Über die Deutung, die Frau Stein dem von ihr mit viel Akribie herausgearbeiteten komplexen archäologischen Befund gibt, dürfte eine weitere Diskussion zu erwarten sein. Den Auftakt dazu lieferte inzwischen H. Ament[11a].
Die Bemühungen der Frühmittelalter-Archäologie um die Gewinnung präziser Aussagen über die fränkische Sozialstruktur haben mit der Schwierigkeit zu kämpfen, daß es bisher nur in wenigen Fällen gelungen ist, außer den Begräbnisplätzen auch die zugehörigen Siedlungen genau zu erfassen und systematisch zu untersuchen, da diese sich in der Regel unter den heute noch bestehenden Höfen oder Ortschaften befinden. Der alleinige Rückschluß von den Grabbeigaben auf das Leben enthält aber als Unsicherheitsfaktor die Ungewißheit, wie weit die Grabfunde die wirklichen Verhältnisse widerspiegeln und nicht nur bestimmte Grabbräuche und Bestattungssitten. Vorsicht geboten ist vor allem gegenüber allen summarischen Rückschlüssen von Unterschieden in der Waffenbeigabe auf entsprechende Unterschiede im rechtlichen und sozialen Status der Bestatteten[12]. Die Diskussion über den damit zusammenhängenden Problemkreis ist noch nicht abgeschlossen. Unabhängig von ihrem Ausgang kann aber bereits heute als auch archäologisch gesichert gelten, daß die Franken gleich den übrigen Westgermanen bereits lange, ehe sich die ständischen Verhältnisse im Merowingerreich des 6. Jahrhunderts einschneidend veränderten, eine ständisch gestufte Sozialordnung besessen haben und es bei ihnen schon in frühfränkischer Zeit eine einflußreiche aristokratische Oberschicht gegeben haben muß. Schon seit dieser Zeit begegnen auf manchen Friedhöfen von den übrigen Gräbern abgesonderte, durch Lage und Anordnung hervorgehobene oder auch durch die Opulenz ihrer

Beigaben als adlig oder fürstlich anzusprechende Gräber sowie Grablegen ganzer Familien in den verschiedenen Teilen des Frankenreiches. Beispiele sind: entsprechende Gräber und Grabgruppen in Gellep und Morken am Niederrhein, Rübenach bei Koblenz, Flonheim in Rheinhessen, Kirchheim bei Stuttgart, Arlon in Belgisch-Luxemburg und Mézières in den Ardennen. Die in solchen Gräbern und Grablegen Bestatteten sind in einzelnen markanten Fällen dem Hochadel zuzurechnen und mögen zum Teil mit der Königsfamilie versippt gewesen sein. Zum überwiegenden Teil aber werden sie aufgrund ihrer persönlichen und militärischen Führungsqualitäten und als lokale Gründerfamilien zu ihrem hervorgehobenen sozialen Rang aufgestiegen sein [13].

Als vorbildlich für die Grabsitten der fränkischen Hocharistokratie erwies sich, wenn man von den spezifischen Herrschaftszeichen absieht, das Bestattungsbrauchtum der Merowinger-Dynastie. Außer durch das schon seit 1653 bekannte Childerichgrab, dem in den letzten Jahren J. Werner eine neue Analyse zuteil werden ließ [14], sind wir darüber unterrichtet durch die systematische Untersuchung der merowingischen Königsmetropole Saint-Denis durch E. Salin und M. Fleury. Ihre vor allem in den Jahren 1953–61 unternommenen Grabungen führten zur Aufdeckung des Grabes der Gemahlin Chlotars I. (511–561) Arnegundis, einem etwa zwei Generationen jüngeren Gegenstück zum Tournaier Childerichgrab [15].

Berechtigt besonders reiche Grabausstattung zu vorsichtigen Rückschlüssen auf eine hervorgehobene politische und gesellschaftliche Stellung des Bestatteten, so erlaubt das Fehlen einer solchen nicht ohne weiteres den entgegengesetzten Schluß. So war eines der beiden Gründergräber in Rübenach beigabenlos [16]. Als mit Sicherheit sozialbedingt haben die Unterschiede in der Grabausstattung nach übereinstimmender archäologischer Auffassung dort zu gelten, wo sich — vor allem in ethnisch nicht stärker gemischten Siedlungsräumen — um ein Grundherren- oder Adelsgrab eine größere Anzahl ihm zugeordneter beigabenloser Gräber gruppiert. Von der bedeutenden sozialen Rangstellung mancher Handwerker wie der wandernden Feinschmiede zeugt das vor wenigen Jahren ergrabene, aus den vierziger Jahren des 6. Jahrhunderts stammende Schmiedegrab von Hérouvilette in der Normandie: es enthielt neben ca. 30 Handwerkszeugen der verschiedensten Art und einer größeren Zahl fränkischer und ostgotischer Gold- und Silbermünzen die umfänglichste Waffenausrüstung des ganzen Friedhofs[17].

Das bis 1953 von der Archäologie erarbeitete Bild der räumlichen Verbreitung der Reihengräber über die verschiedenen Teile und Landschaften des Frankenreichs hat sich im Ganzen nicht einschneidend verändert, wohl aber durch neue Funde und Detailuntersuchungen in nicht wenigen Gebieten an Schärfe und Tiefe gewonnen. In besonderem Maße gilt das wiederum für Belgien. Hier unterscheidet H. Roosens[18] unter den mehr als 500 Reihengräberfriedhöfen des Landes 1. eine von Südlimburg über die wallonischen Maaslande und den Hennegau bis nach Nordfrankreich hineinreichende Zentralgruppe, die ohne Unterbrechung von der „Laeten"-Zivilisation des 4. Jahrhunderts bis zum Ende der Reihengräberzeit um 700 durchläuft; 2. eine den Süden der Provinz Luxemburg einnehmende Gruppe, die eng mit dem Mittelrhein und dem Moselraum zusammengeht (Typ Arlon); 3. eine etwa 50 Gräberfelder umfassende Nordgruppe, zu der auch die nordfranzösisch-belgische Küstenzone zu rechnen ist und in der ein gewisser Prozentsatz von untypischen Erscheinungen wie fehlende Orientierung der Gräber, Leichenbrand, Baumsärge, Buckelurnen oder Pferdegräber auftritt und sich gleichzeitig Verbindungen ins nördliche Germanien und nach England hinüber abzeichnen. Die nördlichen Niederlande, über die J. Ypey eine alle frühmittelalterlichen Funde bis zum Jahre 1974 umfassende Verbreitungskarte* vorgelegt hat[19], bilden als Ganzes die Fortsetzung der belgischen Nordgruppe und eine Brückenlandschaft zum freien Germanien, weisen aber, wie von mir schon im „Volkserbe" hervorgehoben worden ist[20], in den niederländischen Maaslanden und im Deltagebiet mit strategisch oder verkehrspolitisch wichtigen Plätzen wie Rhenen, Katwijk und Rijnsburg auch kräftige kernfränkische Strahlungsherde auf. Friesland[21] und die damaligen friesischen Vorlande nördlich der großen Ströme besitzen bereits durch die Zahl und Bedeutung ihrer Schatzfunde eine gewisse Sonderstellung.

Fortschritte gemacht hat in den letzten Jahrzehnten — nicht zuletzt dank der Aktivität einer jungen Forschergeneration — auch die Erforschung der französischen Reihengräberkultur[22]. Zu den Gebieten, in denen wichtige neue Fundplätze mit ausgeprägter Beigabensitte und auch „Chefgräber" nachgewiesen werden konnten, gehören im Nordosten die Ardennen, im Westen die Normandie und die vier nordwestlichen französischen Departements. Anklänge an die Kultur der Nordseeküste kommen hier ebenso vor wie Beispiele für eine frühe Christianisierung der Franken. So fand sich auf dem Reihengräberfeld von Hordain b. Douai eine im 6. Jahrhundert errichtete, bis gegen 700 genutzte Kapelle von 6 × 11 m Größe, die außer Resten des Altarfundaments auch mehrere Gräber mit reicher Beigaben- und Waffenausstattung enthielt. Den Versuch einer siedlungsgeschichtlichen Interpretation der

---

* Wiederabgedruckt im Kartenanhang am Schluß dieses Bandes!

frühmittelalterlichen Nekropolen in der ehemaligen civitas Soissons unternahm die aus der Schule von E. Ewig hervorgegangene Dissertation von R. Kaiser. Wie die maasländisch-hennegauische Fundgruppe Belgiens, deren südwestliche Fortsetzung sie bilden, bietet ein Teil der Gräberfelder eindrucksvolle Beispiele der Kontinuität von den spätrömischen Anfängen der neuen Fundkultur bis zum Ende der Reihengräberzeit. Unverkennbar ist ferner die starke Symbiose zwischen der fränkischen und der gallorömischen Bevölkerung, die sich hier schon nach wenigen Generationen zu entwickeln begann[23]. In der Ile-de-France bestätigt sich auch in den neuen Funden die Rolle der Seine als Häufigkeitsgrenze der fränkischen Einwirkungen. Während z. B. in Bulles (Dep. Oise) in einer seit spätrömischer Zeit belegten Nekropole Waffen in großer Anzahl und Vielfalt zutage kamen, beherrschen in den neuen Fundplätzen südlich des Flusses der Sarkophag und Beigabenarmut oder Beigabenlosigkeit das Bild. Leben und Werk des um 588 bei Limoges geborenen und 660 als Bischof von Noyon und Tournai gestorbenen Goldschmiedes der Merowingerkönige Chlotar II. und Dagobert I. Eligius illustrieren, wie im 7. Jahrhundert, durch Aquitanien und Burgund vermittelt, in verstärktem Maße Einflüsse der Mittelmeerwelt ins Frankenreich einströmten[23a].

An Rhein und Mosel wurde in der Berichtszeit das Inventar einer ganzen Anzahl der bemerkenswertesten Reihengräberfriedhöfe und Grabfunde publiziert[24]. In kulturräumlicher Hinsicht ergibt sich aus ihnen, daß die von Roosens für die belgisch-niederländische Fundprovinz beobachtete Unterteilung in eine ohne Einschränkung mit den Kerngebieten der Merowingerkultur zusammengehende südliche und südöstliche und in eine nördliche Gruppe von Nekropolen, in denen auch gewisse Einflüsse aus dem Nordseeküstengebiet und dem freien Germanien in Erscheinung treten, auch am Rhein wiederkehrt. Die Grenze zwischen den beiden Bereichen verläuft hier etwa auf der Höhe der Erft. Der Kölner Raum ist in seiner Fundkultur über Mittelrhein und Mosel mit den Kernteilen des fränkischen Reiches ebenso eng verbunden, wie das bei der belgisch-niederländischen Süd- und Südostgruppe der Fall ist. Hingegen ist der nördliche Niederrhein, wie eine Reihe von Importgütern zeigt, zwar in seinem Handel ebenfalls zum Teil südlich orientiert, in seinen Bestattungssitten aber, namentlich in der späteren Merowingerzeit, unverkennbar vom freien Germanien beeinflußt.

Nahe der Grenze zwischen den beiden Bereichen, aber schon dem Kölner Raum zugehörig, liegt die größte aller bisher bekannt gewordenen rheinischen Nekropolen: die das römische Kastell Gelduba fortsetzende Fundstätte Gellep b. Krefeld mit mehr als 4000 bisher aufgedeckten Gräbern. Eines der wichtigsten Ergebnisse der bisherigen Grabungen liegt nach R. Pirling in der Feststellung der kontinuierlichen Belegung des Gräberfeldes von der spätrömischen zur fränkischen Zeit. Gellep bildet in dieser Beziehung ein niederrheinisches Gegenstück zu Haillot und den maasländischen-nordfranzösischen „Laeten"-Friedhöfen, zu denen es, bei manchen Eigenzügen, auch im Fundmaterial direkte Beziehungen aufweist [25]. Auch mit maasländisch-fränkischem Neuzuzug ist für die Zeit nach 500 zu rechnen. Daß der Platz auch in merowingischer Zeit eine überörtliche Bedeutung bewahrte, ergibt sich u. a. aus dem 1962 aufgefundenen, in das frühere 6. Jahrhundert zu setzende Grab eines vornehmen fränkischen Kriegers (R. Pirling vermutet, daß es ursprünglich nicht das einzige war), das, wie das etwa zwei Generationen jüngere von Morken bei Bergheim a. d. Erft, wegen der Opulenz seiner Ausstattung der Gruppe der sogenannten Fürstengräber zugerechnet wird und wie dort einen vornehmen fränkischen Grundherrn oder Gaufürsten geborgen haben dürfte.

Beide Gräber werden sowohl hinsichtlich der Kostbarkeit der Beigaben als auch in ihrer Anlage an hervorgehobener Stelle an Bedeutung noch übertroffen durch die 1959 von O. Doppelfeld aufgefundenen, in das mittlere 6. Jahrhundert gehörenden beiden fränkischen Gräber unter dem Kölner Dom. Es handelt sich um das Grab einer jungen Frau und eines etwa sechsjährigen Knaben. Der überreiche Schmuck der Frau, der demjenigen der Merowingerkönigin Arnegundis nicht nachsteht, und die dem Knaben beigegebenen Herrschaftszeichen haben im Verein mit der gänzlich singulären Bestattung innerhalb der alten Römerstadt in einer zur ältesten Kathedrale gehörenden Rundkapelle zu der Vermutung geführt, daß man es mit Angehörigen königlichen Geblüts zu tun habe, entweder mit den Nachfahren des von Clodwig beseitigten rheinfränkischen Königs Sigibert oder aber mit der langobardischen Prinzessin Wisigarde, der König Theudebert I. (534—548) angetrauten, aber unerwünschten und deshalb wohl gewaltsam ums Leben gekommenen Braut, sowie einem sie begleitenden langobardischen Prinzen. Für die letzte Annahme — um mehr als eine Vermutung handelt es sich aber auch hier nicht — spricht vielleicht die Tatsache, daß derselbe Theudebert, obwohl er in Reims residierte, in Köln nach byzantinischem Vorbild Goldmünzen mit seinem Bildnis prägen ließ. Außer den Domgräbern sind in Köln einige weitere reich ausgestattete fränkische Gräber dicht vor den Toren der Römerstadt bei St. Gereon und St. Severin zutage gekommen; zwei 1957 im Kreuzgang von St. Severin aufgefundene möchte Doppelfeld ebenfalls zu der Gruppe der „Fürstengräber" rechnen. Hingegen ragen die der Kölner Metropole im Westen benachbarten Gräberfelder Müngersdorf und Junkersdorf, soweit spätere Beraubungen noch ein Urteil zulassen, kaum aus dem auch sonst sehr häufig im Frankenreich anzutreffenden sozialkulturellen Niveau heraus[26].

Alles in allem ist das ein Befund, der die Bedeutung Kölns als einer bedeutenden Außenbastion des Frankenreichs während der merowingischen Zeit außer Zweifel stellt. Daß diese Tatsache aber kaum dazu berechtigt, dem gesamten Niederrhein eine oder gar die Zentralstellung in der fränkischen Siedlung und Reichskultur zuzuschreiben, zeigt der Blick auf die ländlichen Teile der Kölner Bucht. So ergab die siedlungsarchäologische Untersuchung der Gebiete zwischen Erft und Rhein nördlich Köln durch W. Janssen für die merowingische und frühkarolingische Zeit 1. einen starken Rückgang der besiedelten Fläche gegenüber der römischen Periode und die „Einschränkung der Siedlungsfläche auf ganz wenige siedlungsfreundliche und durch römische Straßen erschlossene Gebiete";* 2. die vollständige Siedlungsentleerung des gesamten Bereichs der Altrheinläufe. Verständlich wird dieser Befund nach Janssen „nur unter der Voraussetzung, daß zwischen römischer Besiedlung und fränkischer Wiederbesiedlung eine großräumige Entsiedlung eingetreten sein muß, die mit dauerhafter Wiederverwaldung römisch besiedelter Flächen verbunden war"[27]. Janssen bestätigt damit die von Steinbach und mir von jeher vertretene Meinung über den mit der fränkischen Landnahme in Gallien am Niederrhein eingetretenen starken Siedlungsrückgang. Allerdings ist der Grund dafür wohl keineswegs eine Teilnahme der in spätrömischer Zeit dort ansässigen, nach heutiger Erkenntnis noch nicht stärker fränkisch durchsetzten provinzialrömischen Bevölkerung an der fränkischen Westausbreitung[28].

* Vgl. dazu die Karte von W. Janssen über „Wald und Siedlung im 7./8. Jahrhundert im Rheinland" im Kartenanhang dieses Bandes!

Am Mittelrhein, der im Koblenz-Neuwieder Becken, in Rheinhessen und in den rheinpfälzischen Gebieten bedeutende alte Siedlungsräume besitzt, trat wie im Moselraum zu den auch hier vorhandenen engen Beziehungen zu Nordgallien, wie sich u. a. aus den frühchristlichen Inschriften ergibt, auch eine solche mit dem Rhoneraum. Die Fortdauer direkter kultureller Kontakte auch zu den kirchlichen Zentren des Mittelmeerraumes und insbesondere zu Rom in der frühen Merowingerzeit erschließt H. Eiden aus der architektonischen Gestaltung der frühchristlichen Gemeindekirche in Boppard. Das Bild einer christlichen, aus antiken Traditionen lebenden Gemeinde vervollständigen Grabsteine von einem außerhalb des Kastellbereichs gelegenen Friedhof, auf denen u. a. ein Presbyter Nonnus und ein Diakon Besontio genannt werden. Auch einzelne hochgestellte Franken dürften im Mittelrheingebiet, wie 1965 bis 1970 im Umkreis der Castorkirche von Karden unternommene Grabungen ergeben haben, bei gleichzeitiger Beibehaltung der Beigabensitte, seit dem 6. Jahrhundert Christen geworden sein [29].

Wesentlich schärfere Konturen angenommen hat dank der Grabungstätigkeit der letzten Jahrzehnte auch unsere Kenntnis von der Stellung der rechtsrheinischen Gebiete im fränkischen Gesamtverband während der Merowingerzeit. In Westfalen steht zwar die langersehnte Gesamtpublikation der fränkischen Funde nach wie vor aus, doch fand hier die früher vornehmlich aus dem Namen und der Lage des alten Brukterergaues erschlossene Zugehörigkeit der Gebiete zwischen Lippe und Ruhr zum fränkischen Raum eine wertvolle archäologische Bestätigung durch die Freilegung eines Töpferofens aus dem 6./7. Jahrhundert weit im Osten des alten Brukterergaues in Geseke b. Lippstadt — also ein beträchtliches Stück östlich des oft als äußersten merowingischen Vorpostens betrachteten Soest.

Der Ofen gehört nach Bauart, Größe und nach dem Formengut der dort fabrizierten Keramik engstens mit den übrigen vier in Gellep, Trier und Huy an der Maas — also in unbestritten fränkischem Gebiet — zutage gekommenen Brennöfen zusammen und hat einen Großteil der bisher für rheinische Importware gehaltenen reichsfränkischen Keramik in den zwischen Ruhr und Lippe gelegenen Gebieten an Ort und Stelle erzeugt. Sein Absatzgebiet reichte bis nahe an Paderborn [30].

Ein eindrucksvolles Zeugnis der sich im 7. Jahrhundert aus dem freien Germanien gegen das Frankenreich und die fränkische Reichskultur noch einmal erhebenden Gegenbewegung bildet die auf einer beherrschenden Höhe südwestlich von Beckum nördlich der mittleren Lippe, kaum 250 m von einem um die gleiche Zeit abbrechenden fränkischen Gräberfeld entfernt, aufgefundene Grabstätte eines germanischen Edlen, der hier kurz vor der Mitte des Jahrhunderts mit überreichen kostbaren Beigaben und 10 Pferden nach altem heidnischen Totenbrauch beigesetzt war. Es schlossen sich an eine Anzahl weiterer reicher Grabstätten und weitere 20 Pferdeopfer und Pferdebeisetzungen — eine Massierung, wie sie bisher nur aus Gräberfeldern im nordgermanischen Bereich bekannt war. Das Ganze wird von W. Winkelmann gedeutet als die Grablege einer führenden sächsischen Familie und der archäologische Niederschlag der uns durch den angelsächsischen Bischof Beda auch literarisch bezeugten Eroberung des Raumes zwischen Ems und Lippe durch eine von Norden her vorstoßende Adelsschicht mit ihren Gefolgsleuten im 7. Jahrhundert: „Historisch gesehen, dokumentiert es für diese späten Jahrhunderte am Vorabend der karolingischen Ereignisse noch einmal jene heidnisch-germanische Welt mit ihrem Totenbrauchtum und ihren religiösen Vorstellungen, die uns sonst weithin verschlossen und unbekannt bleiben" [31]. Instruktive neue Einblicke in die mythisch-religiöse Vorstellungswelt der freien Germanen an Nord- und Ostsee im Frühmittelalter erschloß uns inzwischen mit Hilfe der Brakteatenforschung K. Hauck[32].

Die durch das sächsische Vordringen zwischen Rhein und Weser hervorgerufene Erschütterung war so stark, daß sie auch im althessischen Gebiet, das bis dahin zwischen den politisch-ethnischen Großgruppen östlich des Rheins zwar innerhalb des fränkischen Einflußbereichs, aber doch ohne straffe politische Bindung, geschweige kolonisatorische fränkische Durchdringung geblieben war, seit dem letzten Viertel des 7. Jahrhunderts zum Aufbau eines Abwehr- und wohl bald auch schon eines Aufmarschsystems gegenüber dem germanischen Nordraum führte. Wiederum ist es die Archäologie, die uns von diesem Prozeß, in verständnisvoller Einordnung in das von W. Schlesinger mit Unterstützung durch die Deutsche Forschungsgemeinschaft organisierte Unternehmen der Erforschung der fränkischen Ostbewegung[33], durch methodische Untersuchung zentraler Plätze wie der Kesterburg nördlich des Amöneburger Beckens und des Bürabergs bei Fritzlar sowie einer Anzahl mittelgroßer befestigter Plätze karolingischer Provenienz, eine ungleich genauere Vorstellung vermittelt hat, als sie aus den sonst der Frühmittelalterforschung zur Verfügung stehenden Quellen zu gewinnen war. Im Gegensatz zu der um mehrere Jahrhunderte älteren fränkischen Westausbreitung kam es dabei allem Anschein nach nicht mehr zu Landnahmeprozessen, sondern — jedenfalls bei den Großburgen und den mittelgroßen Anlagen vom Ende des 7. bis zum Ende des 8. Jahrhunderts — nur noch zu mehr oder weniger zentral geleiteter, primär den Zwecken der Sicherung und Verteidigung des Reiches dienender Siedlung wohl vorwiegend von Königsfreien[34]. Parallel damit ging allerdings auch in der weiteren Umgebung ein intensiver

Siedlungsausbau, den genauer zu untersuchen und zu den überregionalen Befestigungsanlagen in Beziehung zu setzen ein Ziel der weiteren archäologischen Landesforschung in Hessen ist[35].

Auch an der Untersuchung der Formen, unter denen sich die Eingliederung Süddeutschlands ins Frankenreich vollzog, hat die Archäologie in den letzten Jahrzehnten starken Anteil genommen[36]. Ihre Feststellung vom Abbrechen sämtlicher ständig besiedelten alemannischen, bajuwarischen und sonstigen vorfränkischen Bergbefestigungen um 500 im Unterschied zu den ländlichen Siedlungen, bei denen die Mitte des 5. Jahrhunderts beginnenden Gräberfelder im 6. Jahrhundert ohne markante Zäsuren kontinuierlich weiterlaufen, erlaubt, den Archäologen zufolge, die Schlußfolgerung, daß die Herrenschicht durch die Ausdehnung der fränkischen Herrschaft stärker betroffen wurde als die ländliche Bevölkerung. Gleichzeitig mit der Eingliederung ins Frankenreich begann auch in Süddeutschland ein Landesausbau vor allem in den Randzonen der Altsiedellandschaft. Dabei ist ganz generell in kulturgeschichtlicher Hinsicht „erstaunlich, in wie starkem Maße die Formen fränkischer Altertümer den Fundbestand prägen. Abgesehen von wenigen Details sind keine Unterschiede in der Gestaltung der Bewaffnung und des Trachtzubehörs festzustellen. Mit Recht wird man in dieser Erscheinung einen nachhaltigen Ausdruck fränkischer Reichskultur sehen dürfen" (Weidemann). Lediglich in der Güte der Gebrauchskeramik hinkte Süddeutschland im 6. Jahrhundert hinterher, um dann im 7. Jahrhundert auch auf diesem Gebiete den Standard der linksrheinischen fränkischen Zivilisation zu erreichen. Auch erhielt sich hier die Beigabensitte im Unterschied zu den westlichen Teilen des Frankenreichs bis über das Jahr 700 hinaus, am längsten in den Kolonisationsgebieten Oberfrankens und der Oberpfalz. Durch die Auswertung der spärlichen Funde der Zeit um und nach 700 aus den Gebieten am Rhein und den angrenzenden Landschaften glaubt K. Schwarz nachweisen zu können, daß die nach Osten vordringenden Neusiedler aus den Altsiedellandschaften westlich des Steigerwaldes bis zum Rhein stammten [37].

Nachtrag April 1977: Inzwischen hat auch die zweite der unten, S. 195 und S. 218 Anm. 225, angekündigten beiden Reichenau-Tagungen zum Kontinuitätsproblem stattgefunden. Die auf ihr gehaltenen Referate erbrachten insbesondere in der Frage der ethnischen Auswertbarkeit der Bodenfunde über den bisherigen, oben, S. 123 f., geschilderten Forschungsstand grundsätzlich hinausführende inhaltlich wie methodisch gleich wichtige neue Erkenntnisse, während H. Ament die Tragfähigkeit der von K. Böhner anhand der Befunde des Mosellandes für die Unterscheidung von Franken und Romanen in den merowingerzeitlichen Friedhöfen vor 600 aufgestellten Kriterien grundsätzlich in Zweifel zog und damit die Debatte in diesem Punkt neu einsetzen muß, erarbeitete M. Martin-Basel am Beispiel des Kastell-Friedhofs Kaiseraugst b. Basel wegweisende neue, sehr verfeinerte Kriterien für die Unterscheidung von Germanen und Romanen in den frühmerowingerzeitlichen Gräberfeldern und stellte J. Werner die bis in die jüngste Zeit übliche Aussonderung einer germanischen, spezifisch burgundischen Formenprovinz der Reihengräbersitte in Frage. Im Verein mit der bevorstehenden, unten S. 198, Anm. 8, angekündigten Publikation J. Werners über St. Ulrich und St. Afra in Augsburg ergibt sich in für das Gesamturteil wichtigen Punkten ein neuer Forschungsstand, dem auch der Historiker in Zukunft Rechnung zu tragen hat.

2. DAS ZEUGNIS DER ORTS- UND PERSONENNAMEN

Fränkische Ortsnamen, Namen vom Avricourt- oder Weiler-Typus und Prozesse des Ortsnamenausgleichs sind die Sprachphänomene, die aus dem Bereich der Toponymie als Zeugnisse für die Frankonisierung des ehemaligen Nordgallien in erster Linie in Betracht kommen. Sie waren auch in den letzten Jahrzehnten Gegenstand eindringender Untersuchungen, durch die unsere Kenntnis der Probleme vielfältig erweitert und vertieft worden ist.

Nur sehr bedingt gilt das letztere leider, trotz eingehender Überholung des ursprünglichen Textes und mancher Weiterbildung seiner Auffassung, von dem Alterswerk E. Gamillschegs, der Neubearbeitung des ersten Bandes seiner „Romania Germanica"[38]. Während sein „Etymologisches Wörterbuch der französischen Sprache" auch in der Neubearbeitung vom Jahre 1969 seine hohe Rangstellung ohne Einschränkung behauptete[39], hat Gamillschegs Versuch einer völligen Neufassung des den Franken gewidmeten Teiles seiner „Romania Germanica", insbesondere in den namenkundlichen Partien, mit dem Gang der Forschung und der Fortentwicklung der Fragestellungen seit dem ersten Erscheinen seines Werkes im Jahre 1934 nur unvollkommen Schritt zu halten vermocht. Zur philologischen Unterrichtung bleibt es indes auch in der neuen Fassung ein unentbehrliches Grundlagenwerk[40].

Als die unstreitig wichtigste toponymische Neuerscheinung der Berichtszeit erwies sich das in Bericht I bereits als bevorstehend angekündigte und in seinem besonderen

Quellenwert charakterisierte Toponymische Wörterbuch des flämischen Sprachforschers M. Gysseling[41]. In einer Anzahl von das Erscheinen des Werkes begleitenden und ihm folgenden Aufsätzen[42] hat Gysseling den allgemeinen Ertrag, der sich aus dem von ihm versammelten Belegmaterial für die frühe Sprach- und Siedlungsgeschichte der belgisch-nordfranzösischen Gebiete gewinnen läßt, zu verdeutlichen unternommen. Ein hervorstechendes Ergebnis ist der abermalige und durch zahlreiche neue Belege untermauerte Nachweis der Tiefe und Allseitigkeit der gegenseitigen Durchdringung des germanischen und romanischen Namengutes in einer breiten Zone des ehemaligen Nordwest-Gallien, die in stärkster Verdichtung von Flandern bis etwa zur Höhe von Laon und Beauvais und mit allmählich abnehmender Intensität bis gegen die Seine reicht. Die gesamte frühmittelalterliche Namengebung dieser Gebiete ist nach Gysseling ein sprechendes Zeugnis für die einst im Frankenreich herrschende germanisch-romanische Symbiose. So gehören nach ihm die in Wallonien und Nordfrankreich so überaus zahlreichen, typisch merowingerzeitlichen und sprachlich hybriden Namen auf *-iacas* in Bildungsweise und Verbreitung engstens zusammen mit den germanischen Namen auf *-inas* und *-ingen*. Zwischen beiden Gruppen sei es zu vielfältigen, wohl auch großflächigen Ausgleichungen gekommen. In einem ähnlich engen inneren Zusammenhang stünden die vornehmlich dem 6. Jahrhundert angehörenden Namen auf *-iaca courte* und die ihnen zeitlich folgenden Namen auf *-iaca ville* mit dem Gros der Namen auf *-heim* und insbesondere den Bildungen auf *-inga heim* — also jenen Namengruppen, die für den Aufbau der frühmittelalterlichen Namenlandschaft in weiten Teilen des germanischen Nordwestens von grundlegender Bedeutung geworden sind. Auch zwischen diesen Namengruppen sei mit verbreiteten Angleichungs- und Ausgleichsprozessen zu rechnen. Schließlich seien — wie Gysseling, die Untersuchungen meines „Volkserbes" teils bestätigend, teils erweiternd, modifizierend und vertiefend, feststellt — auch das germanische Suffix -*ja* und die Dativ-Plural-Endung -*um* mit Hydronymen wie *aha* oder *baki* oder Stellenbezeichnungen wie *berg, bur, land, lauh, hlar, har, mark, gard*, sowie in Zusammensetzungen mit -*sali* oder -*stal* zur Bildung zahlreicher germanischer und romanischer Siedlungsnamen verwendet worden. In zeitlicher Hinsicht gehöre diese Gruppe vorzugsweise zu den älteren Schichten der germanischen Namen im Westfrankenreich.

Über Maß und Bedeutung der von Gysseling herausgearbeiteten Zusammenhänge und Wechselwirkungen zwischen der germanischen und romanischen Toponymie der flandrisch-nordfranzösischen Gebiete hat sich eine lebhafte, noch heute nicht abgeschlossene Diskussion entwickelt[43]. So hat H. Draye in einer bislang noch unveröffentlichten Stellungnahme darauf hingewiesen, daß die Verbreitung von -*ingaheim* über weite Teile des germanischen Sprachgebietes es unwahrscheinlich mache, daß gerade die niederländisch-nordfranzösische Gruppe der Namen auf -*ingen*, -*heim* und -*ingaheim* ihre Entstehung einer Entlehnung paralleler romanischer Namen verdanke[44]. Andererseits hat A. Bach in einem vielbeachteten Aufsatz,[45] der allerdings bei H. Kuhn[46] und D. P. Blok[47] auf Widerspruch gestoßen ist, die These aufgestellt, daß die ganze Sitte der Bildung frühmittelalterlicher Siedlungsnamen vom Typus Personenname + Siedlungsnamengrundwort, wie sie uns bei dem Gros der jüngeren -*heim*-Namen in weiten Teilen des germanischen Sprachbereichs idealtypisch entgegentritt, in ihrer Entstehung auf die Franken zurückgehe und in eben den Teilen ihres Reiches zur Ausbildung gelangt sei, in denen sie mit den Galloromanen in engsten Konnex getreten waren. Sie hätten hier das neue Prinzip der Namengebung zugleich mit dem besitzrechtlichen römischen Denken, dessen Ausfluß es sei, übernommen und es dann an die übrige germanische Welt weitergegeben. Daß die Namen dieses Typs und insbesondere die -heim-Namen, auch wo sie, wie in Friesland oder Overijssel, keine fränkischen Gründungen sind, mit diesen in denselben Zeitzusammenhang gehören und daher sehr wohl durch das Vorbild angeregt sein können, das in den stärker fränkisch bestimmten Teilen des Landes von den *homines franci* und anderen mit dem fränkischen Königtum und der fränkischen Kirche verbündeten Kreisen geboten wurde, scheint mir auch durch die interessanten Untersuchungen eher bestätigt als widerlegt zu werden, die der eben genannte D. P. Blok der frühmittelalterlichen Siedlung und den frühmittelalterlichen Siedlungsnamen seines Landes hat zuteil werden lassen [48]. Entsprechend erklärte auch Gysseling die im friesischen Wurtengebiet so überaus verbreiteten -heim-Namen in der sich an seinen Amsterdamer Vortrag anschließenden Diskussion als das Ergebnis kultureller Ausstrahlung des reichsfränkischen Vorbildes [49].

Eine solche Erscheinung bei der Ausbreitung der -heim-Namensitte wäre nichts Singuläres. Sie findet, worauf Gysseling mit Recht hinweist [50], ein unmittelbares Gegenstück in der Verbreitung der im Vergleich zu den -heim-Namen nächstjüngeren Namengruppe: den durch die gleiche Verbindung von Personennamen und Grundwort gebildeten Namen vom sog. Weiler-Typus (lat. *villare*, frz. *villers* oder *villiers*, dt. *weiler*). Diese erstrecken sich vom Westfrankenreich quer über die Sprachgrenze hinweg bis ins Rhein- und Maasland sowie über weite Teile Mittel- und Südwestdeutschlands. Bei dieser Namengruppe ist die Tatsache, daß wir es bei der für sie charakteristischen Verbindung von romanischen und germanischen Sprachelementen mit einer typischen Hervorbringung der merowingischen Reichskultur zu tun haben, heute nicht mehr ernsthaft umstritten[51]. Als sehr viel schwieriger und, soweit überhaupt, oftmals ohne Zuhilfenahme der Nachbardisziplinen für den Sprachwissenschaftler nicht möglich, erweist sich in den ehemals längere Zeit zweisprachigen Gebieten des Frankenreichs freilich die Zuweisung der einzelnen Namen zu der einen oder anderen Sprachgemeinschaft. Namentlich hier verbietet sich jedes summarische und schematische Verfahren.

Trotz der grundlegenden neuen Erkenntnisse Gysselings über die Bildungsweise der frankenzeitlichen Siedlungsnamen in Nordgallien und den Niederlanden steht, wie H. Draye beim Bonner Frankenkolloquium in einem sorgsam abgewogenen Vortrag über „Ortsnamenausgleich als methodisches Problem der frühmittelalterlichen Sprach- und Siedlungsforschung an Beispielen des belgischen Materials aus dem Sprachgrenzgebiet" dargelegt hat[52], auch in der nördlichen Romania die volle Lösung des Ausgleichsproblems noch immer aus.

In dieser Situation bleibt vordringlichste Forschungsaufgabe die „intensive Durchforschung von Einzelräumen, von der Sprachgrenze aus vortastend — das ist methodisch richtig —, aber doch auch in das Innere der alten Francia hineingreifend, ohne jede vorschnelle Verallgemeinerung und Vergewaltigung der Verhältnisse von der Karte aus" — so meine abschließende Feststellung auf dem Bonner Kolloquium im Hinblick auf das Problem des Namenausgleichs[53]. Die meistversprechenden Ansatzpunkte für Paralleluntersuchungen zu denjenigen Gysselings bilden dabei der Raum um Metz und die frühbesiedelten Teile der Schweiz, wo sich — wie schon in meinem „Volkserbe" hervorgehoben und kartographisch verdeutlicht[54] — in den der Sprachgrenze benachbarten Gebieten altbezeugte Ausgleichsformen vom Avricourt- und Weiler-Typus in auffälliger Weise häufen.

Eine sehr nützliche Initiative zur Untersuchung der Auswirkung der Doppelsprachigkeit und des Sprachwechsels auf die Toponymie entfaltete auch in den letzten Jahrzehnten die Forschung im östlichen Belgien. Für die seit dem 18. Jahrhundert nach einer langen Periode der Zweisprachigkeit romanisierte Sprachgrenzgemeinde Zittert-Lummen (frz. Zétrud-Lumay) im Südosten der Provinz Brabant und im romanischen bzw. romanisierten Teil des ehemaligen Herzogtums Limburg im Nordosten der Provinz Lüttich führten gemeinsame wallonisch-flämische Untersuchungen, an denen u. a. die Romanisten E. Legros und A. Boileau beteiligt waren[55], zu einer vollen Bestätigung der Beobachtungen von J. Herbillon und A. Stevens für Herstappe südl. Tongern, über die bereits in Bericht I referiert worden ist[56]: In allen untersuchten Gemeinden veränderte der mit dem Sprachwechsel einsetzende Orts- und Flurnamenausgleich in wenigen Generationen das Aussehen des überkommenen Namenbestandes „fast bis zur Unkenntlichkeit"; so haben sich in Weerst/Warsage nach der Romanisierung nur 7 germanische Flurnamen erhalten, 7 andere leben als Entlehnungen im Wallonischen weiter, von den vielen romanischen Neuschöpfungen aber wurden einige sogar als Entlehnungen oder Übersetzungen von den germanisch Sprechenden der Umgebung übernommen[57].

Entsprechende Ausgleichungen sind mit Sicherheit auch in größerer räumlicher Tiefe in dem ganzen Grenzgürtel anzunehmen, der sich beiderseits der Sprachgrenze von Flandern bis nach Niederländisch-Limburg hinzog und der auf germanischer Seite vor allem in den Räumen um Asse (Brabant), St. Truiden (St. Trond), Maastricht und Vaals b. Aachen eine bedeutende romanische Grundschicht aufweist und im Frühmittelalter nach Aussage der Toponymie lange Zeit zweisprachig gewesen sein muß[58]. Für Vaals nimmt Gysseling sogar an[59], daß es zeitweise einsprachig romanisch gewesen sei, ehe es im 10. Jahrhundert definitiv germanisiert wurde. Tummers[60] stimmt ihm darin bei, daß es in der Südhälfte von Niederländisch-Limburg im Frühmittelalter — ungeachtet umfassender Wirksamkeit des Sprachausgleichs, für die er neue Beispiele der verschiedensten Art beibringt — noch immer eine bedeutende Schicht romanischer Namen gab, möchte diese aber, wie vor ihm schon J. K. Lindemans für Asse[61], aufgrund ihrer Lautentwicklung als den Niederschlag wallonischer Einwanderung in der Merowingerzeit ansehen. Für Maastricht freilich hält Tummers eine ununterbrochene Behauptung der romanischen Sprache neben der germanischen bis in die Karolingerzeit für unbestreitbar[62]. Gewisse romanische Nachwanderungen in fränkischer Zeit liegen angesichts der fränkischen Nordausbreitung im 7./8. Jahrhundert[63] in diesen Gebieten durchaus im Bereich des Möglichen. Auch hier scheint mir aber über das Ausmaß und die sprachgeschichtliche Bedeutung dieses Phänomens noch nicht das letzte Wort gesprochen zu sein, und man wird sich hüten müssen, aus dem vorgefundenen Namenbestand, der infolge des Sprachausgleichs stets nur sehr relikthaft ist, sprachgeschichtlich zu weitgehende Schlüsse zu ziehen[64].

In den Rheinlanden ist inzwischen die in Bericht I[65] bereits angekündigte Neuaufnahme des moselländischen Namenguts im Frühmittelalter durch W. Jungandreas erschienen[66] und von ihm die Existenz einer bedeutende Teile des mittleren und unteren Moselgebiets umfassenden moselromanischen Enklave im Frühmittelalter endgültig gesichert worden[67]. Seit auch E. Ewig in seiner Monographie über „Trier im Merowingerreich" 1954 aufgrund paralleler Beobachtungen diese Tatsache ebenfalls in Rechnung setzte[68], werden die Bedeutsamkeit und das jahrhundertelange Fortbestehen dieser frühmittelalterlichen Enklave zwischen Trier und Koblenz von keiner Seite mehr in Zweifel gezogen. Ob das romanische Idiom hier bereits in der Karolingerzeit oder, wie Jungandreas — wohl reichlich kühn! — glauben möchte, endgültig erst im Hochmittelalter verklungen ist, mögen die Spezialisten ausmachen und bleibt für die Deutung der Sprach- und Siedlungszustände der fränkischen Zeit unerheblich.

Inzwischen hat sich das Schwergewicht der namenkundlichen Diskussion von der Mosel hinweg an den Rhein und auch im Bereich der Sprachwissenschaft und Namenkunde auf die Frage verlagert, wie weit wir in gewissen Abschnitten auch an seinen Ufern in fränkischer Zeit mit einer erheblich stärkeren germanisch-romanischen Durchschichtung zu rechnen haben, als man früher anzunehmen geneigt war. Schon R. Schützeichel hat demgegenüber auf das längere Nachleben des romanischen Elements auch in Köln, Mayen und Mainz aufmerksam gemacht und generell festgestellt, daß seine Assimilierung in den alten Zentren provinzialrömischer Kultur nur allmählich vor sich gegangen sei[69]. Die Frage nach der Bedeutung des romanischen Elements wurde für das rheinische Ribuarien mit ganz neuer Grundsätzlichkeit gestellt durch H. Kuhn[70]. Abweichend von Th. Frings[71], R. Schützeichel[72] und dessen Schüler J. Wirtz[73], aber im Einklang mit den Ergebnissen, zu denen M. Gysseling für den Raum westlich Aachen gekommen war[74], erklärt Kuhn das Fehlen der Lautverschiebung in einem nicht ganz unerheblichen Teil der vordeutschen Ortsnamen an Mittel- und Niederrhein nicht nur aus der langsamen Assimilierung einer vordeutschen Minderheit, sondern mit der späten Germanisierung der Gesamtlandschaft — vor allem im Umkreis der alten Römerplätze Koblenz, Andernach, Jülich und Köln. Das Problem bedarf in Anbetracht seiner beträchtlichen Bedeutung für die rheinische und gesamtfränkische Geschichte einer gründlichen Ausdiskutierung. Einen Auftakt dazu bildet eine Stellungnahme von H. von Gadow[75]. Er bemängelt die s. E. unzureichende quellenkritische Fundierung von Kuhns Ansätzen und hält die von ihm darauf aufgebauten allgemeinen sprach- und siedlungsgeschichtlichen Schlüsse für die Zeit vor 700 für bedenklich, stellt aber gleichwohl die Möglichkeit nicht in Abrede, „daß die in manchen Namen fehlende Lautverschiebung auf ein längere inselhaftes Vorhandensein des Romanischen in bestimmten Gebieten zurückgeführt werden kann"[76]. Den Vorwurf mangelnder Quellenkritik hat Kuhn inzwischen zurückgewiesen und bestritten, daß das Auftreten unverschobener Formen in alten Ortsnamen um Köln sich vor allem daraus erkläre, daß die ehemaligen Kanzleien der Stadt die Ortsnamen des Umlands in einer längst veralteten Form zu schreiben pflegten. Vielmehr waren es, wie er — ohne Zweifel zu Recht — erneut geltend macht, „besonders die römischen Zentren am Rhein und ihr nächstes Umland . . ., in denen sich das Lateinische oder Romanische über die Zeit der Lautverschiebung hinaus behauptet hat"[76a]. Eine systematische Durchprüfung für die verschiedenen rheinischen Teilräume erscheint danach dringend. Zu beachten wird dabei u. a. auch die Tatsache sein, daß die zahlreichen -*acum*-Namen der Rheinlande und ihrer westdeutschen Nachbargebiete, wie Kuhn in Übereinstimmung mit A. Bach feststellt, im Gegensatz zu der Masse der nordfranzösischen -*iacas*-Namen als Bestimmungswort keinen germanischen Personennamen aufweisen, sondern solche vordeutscher Provenienz. Während die -*iacas*-Namen in Nordgallien ganz vorwiegend merowingerzeitlich sind, sind die -*acum*-Namen in den Rheinlanden, von einem keltischen Grundstock abgesehen, in der Hauptsache provinzialrömisch[77].

Wertvolle Vergleichsmöglichkeiten zu den Verhältnissen an Mittel- und Niederrhein eröffnen F. Langenbecks Untersuchungen „Vom Weiterleben der vorgermanischen Toponymie im deutschsprachigen Elsaß"[78]. Im Gegensatz zu der früher von ihm selber geteilten Ansicht von A. Schulte[79], daß das elsässische Namenbild mit seinem ausgeprägten Vorwiegen der germanischen Siedlungsnamen darauf schließen lasse, daß hier die alemannische und fränkische Landnahme mit besonderer Rigorosität vor sich gegangen sei, ist der inzwischen verstorbene Forscher nunmehr der Meinung, daß im Elsaß unmittelbar nach der Landnahme ein sehr viel differenzierteres Namenbild bestanden haben müsse als später und dieses erst nach dem Abklingen einer Periode der Zweisprachigkeit auf dem Wege des sprachlichen und toponymischen Ausgleichs der späteren Einheitlichkeit des Namenbildes gewichen sei. Auch im Elsaß vermochten sich freilich die Namen der von den Römern überkommenen Mittelpunkte des fränkischen Königs- und des Bischofsgutes (Marilegia-Marlenheim, Zabern, Colmar, Selz, Brumath usw.) dem Ausgleichungsprozeß weitgehend zu entziehen aufgrund der Tatsache, daß sich an diesen Verwaltungsmittelpunkten in besonderem Maße die verwaltungserfahreneren Galloromanen halten konnten. Auch im Elsaß erwies sich ferner nach Langenbeck die Landschaft mit der ausgeprägtesten frühen Siedlungsmischung und demgemäß ausgeprägtesten frühen Zweisprachigkeit, der Grenzabschnitt zwischen Sundgau und Burgundischer Pforte, als die Zone verbreitetster Doppelnamigkeit vor allem bei den Namen vom Typus *-dorf/-court*. Mit der Herausbildung einer scharfen Sprachgrenze sei dieser Zustand jedoch, wiederum aufgrund der vereinheitlichenden Wirkung des Sprach- und Namenausgleichs, auf beiden Seiten bis auf die Sprachgrenze zurückgewichen.

Neue Ausblicke auf die Existenz einer romanischen Namenschicht im Breisgau und im Schwarzwald im Frühmittelalter eröffnete ferner W. Kleiber[80]. Ganz wie in Asse und Niederländisch-Limburg wurde freilich auch gegenüber der von Kleiber nachgewiesenen nichtdeutschen Namenschicht am rechten Oberrhein die Frage aufgeworfen, wie weit es sich bei ihr um Kontinuität aus vormittelalterlicher Zeit und nicht viel mehr um den Niederschlag einer Zuwanderung handele, die erst im Frümittelalter mit westfränkischen Grundherren oder romanischer Bergbausiedlung ins Land gekommen sei [81].

Ein Musterbeispiel für die Erforschung der frühmittelalterlichen Sprach- und Siedlungsprobleme des gesamten germanisch-romanischen Überschichtungsgebietes verdankt die Toponymie schließlich der neueren Schweizer Sprach- und Namenforschung, über die St. Sonderegger auf einer den Aspekten des germanisch-romanischen Zusammenlebens gewidmeten Bonner Institutstagung umfassend berichtet hat [82]. Nirgends sonst ist der mehrhundertjährige Prozeß der Berührung, Überschichtung, Durchdringung Mischung und Entmischung der Siedlung und der Sprachen, der der Herausbildung geschlossener Sprach- und Siedlungsräume und der Entstehung einer durchlaufenden germanisch-romanischen Sprachgrenze voranging, mit solcher Allseitigkeit und Anschaulichkeit zu verfolgen. Auch die Probleme der doppelsprachigen Orts- und Landschaftsnamen, von denen sich in der Schweiz rund 500 nachweisen lassen, und des Ortsnamenausgleichs werden hier in ihrer ganzen Komplexheit beleuchtet *[83].

Zu den methodisch neuartigsten und zugleich sprach- und siedlungsgeschichtlich aufschlußreichsten Veröffentlichungen der letzten Jahrzehnte aus dem Inneren der Romania gehören die Untersuchungen von R. Schmidt-Wiegand über den sprachlich-rechtlichen Wechselbezug zwischen den fränkischen Ortsnamen und den fränkischen

---

* Vgl. hierzu Sondereggers Karte der doppelsprachigen Orts- und Weilernamen im Kartenanhang dieses Bandes!

Volksrechten samt den sie erläuternden Texten[84]. Neue methodische Wege beschreitet sie mit ihrem Bemühen, auch die unterschiedliche räumliche Lagerung und zeitliche Schichtung der Ortsnamen und der mit ihnen korrespondierenden Rechtsbegriffe in ihre Überlegungen miteinzubeziehen und für die fränkische Sprach- und Siedlungsgeschichte fruchtbar zu machen. Aus der Beobachtung, daß die Verbreitung der fränkischen -heim-Namen im Innern des fränkischen Sprachgebiets erheblich weniger weit nach Süden reicht als die der Ortsnamen auf -sele[85], obwohl dieser Terminus gegenüber -heim damals in der fränkischen Rechtssprache bereits entschieden auf dem Rückzug war, möchte sie folgern, daß auch im Innern des Pariser Beckens Namenausgleich zuungunsten von -heim stattgefunden habe[86]. Zu klären, ob mit solchen Feststellungen in der Tat ein Mittel gewonnen ist, in das nach wie vor umstrittene Probleme des Ortsnamenausgleichs im Innern der nationalen Sprachgebiete[87] mehr Licht zu bringen, bleibt eine wichtige Aufgabe künftiger Forschung.

Diejenige Kategorie fränkischer Namen, an der die große Neuüberprüfung der fränkischen Sprach- und Siedlungsgeschichte im letzten halben Jahrhundert so gut wie vorübergegangen war und die infolgedessen auch in der bisherigen Diskussion nur eine ganz untergeordnete Rolle gespielt hat, waren bis vor kurzem die Personennamen[88]. G. Kurth[89] und bereits vor ihm französische Forscher wie A. Longnon[90] hatten hier so überzeugend die Grenzen für ihre sprach- und siedlungsgeschichtliche Verwendungsmöglichkeit deutlich gemacht, daß niemand das wieder grundsätzlich in Zweifel zu ziehen geneigt sein kann. Gleichwohl aber ergab sich ein legitimes Bedürfnis für die Forschung, die reichen Bestände an Personennamen aus den westfränkischen Gebieten, die sich in den zeitgenössischen Quellen erhalten haben, systematisch zu sammeln und in einer den modernen Untersuchungs- und Erkenntnismöglichkeiten entsprechenden Weise auch für die frühmittelalterliche Sprachgeschichte fruchtbar zu machen. Die ersten Ergebnisse der vor allem mit den Namen von Eugen Ewig und Rudolf Schützeichel verbundenen Forschungsinitiative[91] erlauben bereits die Feststellung, daß das uns erhaltene Namenmaterial erheblich differenziertere Aussagen zuläßt als bei Kurth, der unter dem Einfluß seiner siedlungsgeschichtlichen Grundthese vom Abruch der germanisch-fränkischen Siedlung an der späteren Sprachgrenze dazu neigte, praktisch jeden Träger eines germanischen Namens in der karolingischen Nordgallia als einen Romanen anzusehen: „Die Wirklichkeit hat sicherlich viel komplexer ausgesehen, als es sich Kurth vorstellte. Germanische Namensträger stehen neben romanischen Namensträgern. Namen, die noch stärker mit germanischen Sprachzusammenhängen in Kontakt sind, stehen neben Namen, die von der romanischen Umgebung beeinflußt worden sind"[92]. Auch die Annahme einer völligen Isolierung der Namen aus Saint-Germain-des-Prés, also dem Zentrum der karolingischen Nordgallia, innerhalb des übrigen germanischen Rufnamenschatzes bestätigte sich keineswegs.

Andererseits ergaben sich aber auch einschneidende Unterschiede zwischen dem Namenbefund in den nordgallischen Kerngebieten des ehemaligen Frankenreichs und dem in den südfranzösischen Gebieten. Während im Polyptychon Irminonis der Abtei Saint-Germain-des-Prés nach Longnon neunmal mehr Namen germanischer als solche romanischer Provenienz enthalten sind, begegnet uns in dem vergleichbaren Polyptychon Wadaldi, einem Besitzverzeichnis der Kathedralkirche und der Abtei St. Victor von Marseille aus dem Jahre 814, nach H. Thomas[93] ein Prozentsatz von 53% romanischer Namensträger. Auch die Verhältnisse in der Trierer Kirche stehen dazu nicht im

Widerspruch. Denn das von R. Bergmann unter Zustimmung von R. Schützeichel aufgrund einer Anzahl vergleichbarer Personennamen für Trier in Anspruch genommene Diptychon Barberini ist, wie Thomas m. E. überzeugend darlegt, ebenfalls der provençalischen Romania zuzuweisen [94].

Nichts zeigt wohl deutlicher, daß die Annahme der germanischen Namen durch die übergroße Mehrzahl der Romanen in den Kernteilen des Westfrankenreiches kein Ausfluß einer bloßen Mode war, sondern die Folge einer alle Lebensbereiche erfassenden germanisch-romanischen Symbiose, bei der die fränkischen Führungsschichten des Reiches in einem wahrhaft erstaunlichen Maße prägend zu wirken vermochten.

3. DAS ZEUGNIS
DER SPRACH- UND VOLKSGESCHICHTE

In Bericht I wurde von mir referiert über die weit ausgreifenden Versuche, in denen Th. Frings und W. v. Wartburg etwa gleichzeitig mit E. Gamillscheg, aber über dessen Auffassung in wichtigen Punkten noch hinausgehend, grundlegende Neuerungen der Sprachgeschichte der fränkischen Nachfolgevölker in der Germania Romana und der Romania Germanica unmittelbar auf die durch die fränkische Landnahme vermittelten sprachlichen Impulse zurückführten, sowie über die dadurch in den philologischen Fachkreisen ausgelöste intensive und vielschichtige Diskussion[95]. Deren Ende ist auch heute noch nicht abzusehen. Mit der für den Historiker gebotenen Vorsicht sei trotzdem versucht, einige wesentliche Zwischenergebnisse daraus hier festzuhalten.

Als erstes ist hervorzuheben, daß ein Zurück zu der Meinung von H. Pirenne, wonach weder die Phonetik noch die Syntax des Französischen den geringsten germanischen Einfluß erkennen ließen[96], sich heute endgültig als unmöglich erwiesen hat. „Zur Merowingerzeit dürften", so stellte 1973 der Romanist und frühere sprachwissenschaftliche Mitarbeiter W. v. Wartburgs M. Pfister als ein übereinstimmendes Ergebnis der romanistischen Forschung der letzten Jahrzehnte und eigener Untersuchungen über die dialektale Gliederung Nordfrankreichs vor 1200 fest, „entscheidende Lautveränderungen wie z. B. die Abschwächung von -*a* > -*e* eingetreten sein, dann die Diphthongierung von *á* > *ae, ebenso die Palatalisierung von *u* > *ü*.

Diese drei Neuerungen erreichten den franko-provençalischen Raum z. T. nicht mehr und führten neben anderen Merkmalen zur Ausgliederung dieses Randgebiets als neuem Sprachraum. Bei der Palatalisierung $u > ü$ läßt sich eine Staffelung feststellen: ein folgender Nasal hemmt die Ausbreitung der Palatalisierung. In der Pikardie z. B. sind noch bis ins 13. Jahrhundert Graphien auf -onne ($<$ -una) anzutreffen. Im Ostwallonischen (Liégeois) ist die velare Klangfarbe u bis heute bewahrt, im Gesamtwallonischen wenigstens vor folgendem Nasallaut. Ähnlich dürfte es der Gleitlautinnovation ergangen sein: Randgebiete vor allem im Osten (Wallonie — Pikardie — Lorraine) wurden von dieser Lauterscheinung nicht mehr erfaßt"[97]. Instruktive Verbreitungskarten illustrieren den geschilderten Befund: Durchweg heben sich auf ihnen die dem niederländischen und deutschen Sprachgebiet benachbarten romanischen Sprachräume von einem innerfranzösischen Kernraum ab, der im Süden seinerseits wieder durch den Block der südfranzösischen Mundarten begrenzt wird[98]. Darüber, daß die bei den behandelten Lauterscheinungen zu beobachtende Nord-Süd-Staffelung kein Werk des Zufalls oder lediglich naturgegebener Umstände ist, gibt es für den sprachgeographisch geschulten Betrachter keinen Zweifel. So zeigt das resistente Verhalten, das die gesamten an die germanisch-romanische Sprachgrenze anstoßenden romanischen Sprachräume gegenüber lautlichen Neuerungen aus dem Innern der Romania an den Tag legten, daß bei der Ausbildung der Sprachräume in dieser Außenzone der Romania die dort besonders ausgeprägte Symbiose und Wechselwirkung mit der germanischen Sprachwelt — mag sie nun auf siedlungsmäßige oder sonstige Einwirkungen oder eine Kombination aus beiden zurückzuführen sein — eine ausschlaggebende Rolle gespielt haben muß. Für die galloromanische Syntax fehlt bisher eine zusammenfassende Darstellung der fränkisch-germanischen Superstratseinflüsse. Daß sie auch in diesem Bereich der Sprache vorhanden waren, wird sowohl von Hilty[99] wie Pfister[100] übereinstimmend hervorgehoben.

Auf der anderen Seite freilich sieht sich der heutige Romanist nicht mehr in der Lage, mit der gleichen Bestimmtheit und Direktheit wie einst Frings, v. Wartburg oder Gamillscheg den Aufbau und die Ausgliederung der Sprachgebiete auf ganz konkrete Vorgänge und Besonderheiten bei der fränkischen Landnahme oder den übrigen frühmittelalterlichen germanischen Siedlungseinwirkungen zurückzuführen. An die von Gamillscheg lange Zeit mit Zähigkeit verfochtene Meinung, daß sich in gewissen sprachlichen Besonderheiten insbesondere in der Toponymastik die ursprünglichen Verschiedenheiten salischer oder ripuarischer Namengebung spiegeln, glaubt heute wohl auch unter den Sprachforschern kaum jemand mehr[101]. Aber auch, wenn v. Wartburg[102] und Schürr[103] eine Erscheinung wie die starke Veränderung der Tonvokale in freier Silbe im Französischen sowohl chronologisch wie geographisch und sprachlich in unmittelbare Verbindung mit der Landnahme der Franken im fünften und sechsten Jahrhundert bringen, sieht die jüngere romanistische Forschung in einer solchen Erklärung eine viel zu direkte Inbeziehungsetzung von durch Jahrhunderte getrennten Erscheinungen. Vollends bescheidet sie sich gegenüber Steinbachs und Frings' These von dem über Südfrankreich nordwärts vordringenden Vorstoß der Mittelmeerkultur und die dadurch ausgelösten grundlegenden sprachraumgestaltenden Wirkungen[104] mit der sich vorsichtig zurückhaltenden Feststellung, daß ein solcher Einfluß dieses großen kulturellen Gefälles auf die sprachliche Gestaltung Nordfrankreichs sich nicht nachweisen lasse[105]. Bei der Verbreitung des fränkischen Superstrats über die nordfranzösischen Gebiete schließlich bezweifelt sie die Möglichkeit des direkten Rückschlusses von der Verbreitung der fränkischen Elemente und deren Intensität in jüngerer Zeit auf die fränkische Kolonisation und ihre Stärke in der Landnahmezeit selber, da nicht wenige der fränkischen Ausdrücke in merowingisch-karolingischer Zeit Eingang in den lebendigen Sprachschatz der damaligen westfränkischen Kernlandschaft gefunden haben dürften und ihre Ausbreitung über die übrigen Teile des romanischen Sprachraums zum guten Teil erst auf dem Wege über die merowingische und karolingische Kanzlei erfolgt sein werde [106].

Diese letzte Feststellung verdient besondere Beachtung. Sie ist eine unübersehbare Warnung vor jedem direkten Rückschluß von dem Umfang und der Verbreitung der sprachlichen Entlehnungen aus dem Fränkischen auf die Stärke und Reichweite der einstigen germanisch-fränkischen Landnahmeprozesse, gegen den wir in Übereinstimmung mit H. Meier schon in Bericht I unsere Bedenken erhoben hatten [107]. Was hingegen die Zurückhaltung der heutigen Philologen gegenüber der s. Z. von Frings und Steinbach aufgestellten und durch v. Wartburg und mein „Volkserbe" aufgenommenen These von dem innigen Zusammenhang zwischen europäischer Kulturdynamik und Sprachraumgliederung im Frankenreich angeht, so wäre es mit Sicherheit falsch, aus dieser Reserve zu folgern, daß mit ihr schon die Steinbach-Fringssche Konzeption als solche erledigt wäre. Schwierigkeit des philologischen Nachweises und tatsächliches Vorhandensein sind zwei verschiedene Dinge. Ich bin überzeugt, daß in dieser Frage von seiten der Sprachwissenschaft noch nicht das letzte Wort gesprochen ist. Wären doch z. B. Aufbau und Gliederung des benachbarten niederländischen Sprachbereichs ohne das Wechselspiel zwischen nordsüdlichen und südnördlichen Impulsen überhaupt nicht zu verstehen [108].

Bezüglich der inneren Gliederung der Kernzone des westfränkischen Sprachraumes im Frühmittelalter darf man dessen Mittelpunkt, wie Pfister sehr überzeugend darlegt[109], nicht einseitig und ohne Unterbrechung über die Jahrhunderte hinweg im engeren Umkreis von Paris suchen. Von der cathedra regni der Merowingerzeit unter Chlotar II. (584—629) und Dagobert I. (629—639) führt keine direkte sprachgeschichtliche Verbindung zu dem überregionalen Ausstrahlungszentrum, das Paris und Saint-Denis seit den Tagen Philipp Augusts (1180—1223) in sprachlicher Beziehung darstellten. Die sprachliche Innovationszone der ersten, vom 6.—8. Jahrhundert reichenden Phase umfaßte ferner nicht nur die Ile-de-France, sondern, entsprechend der räumlichen Verteilung der merowingischen Teilresidenzen und der führenden geistlichen Mittelpunkte des Westfrankenreiches in dieser Zeit, auch das südliche Zentrum Frankreichs und Teile des Loirebeckens. Ihr Einfluß wurde sodann vom 9. bis zur Mitte des 12. Jahrhunderts abgelöst durch eine Phase, in der das sprachliche Gefälle in Nordfrankreich nicht mehr süd-nördlich, sondern von Nordosten nach Südwesten gerichtet war. Als aktivste kulturelle Zentren hoben sich nunmehr heraus im pikardisch-flandrisch-wallonischen Raum die Abteien Corbie, Saint-Riquier und Saint-Amand sowie Laon. Erst seit es Philipp August Anfang des 13. Jahrhunderts gelungen war, die territoriale Führerstellung der kapetingischen Monarchie zu sichern und auch die Normandie, das Orléanais und die Champagne territorial eindeutig dem direkten Einfluß der französischen Krone unterstanden, festigte sich der Mittelpunkt der sprachlichen Ausstrahlung endgültig im Pariser Raum.

Neu belebt haben sich in den letzten Jahren auch die Erörterungen über den Verlauf und die zeitliche Provenienz der Südgrenze der zentralfränkischen Kernzone in

Frankreich. Zunächst hatte es lange Zeit geschienen, als werde sich die zuerst 1908 von J. Jud aufgrund sprachgeographischer Beobachtungen aufgestellte These von einem Grenzverlauf, der die Loire im Süden begleite und sich östlich zum Plateau von Langres hinüberziehe[110], völlig unangefochten behaupten. Sowohl Gamillscheg[111] wie auch v. Wartburg[112] hatten Juds Anschauung übernommen und sie mit namen- und siedlungskundlichen Argumenten weiter unterbaut. Auch von der allgemeinen politischen Geschichte her bietet sich ja die Inbeziehungsetzung dieser Grenze zur Grenze des Chlodwigreiches gegenüber den Westgoten ohne weiteres an[113]. Indessen hat vor kurzem v. Wartburgs ehemaliger Mitarbeiter Pfister — in Berichtigung eigener früherer Auffassungen und in Weiterführung bereits von J. Wuest und anderen geäußerter Zweifel[114] — zwar nicht die Existenz der von Jud herausgestellten Grenze als solcher, wohl aber ihre Rolle als zentrale fränkische Siedlungs- und Kulturgrenze gegenüber dem Südfranzösischen entschieden in Zweifel gezogen[115] oder doch sehr stark relativiert. Nach seiner Meinung « ce n'est pas une ligne, mais une bande frontière, qui, en Poitou est plus ancienne que l'époque des Francs et qui est déterminée principalement par la situation topographique. La délimitation méridionale des éléments lexicaux franciques dépend moins de la colonisation franque sporadique au sud de la Seine que de la force d'irradiation linguistique de l'Ile-de-France à partir du moment, où un élément francique a été accepté dans la langue de l'ancien français de Paris »[116]. Man wird, wie schon gesagt, Pfister darin zustimmen müssen, daß es, soweit überhaupt, jedenfalls nicht unmittelbar und auch nicht allein die größere oder geringere Stärke der fränkischen Siedlung war, auf die diese innerfranzösische Sprach- und Kulturscheide zurückzuführen ist, auf der anderen Seite aber auch nicht in Abrede stellen dürfen, daß sie durch die fränkische Landnahme und Reichsgründung und deren Folgewirkungen nachhaltig vertieft worden ist.

Wertvoll für die Beurteilung der Landnahmevorgänge in Nordgallien ist Pfisters Feststellung, daß die romanische Sprachwissenschaft Anhaltspunkte weder für eine Unterteilung der Franken in Salier und Ribuarier während ihrer Landnahme in Nordgallien, noch auch für die Unterscheidung von zwei räumlich klar getrennten Ausbreitungsstößen beizubringen vermag, von denen der eine seinen Ausgang aus den Niederlanden, der andere vom Rhein her genommen hätte. Die Lütticher Wallonie und die südlich anschließenden ostfranzösischen Gebiete, die nach Gamillschegs Ribuarierthese die Kernzone des Ribuarischen sein sollten, erweisen sich vielmehr als eine ausgesprochene Erhaltungszone altniederfränkischer Sprachgewohnheiten, darunter auch solcher, die Gamillscheg als typisch salisch hatte in Anspruch nehmen wollen [117].

Den dynamischsten Abschnitt der ganzen germanisch-romanischen Kontaktzone bildeten auch in der romanischen Sprachentwicklung die flandrich-pikardischen Gebiete. Lückenlos decken sich hier die Ergebnisse der romanischen Sprachwissenschaft mit denjenigen der Sprachgrenzforschung des letzten halben Jahrhunderts bis hin zu M. Gysseling [118]. Während jedoch Forscher wie Gysseling oder H. Kuhn [119], von der Toponymie ausgehend, den Nachdruck mehr auf die frühen und merowingerzeitlichen germanisch-romanischen Überschichtungen legen, bleiben in diesem Raume die Frühphasen für den Romanisten weithin überdeckt durch die gerade hier sich noch in spätfränkischer Zeit abspielenden Siedlungs- und Sprachbewegungen (Angelsachsen, Friesen, Normannen usw.). Dabei wird allerdings manches, was Pfister in den Bahnen Gamillschegs als Ergebnis einer „Nachwanderung" betrachtet, ebensogut oder besser als Sprach- oder Kulturbewegung im Bereich der Nordseeküste gedeutet werden können[120]. Das Problem verdiente noch einmal eine Sonderuntersuchung, in der auch die ständige Wechselwirkung zwischen den Sprach- und Siedlungsbewegungen einerseits, der politischen und kulturellen Gesamtentwicklung andererseits vermehrte Berücksichtigung fände. Für das Teilgebiet der nördlichen Niederlande besitzen wir dafür bereits die instruktive Übersicht von D. P. Blok[121]. Auch hier stehen freilich noch einzelne Fragen offen[122].

Wenden wir den Blick zu den Rheinlanden, so ist, wie sich bereits aus den archäologischen und namenkundlichen Ausführungen in den beiden vorangehenden Kapiteln ergab, eines der bemerkenswertesten Ergebnisse der rheinischen Frühmittelalterforschung der letzten Jahrzehnte die schärfere Herausarbeitung der provinzialrömischen Komponente in der Bevölkerungsentwicklung. Insbesondere reichte die Moselromania[123] in fränkischer Zeit noch entschieden über den Trierer Raum hinaus bis hinunter nach Koblenz, und auch am Rhein steht innerhalb der Schiefergebirgszone der Verbleib von bedeutenden romanischen Bevölkerungsteilen außer Zweifel. Das Vorherrschen der vordeutschen Ortsnamen zwischen Andernach und Bingen und das Fortleben nicht weniger vordeutscher Flurnamen spricht eine deutliche Sprache und wird bestätigt nicht nur durch das Auftauchen einzelner lateinisch-christlicher Personennamen in Inschriften und auf Grabsteinen aus der Merowingerzeit, sondern, wie im archäologischen Kapitel des näheren ausgeführt, der uns hier begegnenden, von den normalen fränkischen abweichenden Grabsitten[124].

Auf dem Lande ist mit der Erhaltung der romanischen Bauernbevölkerung vor allem dort zu rechnen, wo das fränkische Königtum Fiskalbesitz aus römischer Hand übernahm. Aber auch im Bereich der allmählich verfallenden privaten villae rusticae überdauerten Teile der bäuerlichen Unterschicht den Zusammenbruch der römischen Herrschaft. Sie wurden von den neuen fränkischen Herren abhängig und wohl z. T. an die neuen Höfe verpflanzt. Vor allem hat sich, wie sich heute aufgrund vielfältiger Beobachtungen archäologischer, baugeschichtlicher und sonstiger Art mit Bestimmtheit sagen läßt, trotz des Untergangs der römischen Munizipalverfassung und des Verfalls der Mauern ein mehr oder weniger großer Teil der vorfränkischen Bevölkerung in den rheinischen Städten und den meist befestigten größeren Römerorten erhalten. So wenig wie für Trier glaubt die Forschung heute noch für Mainz oder gar für die Niederrheinmetropole Köln an eine zeitweilige Verödung der Innenstadt. Überdauerte im Kölner Rheinviertel doch sogar die Judenkolonie die Wirren des 5. Jahrhunderts! Bei den Provinzstädten (civitates) der Römerzeit, die nicht Metropolen waren, war der Grad der Bevölkerungskontinuität landschaftlich unterschiedlich groß. Am deutlichsten war sie in Worms, Straßburg und Maastricht, während nicht nur bei Nimwegen und der ehemaligen civitas Trajanensium Xanten am Niederrhein, sondern auch bei Speyer am Oberrhein mit einer Siedlungszäsur zu rechnen sein wird. Träger römisch-fränkischer Kontinuität waren aber auch, wie schon früher berührt, viele castra und vici der Römerzeit. Daß in dem an der Nordgrenze der einstigen civitas Agrippinensium gelegenen, für Römer und Franken gleich bedeutsamen militärischen Stützpunkt Gelduba-Gellep der Übergang von der Römer- zur Frankenzeit nach Ausweis der dortigen großen Gräberfelder geradezu „nahtlos" (Ewig) gewesen sein muß, wurde schon hervorgehoben. Weiter rheinaufwärts reichte die Zone der castra mit deutlicher Siedlungs- und Bevölkerungskontinuität bis etwa nach Worms. Von den Kastellen dieser Zone haben bis auf Jünkerath in der Eifel und Pachten an der Saar sämtliche castra die Ablösung der römischen durch die fränkische Herrschaft überstanden, d. h. an der Rheinlinie die Kastelle Bonn, Remagen, Andernach, Koblenz, Boppard, Kastellaun auf dem Hunsrück, Bingen, Kreuznach und Alzey; an der Römerstraße Köln–Trier Zülpich und Bitburg; an der Straße Mainz–Bingen–Trier Neumagen; an der Saar Saarbrücken. Mit den Orten selber aber erhielt sich hier in der Regel im Schoße der romanischen Bevölkerung zugleich das Christentum. Aber auch umwehrte Herrensitze und Bergbefestigungen zum Schutze benachbarter ländlicher Siedlungen dienten der Provinzialbevölkerung in der Zeit des Herrschaftsumbruchs mitunter als Rückhalt — so in Kastel bei Serrig und in Kastel über der Saar. Alles in allem bildeten — so lautet das Ergebnis von E. Ewigs neuester Darstellung der Frankenzeit am Rhein, deren knapper Zusammenfassung wir vorstehend in der Schilderung der Siedlungs- und Bevölkerungskontinuität weitgehend gefolgt sind [125] — längs der gesamten Mosel und im Rheintal zwischen Koblenz und Bingen die Romanen in der Merowingerzeit anfangs noch „den Grundstock der Bevölkerung".

Noch nicht ausdiskutiert ist die durch H. Kuhn in den letzten Jahren mit Vehemenz in die Debatte geworfene Frage nach dem realen Anteil, den die Rheinlande und insbesondere der kölnische Niederrhein an der Ausbreitung und Reichsgründung der Franken genommen haben [126]. Vor ihm hatte sich bereits in den 50er Jahren aufgrund von Ewigs kritischer Durchleuchtung der schriftlichen Überlieferung [127], wovon vorgreifend bereits hier die Rede sein muß, die Erkenntnis durchgesetzt, daß die bei der älteren Frühmittelalterforschung übliche Untergliederung der Franken in salische und ribuarische Franken quellenmäßig nicht zu halten ist. Doch hatte man gleich Ewig in der Sache selber ziemlich allgemein an der Annahme festgehalten, daß die Rheinlande und insbesondere der kölnische Niederrhein neben den Niederlanden eine gleichgewichtige Basis für die fränkische Westausbreitung bildeten.

Quellenmäßig galt der uns beim Kosmographen von Ravenna entgegentretende Begriff einer die Rhein- und Mosellande einheitlich umschließenden Francia Rinensis dafür als willkommener Hinweis[128]. Die in seinem Werke enthaltene Angabe über die fränkische Ausbreitung am Rhein im 5. Jahrhundert erschien, obwohl es — allerdings unter Verarbeitung älterer Vorlagen — erst mehrere Jahrhunderte später niedergeschrieben wurde, um so glaubhafter, als nach ihm am Mittelrhein eine Aufteilung der Gebiete zwischen den Alemannen und den Franken bestanden haben muß, die Mainz den Franken, Worms hingegen noch den Alemannen zuschreibt, was sich unmittelbar mit der geschichtlichen Situation um die Mitte des 5. Jahrhunderts in Einklang bringen läßt, in der zwar das mittelrheinische Burgunderreich durch Aetius 436 bereits zerschlagen worden war, die entscheidende Auseinandersetzung zwischen Franken und Alemannen um die Macht am Rhein 496 aber noch ausstand. Namentlich R. Schützeichel machte sich in seinem 1960 der Kölner Philosophischen Fakultät als Habilitationsschrift vorgelegten Werke über „Die Grundlagen des westlichen Mitteldeutschen"[129] — der ersten umfassenden Neudurchdenkung der Grundlagen der rheinischen Sprachgeschichte seit Frings, Steinbach und Bach — die von Ewig in Abweichung von seinem Lehrmeister W. Levison[130] vorgenommene historiographische Wiederaufwertung des Ravennater Anonymus voll zu eigen. Durch sie und seine übrigen Untersuchungen zur Frühzeit der rheinischen Landschaft habe Ewig „die beinahe unverwüstlichen Fundamente rheinischer Landschaftsgliederung" und damit zugleich der rheinischen Sprach- und Siedlungsgeschichte freigelegt[131]. Köln und das spätere Ribuarien bildeten, wie Schützeichel feststellt, den Strahlungsherd und entscheidenden Vermittler für die Frankisierung aller rheinischen und den Rheinlanden im Westen vorgelagerten Gebiete bis hinauf nach Worms und hinüber zur oberen Mosel. Skeptischer als Ewig und Schützeichel beurteilt E. Zöllner in seiner Neubearbeitung von L. Schmidts „Geschichte der Franken"[132] den historischen Aussagewert der Angaben des Kosmographen, teilt aber im übrigen die Auffassung von den rheinischen Franken als einem weitgehend selbständigen, den Saliern an Bedeutung gleichwertigen Hauptast der Franken und von der Bedeutung Kölns als zentraler rheinisch-fränkischer Residenz.

Anders H. Kuhn[133]. Er begnügt sich nicht damit, wie manche anderen Frühmittelalterforscher vor und nach Ewig die Glaubwürdigkeit der auf die Rheinlande bezüglichen Angaben des Kosmographen in Zweifel zu ziehen, sondern bestreitet — worauf wiederum in dem allgemeinen Beitrag der Geschichtswissenschaft gewidmeten Abschnitt dieses Berichtes zurückzukommen sein wird[134] — die volksgeschichtliche Relevanz der gesamten, durch minuziöse Sammlung der verstreuten zeitgenössischen Quellenaussagen und ihre Kombination mit dem Befund anderer landeskundlicher Disziplinen gewonnenen Ergebnisse, auf die Ewig sein Bild von der fränkischen Ausbreitung und Reichsgründung vorzugsweise begründet hat. Nur das läßt er im wesentlichen davon gelten, was sich aus dem sprach- und namenkundlichen Befund in ähnlicher Weise ableiten läßt. Das Ergebnis, das dabei herauskommt, trägt gleichwohl zum Teil verwandte Züge mit demjenigen Ewigs. Namentlich ergibt sich in der Frage nach dem Fortleben der provinzialrömischen Bevölkerung am Rhein in fränkischer Zeit, wie auch Ewig feststellt[135], eine relativ weitgehende Übereinstimmung der beiderseitigen Auffassungen. Denn auch Ewig rechnet — in Korrektur früherer, von H. v. Petrikovits vertretener Anschauungen von einer teilweisen Germanisierung des linken Niederrheins schon im 3./4. Jahrhundert[136] — aufgrund nochmaliger Überprüfung der Quellen[137] und im Einklang mit den Ergebnissen der jüngeren Forschung zur politischen und militärischen Geschichte der Rheingrenze[138] mit dem Beginn ständiger fränkischer Niederlassung am linken Niederrhein nicht vor dem 5. Jahrhundert und, wie vorstehend bereits ausgeführt, dem Fortleben eines Grundstocks der provinzialrömischen Bevölkerung am Rhein noch während der Merowingerzeit. Erst wo es um die Rolle des fränkischen Bevölkerungselements in den Rheinlanden seit der Mitte des 5. Jahrhunderts geht, zeigt sich die Diskrepanz der methodologischen und sachlichen Standpunkte beider Forscher.

4. DIE SPRACHGRENZE

Dieses Kapitel kann verhältnismäßig kurz sein, da die Zahl der noch strittigen Probleme erheblich geringer geworden ist. Allerdings erschienen auch in der Berichtszeit eine Vielzahl neuer Veröffentlichungen; die Erforschung der konkreten Sprachzustände und bestimmter Einzelfragen nahm in den einzelnen Abschnitten der Sprachgrenze ohne Unterbrechung ihren Fortgang[139], insbesondere wo diese eine wichtige öffentliche Funktion im Leben des Staates besitzt wie in Belgien[140]. In den fünfziger Jahren kam es ferner, etwa gleichzeitig mit der Erstausgabe dieses Berichts und z. T. durch ihn veranlaßt, nochmals zu einigen grundsätzlichen Stellungnahmen belgischer Historiker zum Sprachgrenzproblem, bei denen die Akzente im einzelnen zwar z. T., sehr verschieden von den hier vertretenen Auffassungen gesetzt wurden, man sich in der Kernfrage über die Entstehung der Sprachgrenze im ganzen aber aufeinander zubewegte. Wichtigster Differenzpunkt blieb die Zahlengröße der germanischen Niederlassungen in der Romania, für die es einigermaßen verläßliche Anhaltspunkte nicht gibt und daher dem persönlichen Ermessen ein breiter Spielraum verbleibt[141].

Über mein Zwiegespräch mit dem inzwischen verstorbenen flämischen Historiker J. Dhondt konnte in Bericht I bereits berichtet werden[142]. Ähnliche Übereinstimmungen wurden, wie F. Steinbach in einer Analyse der Grundgedanken der Schrift feststellte, auch in Ch. Verlindens Büchlein „Les Origines de la frontière linguistique et la colonisation franque" sichtbar[143]. Im Gegensatz dazu bezeichnete die von ihm selber als „travail de combat" charakterisierte Veröffentlichung des Brüsseler Neuzeithistorikers J. Stengers[144], die ausschließlich die Schriftquellen als legitimes Mittel zur Ergründung der frühmittelalterlichen Sprach- und Siedlungsbewegungen gelten lassen will, einen methodischen Rückschritt. Das betont mit Recht H. Draye[145].

In der Sprachwissenschaft ist die Tatsache, daß die germanisch-romanische Sprachgrenze in ihrem Gesamtverlauf keine unmittelbare Siedlungsgrenze und insbesondere nicht den direkten Niederschlag der fränkisch-alemannischen Landnahme der Wanderungszeit bildet, sondern, wie Steinbach 1926 als erster gegen die herrschende Meinung mit aller Grundsätzlichkeit vertrat, eine um mehrere Jahrhunderte jüngere sprachlich-kulturelle Ausgleichslinie darstellt, soviel ich sehe, heute so gut wie allgemein anerkannt. Ich nenne dafür als Beispiele: den bereits wiederholt als Kenner der Sprachgeschichte der flämisch-pikardischen Gebiete angeführten M. Gysseling[146], die ebenfalls bereits mehrfach zitierten Untersuchungen des Romanisten M. Pfister[147]; für die rheinisch-fränkischen Gebiete R. Schützeichel[148]; für das Elsaß und Südwestdeutschland Fr. Langenbeck[149] sowie für die Schweiz St. Sonderegger[150]. Eine Ausnahme macht allerdings M. Toussaint für Lothringen[151].

Was weiter zur Diskussion steht, ist ganz überwiegend nicht mehr der Ausgleichscharakter der Sprachgrenze als solcher, sondern Maß und Bedeutung der verschiedenen den Ausgleich bewirkenden Faktoren, deren Gewicht natürlich, je nach dem Charakter der Landschaft, dem Alter und der Art ihrer siedlungsmäßigen Erschließung sowie den politisch-kulturellen Allgemeinumständen sehr verschieden groß sein kann. So trägt der Prozeß der Sprachgrenzbildung in späterschlossenen Gebieten wie den Vogesen[152] oder in den alpinen Landschaften äußerlich notwendigerweise andere Züge als in der nordwestlichen Romania mit ihrer bis weit in die Vorgeschichte hinaufreichenden dichten Besiedlung. Während es im ersten Falle, obwohl auch hier Ausgleichs- und Einschmelzungsprozesse nicht fehlen, erst im Gefolge des mittelalterlichen Landesausbaus zu einer durchgängigen Berührung zwischen Romanen und Germanen und zur Herausbildung einer zusammenhängenden germanisch-romanischen Sprachgrenze kommen konnte, geht deren Bildung in den alterschlossenen Gebieten, wie in den vorhergehenden Abschnitten gezeigt, in der Regel eine längere Periode der gegenseitigen Durchdringung und der Symbiose der miteinander konkurrierenden Sprachen voraus.

Die dadurch hervorgerufene Zweisprachigkeit der Bevölkerung und ihr Niederschlag in der Toponymie der betreffenden Regionen war weiterhin Gegenstand ständiger Aufmerksamkeit. Ich verweise dafür, außer auf die in Bericht I besprochenen Arbeiten von Herbillon[153], auf die S. 145 dieses Berichts bereits erwähnten Untersuchungen des Lütticher Romanisten A. Boileau[154]. Sein Befund, daß beim Ortsnamenausgleich der von ihm untersuchten Gemeinden im Nordosten der Provinz Lüttich der Übersetzungsausgleich weitgehend hinter der einfachen sprachlichen Angleichung zurücktritt, deutet — was bei diesem erst in jüngerer Zeit romanisierten Gemeinden im Hinterland der Lütticher Metropole nicht überrascht — auf eine Form der der Romanisierung vorausgehenden Zweisprachigkeit, die sich vornehmlich auf den germanischen Bevölkerungsteil beschränkte. Allgemeine Schlüsse auf die sprachliche Situation in fränkischer Zeit und die Periode der Ausbildung der germanisch-romanischen Sprachgrenze als solcher sind nicht ohne weiteres möglich, da die politisch-kulturelle Gesamtsituation in beiden Epochen zu unterschiedlich war[155]. Es ist daher zu begrüßen, daß das Problem des

Ortsnamenausgleichs vom 12. Internationalen Kongreß der Namenforschung in Bern im August 1975 mit aller Grundsätzlichkeit erneut aufgegriffen und zum Generalthema der Tagung erhoben worden ist [156].

Weitere Fragenkreise, deren Bedeutung für die Bildung der germanisch-romanischen Sprachgrenze noch nicht ausdiskutiert ist, sind das Problem der Nachwirkung der vorvölkerwanderungszeitlichen Sprachgrenzen auf die neu sich bildende Grenze sowie die Bedeutung der s. Z. besonders von Gamillscheg [157] in den Vordergrund gerückten frühmittelalterlichen Nachwanderungen auf die Grenzgestaltung. In beiden Fällen handelt es sich um echte Probleme. Wenn freilich manche Forscher dazu neigen, die germanisch-romanische Sprachgrenze in erster Linie auf das Wiederdurchschlagen der vorfränkischen Sprach- und Bevölkerungsgrundlagen zurückzuführen, so muß demgegenüber auf den durchaus abweichenden Befund am Rhein und an der Mosel verwiesen werden, die im Grade ihrer Romanisierung zu Ausgang der Römerzeit gewiß nicht hinter den nordgallischen Gebieten zurückstanden und trotzdem zu integrierenden Bestandteilen der germanischen Sprachwelt geworden sind. Bei den sogen. Nachwanderungen läßt sich, wie in Bericht I ausgeführt [158], zwar lange nicht alles halten, was Gamillscheg als Zeugnis dafür in Anspruch nahm. Auch hat er noch ganz vernachlässigt, daß es auf heute romanischem Boden bis ins späte 9. Jahrhundert ein noch lebendig an der germanischen Sprachentwicklung teilnehmendes Westfränkisch gegeben hat [159]. Andererseits aber stehe ich auch meinerseits nicht an, festzustellen, daß die Möglichkeit und die Intensität von Nachwanderungen aus dem freien Germanien insbesondere im gesamten Nordseeküstenbereich erheblich stärker in Rechnung gesetzt werden muß, als ich das in meinem „Volkserbe" und noch in den früheren Fassungen dieses Berichts zu tun geneigt war.

Namentlich in Französisch-Flandern und längs der nordfranzösischen Küste bis hinunter zur Normandie haben, wie nach J. Mansion und anderen zuletzt M. Gysseling[160] dargelegt hat und nicht nur die Ortsnamen, sondern auch der archäologische und numismatische Befund erkennen lassen, bis in die Zeit der Normanneneinfälle neben den fränkischen auch sächsische, englische, friesische und schließlich nordgermanische Sprach- und Siedlungseinwirkungen stattgefunden. Was das in der Diskussion häufig angeführte Litus Saxonicum angeht, so hat schon H. Ehmer 1937 mit sprachlichen und archäologischen Argumenten nachgewiesen[161], daß es ursprünglich einen zur Verteidigung gegen sächsische Einfälle von den Römern errichteten Nordseeküstenschutz bezeichnete. Die nicht selten als sächsisch in Anspruch genommenen Siedlungen bei Boulogne sind nach ihm „**angelsächsische (sicherlich kentische) Gründungen aus der Zeit nach der Überwanderung**, frühestens aus der zweiten Hälfte des 6. Jahrhunderts"[162].

Noch nicht abschließend geklärt ist die sich gleichzeitig in den friesischen Abschnitten der Nordseeküste vollziehende Siedlungs- und Kulturentwicklung. Während für die Toponymie das Auftreten zahlreicher neuer *-heim*-Namen seit dem 6. Jahrhundert die Annahme einer einschneidenden Zäsur zwischen Römerzeit und Mittelalter nahezulegen scheint, vermag die heutige Archäologie diese außer von D. P. Blok[163] früher auch von dem namhaften friesischen Frühmittelalterforscher Boeles[164] vertretene Auffassung nicht zu bestätigen[165]. Könnte nicht die Auflösung des anscheinenden Widerspruchs zwischen den Aussagen der Toponymie und der Archäologie in Friesland darin liegen, daß wir es hier, wie das für das benachbarte Westfalen A. K. Hömberg 1955 in einem über Westfalen hinaus bedeutsamen Aufsatz dargelegt hat[166], bei dem im Frühmittelalter zu beobachtenden Namenumbruch überwiegend nicht mit einer Siedlungszäsur zu tun haben, sondern mit dem Aufkommen einer neuen Sitte der Namengebung? Hinter dem damaligen Namenumbruch stand dann wohl, wie in dem den Orts- und Personennamen gewidmeten Kapitel dieses Berichts bereits ausgeführt wurde[167], das von den Franken an die germanische Welt weitervermittelte römische Besitzdenken, das natürlich keineswegs mit fränkischer Siedlung gleichzusetzen ist.

Mit dem Anspruch auf eine Neudeutung der germanisch-romanischen Sprachgrenze trat 1963 P. A. Piémont hervor: Er definierte sie als die Berührungslinie zweier gegensätzlich ausgerichteter Verkehrsnetze[168]. Was an dieser These richtig ist, hat lange vor ihm schon F. Steinbach in sehr durchdachter und ausgewogener Form ausgesprochen: „Die Sprachgrenze ist nicht das unmittelbare Ergebnis des Siedlungsvorgangs, sondern beruht auf der natürlichen Scheide der vorherrschenden Verkehrsbeziehungen nach West- und Mitteleuropa"[169].

5. DAS FRÄNKISCHE SPRACH- UND SIEDLUNGSPROBLEM UND DIE GESCHICHTSWISSENSCHAFT

Der Historiker, der den Gang der Diskussion über Landnahme und Sprachgrenzbildung in den dreißiger und vierziger Jahren überblickt, kann nicht umhin festzustellen, wie sehr in der wissenschaftlichen Argumentation und Beweisführung die Zeugnisse der Archäologie, Namenkunde, Sprachwissenschaft und anderer geschichtlicher Nachbardisziplinen im Vordergrund standen und eine wie geringe Rolle demgegenüber die klassischen Erkenntnismittel der Geschichtsschreibung, die geschriebenen Quellen, spielten. Auf den Hauptgrund für diese Tatsache: die außerordentliche Armut der sog. „dark ages" an sprach- und siedlungsgeschichtlich genügend aussagekräftigen und zuverlässigen Schriftquellen, habe ich im Vorwort zu meinem „Volkserbe" näher hingewiesen[170]. Sie hat die Geschichtswissenschaft von jeher dazu gezwungen, auf die Aussagen der Nachbarwissenschaften zurückzugreifen. Auch ein Kurth, Witte oder Schiber und alle, die sich auf sie berufen, sind niemals anders verfahren.

An dieser Grundsituation hat sich bis heute nichts Entscheidendes geändert und dürfte sich aller Voraussicht nach auch in Zukunft wenig ändern. Aber je mehr die mit Hilfe der Zeugnisse der Nachbardisziplinen geführte Diskussion seit 1926 zu einer Umwertung der geltenden Auffassungen führte, desto dringlicher mußte für den Historiker bei der Tragweite der Umwertung das Bedürfnis nach einer Auseinandersetzung mit den neuen Auffassungen und zugleich nach einer systematischen Neudurchleuchtung auch der Schriftquellen werden, um ihm, wenn schon keine autonome Entscheidungsmöglichkeit in den zur Beurteilung stehenden Fragen, so doch wenigstens einen neuen fachgemäßen Ansatzpunkt für seine wissenschaftliche Mitsprache bei ihrer interdisziplinären Erörterung an die Hand zu geben. Es ist ein entschiedener wissenschaftlicher Fortschritt, daß in den letzten zweieinhalb Jahrzehnten nunmehr auch die Geschichtswissenschaft von ihren eigenen fachlichen Voraussetzungen und Möglichkeiten her mit zunehmender Nachhaltigkeit in die Diskussion der fränkischen Landnahme- und Sprachgrenzprobleme eingegriffen und den bei ihr in dieser Beziehung aufgestauten „Nachholbedarf" (Steinbach)[171] abzutragen begonnen hat. Nicht minder wichtig aber ist die damit einhergehende gründliche Neuüberprüfung ihres Verhältnisses zu den an der Erforschung des Frühmittelalters beteiligten übrigen Disziplinen und das Bemühen um eine Einarbeitung der von diesen erzielten Ergebnisse in das eigene Geschichtsbild.

Einen ersten Beitrag lieferte auch in dieser Beziehung schon Franz Steinbach mit seiner Darstellung des Frankenreiches im Brandt-Meyerschen Handbuch der deutschen Geschichte. Namentlich in der nach dem letzten Kriege erschienenen, eingehend überarbeiteten Neuauflage seines Beitrages entwirft er ein Gesamtbild von dem Ineinandergreifen der politischen und volksgeschichtlichen Kräfte in der fränkischen Geschichte, an dem die historische Frühmittelalterforschung noch für geraume Zeit nicht vorübergehen können wird[172]. Einer der ersten ausländischen Fachgenossen, der sich mit den neuen Fragestellungen und Antworten anhand der Quellen grundsätzlich auseinandersetzte, war der Brüsseler Mediävist Ch. Verlinden[173]. Das wichtigste seiner Ergebnisse, das — bei aller sonstigen Unterschiedlichkeit im Urteil, die nicht verdeckt werden soll — mit dem von Steinbach und mir vertretenen Ansichten übereinstimmt[174], war die Ersetzung des in der belgischen Geschichtswissenschaft seit G. Kurth bestehenden Junktims zwischen der fränkischen Landnahme und der Bildung der Sprachgrenze durch die Anerkennung der unlöslichen Zusammengehörigkeit von siedlungsmäßiger fränkischer Ausdehnung und fränkischer Reichsgründung — eine Erkenntnis, hinter die die Geschichtsschreibung nicht wieder zurückkönnen wird.

In den nördlichen Niederlanden, wo man die Kurthschen Anschauungen niemals voll rezipiert hatte[175], bereiteten vor allem die leider nicht zu Ende geführten Untersuchungen von W. J. de Boone über die fränkische Frühzeit bis zum Tode Childerichs, in denen er in höchst instruktiver Weise das Zeugnis der geschriebenen Quellen mit dem der münzgeschichtlichen Funde kombiniert und in die größeren räumlichen Zusammenhänge des Nordwestens einordnet[176], sowie die Arbeiten des einstigen Amsterdamer Historikers J. F. Niermeyer[177], in dessen Betrachtungsweise sich eindringende Quellenanalyse, Landesgeschichte und fachvergleichende Methode miteinander verbanden, einer überkommene Klischeevorstellungen beseitigenden, differenzierteren und dynamischeren Auffassung der fränkischen Probleme den Weg[178]. Ein besonderes Anliegen de Boones geht dahin, das Fließende der Stammesbegriffe und -gruppierungen in dem von ihm untersuchten Nordwestraum deutlich zu machen; an die Stelle der Vorstellung von einem festen Frankenbund, die er für ein Überbleibsel der Romantik hält, setzt er das zeitliche und räumliche Schwanken der Zugehörigkeit bzw. der Zurechnung der einzelnen Gruppen zu den Franken oder Sachsen. Auch nach Niermeyer war das von ihm untersuchte mittelniederländische Flußmündungsgebiet keineswegs ein in sich homogener fränkischer Völkerschaftsgau, sondern, ganz im Sinne de Boones, ein ausgesprochenes völkisches Mischgebiet, das von den Franken nur überschichtet wurde. Er unterscheidet dabei zwischen einer frühen, dem Aufbau des Frankenreiches vorausgehenden fränkischen Nordsüd-Ausbreitung und einer zweiten, dem 7./8. Jahrhundert angehörenden und sich in umgekehrter Richtung vollziehenden reichsfränkischen Durchdringung der Niederlande, bei der Siedlungs- und Kultureinwirkungen Hand in Hand miteinander gegangen seien. Auch die *homines franci*, die im mittelniederländischen Gebiet nahe der Grenze zu Friesland als die Sachwalter des fränkischen Reiches eine wichtige Rolle spielten, entstammten nach ihm zum erheblichen Teil der — ähnlich wie im Sachsenland — mit den Franken verbündeten einheimischen Führungsschicht.

Auf Niermeyers Erkenntnissen weiterbauend, verfaßte D. P. Blok seine bereits genannte Synthese über die Franken in den Niederlanden[179] auf einer gleichermaßen geschichtlichen wie landeskundlichen Grundlage; das Zeugnis der geschichtlichen Quellen und die Aussagen der Siedlungsgeographie, Archäologie, Namenforschung und Volkskunde sind darin zu bruchloser Einheit zusammengefügt. Zu einer interessanten Diskussion, die zugleich die Grenzen deutlich macht, die der Frühmittelalterforschung dort gesetzt sind, wo sie auf die geschriebenen Quellen allein angewiesen ist, kam es nach dem Erscheinen von Bloks Buch mit J. M. van Winter. Während Blok gleich Niermeyer und unter Zustimmung von C. van de Kieft in den verschiedentlich in der sogen. Ewa Chamavorum genannten *homines franci* die Politik des Königs unterstützende einheimische Adlige erblickt, hält sie Frl. van Winter für Königsfreie, d. h. Angehörige einer „königlichen Truppe von wehrhaften Kolonisten fränkischer Abkunft", die im königlichen Auftrag die einheimische Bevölkerung im Zaum zu halten hatten[180].

Etwa gleichzeitig mit den nördlichen Niederlanden kam es auch in Flandern zu einer aktiven Zusammenarbeit zwischen Sprachwissenschaft und Namenkunde einerseits, der mittelalterlichen Landes-, Siedlungs- und Wirtschaftsgeschichte andererseits bei M. Gysseling und seinem historischen Fachkollegen an der Genter Universität, A. E. Verhulst. In den schon erwähnten Vorträgen, die beide im Dezember 1968 vor der Kommission für Namenkunde und Siedlungsgeschichte der Amsterdamer Akademie hielten[181], versuchte Verhulst überzeugend, die politisch-gesellschaftlichen und wirtschaftlichen Hintergründe herauszuarbeiten, die zur Entstehung mehrerer der verbreitetsten Ortsnamengruppen in Flandern und Nordfrankreich im Frühmittelalter geführt haben. Die Ursache für die Entstehung der im ehemaligen Nordgallien vom 5.–7. Jahrhundert weithin dominierenden Gruppe der Namen auf *-iacas*, *-iaca curtis* und *-iaca ville* erblickt er in der von den Merowingerherrschern planmäßig vorangetriebenen Ausbreitung der Grundherrschaft und des Domanialsystems[182]. Was, rein namengeschichtlich betrachtet, als die Auswirkung einer bloßen Mode erscheine, erweise sich für den Sozialgeschichtler als die Auswirkung einer politisch-gesellschaftlichen und zugleich wirtschaftlichen Neuerung von größtem Gewicht.

Ebenfalls in den fünfziger und sechziger Jahren wurde auch in Frankreich durch M. Roblin der Grund gelegt für eine neue, landeskundlich vertiefte siedlungsgeschichtliche Erforschung der französischen Vor- und Frühzeit. Im Mittelpunkt von Roblins Interesse stehen zeitlich die römische und die fränkische Periode, räumlich das Gebiet um Paris und der Nordteil des Pariser Beckens, methodisch die einander ergänzenden Aussagen der Geographie, Archäologie, Toponymie, Schriftquellen, Hagiographie und ihre sachgemäße Kombination. Vorbereitet wird durch ihn für die Vor- und Frühzeit ein Corpus von historischen Ortslexiken, das eine verläßliche Unterlage für die neue siedlungsgeschichtliche Gesamtdarstellung geben soll, in der eine „toponymie concrète, figurative" vorherrscht[183]. Ein Zentralproblem in seinem vor wenigen Jahren in zweiter vermehrter Auflage erschienenen Hauptwerk[184] ist die Frage der Kontinuität zwischen der römischen und der fränkischen Zeit. Darin zeigt sich freilich, daß auch er ohne gewisse Forschungshypothesen und eine großräumigere Betrachtungsweise zur Gewinnung eines einheitlichen Gesamturteils nicht auskommt, und zwar insbesondere dort, wo es um die Frage der fränkischen Niederlassung und um ethnische Wertungen geht.

Roblins Arbeitsgebiet schließt sich unmittelbar südlich an dasjenige Gysselings an[185]. Infolgedessen ergeben sich zwischen den beiderseitigen Forschungen eine Reihe enger Berührungspunkte auch in thematischer Beziehung: Hier wie dort bilden die sprachlich hybriden Namen auf -*iacum* oder -*iacas* und die etwas jüngeren auf -*court* und -*ville* den Grundbestand der romanischen Siedlungsnamen; hier wie dort stehen hinter der Ausbildung der in dieser Weise benannten Siedlungen die fränkische Grundherrschaft als politisch-gesellschaftlich treibende Kraft und Königtum, Adel und Kirche als deren wichtigste Träger. Der Zusammenhang zwischen den römerzeitlichen und den frühmittelalterlichen Verhältnissen liegt im Verkehrssystem und bei vielen administrativen Grenzen offen zutage, ist aber, wie Roblin hervorhebt, im Bereich der Siedlung nur begrenzt. Ursache dafür ist in seinem Untersuchungsgebiet eine weitgehende Entvölkerung und ein einschneidender Rückgang der Besiedlung in der ausgehenden Römerzeit und der Übergang alles herrenlos gewordenen Landes in fränkischen Fiskalbesitz. Diesen Rückgang wieder wettzumachen, habe es zumal hier eines systematischen Landesausbaus bedurft. Als dessen Hauptträger erscheinen bei

Roblin der vom merowingischen Königtum zielstrebig zu seiner staatlichen und gesellschaftlichen Schlüsselstellung emporentwickelte, ganz vorwiegend aus der Schicht der einheimischen gallo-römischen Grundbesitzer hervorgegangene gallo-fränkische Adel im Verein mit der bodenständigen bäuerlichen Bevölkerung. Beide hätten sich im wesentlichen nur äußerlich in ihrer Namengebung, durch die Übernahme der Reihengräbersitte, der Waffenbestattung u. dgl. dem fränkischen Vorbild angepaßt. Eine gesonderte Erfassung des durch die Franken gelieferten Beitrages zur Besiedlung hält Roblin für unmöglich.

Auf Roblins Anschauungen fußend, verfaßte Mitte der fünfziger Jahre der Aubinschüler A. Bergengruen seine vieldiskutierten Untersuchungen über „Adel und Grundherrschaft im Merowingerreich"[186]. Sie bilden nach Steinbach eine unbestreitbare Bereicherung der Forschung in den die Ansätze Roblins bestätigenden Beobachtungen über den realen geschichtlichen Aussagewert der lange in ihrer Bedeutung unterschätzten Heiligenviten und beleuchten den Prozeß der Ausbildung der fränkischen Grundherrschaft in höchst instruktiver Weise. Hingegen erhebt Steinbach entschiedenen Widerspruch gegen die den Einfluß Roblins verratende Vorstellung, „daß Chlodwig von Paris her mit der zurückgebliebenen römischen Bevölkerung allein auf den Trümmern der römischen Fisci, Fundi, Vici und Kastelle neue Königshöfe schuf, während seine Kampfgenossen, mit denen er und seine Söhne Gallien bis ans Mittelmeer, ganz Süddeutschland und Mittelwestdeutschland bis nach Thüringen hinein eroberte, im Soissonais, im Namurois und im Dep. Aisne in großen Bereitschaftslagern kampierten, die landsuchenden fränkischen Bauern aber in den Randgebieten siedelten"[187].

Auf verbreitete Ablehnung seitens der Mittelalterforschung stieß vor allem Bergengruens Versuch, die

Entstehung des fränkischen Adels generell erst auf die Merowingerkönige zurückzuführen [188]. „Nach dem übereinstimmenden Zeugnis der schriftlichen Quellen gab es", so faßt F. Irsigler das Ergebnis nochmaliger Nachprüfung aller Quellen zusammen [189], „seit dem frühen 6. Jahrhundert innerhalb der fränkischen Bevölkerung eine politisch, wirtschaftlich und sozial klar abgehobene Führungsschicht, deren Angehörige aufgrund der ihnen zugeschriebenen Eigenschaft, Funktion und Lebensweise als Adel bezeichnet werden können. Durch das Zeugnis der archäologischen Quellen kann eine solche Oberschicht bis vor die Mitte des 5. Jahrhunderts zurückverfolgt werden ... Charakteristische Eigenschaften und gleichzeitig Grundlage für das Selbstbewußtsein dieser Adelsschicht waren die durch die Geburt gegebene Zugehörigkeit zu einer in hohem Ansehen stehenden Familie und der Besitz eigenständiger, nicht vom König abgeleiteter Herrschaftsrechte, und zwar Herrschaft über eigenes Land und eigene Leute, vor allem aber die Möglichkeit, über den Bereich der engeren hausherrlichen Gewalt hinaus freie Gefolgsleute an sich zu binden ... Bei der Ausbreitung und Organisation der fränkischen Herrschaft über Gallien war der König auf die Unterstützung des fränkischen Adels angewiesen und gezwungen, Amtsgewalt und bestehende Herrengewalt zu binden. Der Adel wirkte an allen wichtigen politischen Entscheidungen mit... Aus dem Fehlen eines eigenen Adelswergeldes in der Lex Salica kann nicht geschlossen werden, daß es keinen Adel gab oder der König versuchte, die rechtlichen Unterschiede zwischen Adligen und Freien aufzuheben. Vielmehr liefern die Quellen viele Hinweise darauf, daß es dem König nicht gelang, ein eigenes Adelswergeld festzusetzen."

Schon heute ist festzustellen, daß die Diskussion über das fränkische Adelsproblem durch Irsiglers Neuaufarbeitung der Probleme noch keineswegs zum Abschluß gekommen ist. So wird von Heike Grahn-Hoek — lt. Vorankündigung ihres vor der Veröffentlichung stehenden Buches zu dem gleichen Problem — ebenfalls aufgrund der Rechtsquellen und der erzählenden Quellen „die Frage nach der kontinuierlichen Existenz eines stammesfränkischen ‚Uradels' aus der Zeit vor der Völkerwanderung bis ins späte 6. Jahrhundert... negativ beantwortet"[190].

Gewisse Modifizierungen und Ergänzungen zu dem von Irsigler gezeichneten Bild erbrachte für das Westfrankenreich auch die Untersuchung der fränkischen und frankolateinischen Bezeichnungen, die die Lex Salica für die sozialen Schichten und Gruppen in der Merowingerzeit verwendet, durch R. Schmidt-Wiegand[191]. Z. B. kommt in diesem Gesetz über die Tatsache hinaus, daß es ein besonderes Adelswergeld nicht kennt, auch die Bezeichnung *Edeling* überhaupt nicht vor. Was es kannte, waren privilegierte Gruppen wie die *proceres, maiores, optimates* und *antrustiones.* Frau Schmidt-Wiegand sieht in ihnen die „Vorläufer einer neuen Adelsschicht"[192], aber noch nicht diese selbst. Deren volle Ausbildung sei wesentlich mitverursacht worden durch das Empordrängen der aus den Liten und liberti bestehenden, zum großen Teil von Romanen gebildeten westfränkischen Mittelschicht zur Vollfreiheit, wobei die bisherigen fränkischen Freien, die *leodes,* zu Herren geworden seien, während der nur über bescheidenen Grundbesitz verfügende Romane *(Romanus possessor)* diese Entwicklung nicht mitmachte.

Verhulst rechnet mit der Ansiedlung von Gruppen germanischer Großgrundbesitzer im Westfrankenreich und der Errichtung von Domänen zu ihrer besonderen Verfügung[193]. Schon vor ihm hatte auch Th. Mayer angenommen, daß der Landesausbau im Westfrankenreich unter tragender Mitwirkung des fränkischen Elements vor sich gegangen sei; er dachte in erster Linie an Königsfreie[194]. Auch an die Feststellung der modernen Personennamenforschung, daß ein Teil der damaligen westfränkischen Namen noch lebendigen Sprachzusammenhang mit der übrigen germanischen Welt erkennen läßt[195], ist in diesem Zusammenhang zu erinnern. Zugleich aber befinden wir uns, wie sich nach Schmidt-Wiegand u. a. auch aus dem weitgehenden sprachlichen Untergang der von ihr untersuchten Rechtstermini entnehmen läßt[196], damals in den westfränkischen Ursprungsgebieten des Domanialsystems in einer Periode tiefgreifenden Umbruchs aller rechtlichen und gesellschaftlichen Normen. Eines ihrer Kennzeichen war das Drängen der grundbesitzenden und handwerklichen romanischen Mittelschichten nach rechtlich-sozialer Gleichstellung mit den freien Franken. Für die massenhafte Annahme der germanischen Personennamen durch Angehörige dieser Schichten dürfte es das eigentlich treibende Motiv gebildet haben[197].

Wie bemerkenswert die bisher aufgeführten Erscheinungen aber auch sein mögen, so bliebe doch das Gesamtbild der westfränkischen Sozialstruktur durchaus einseitig und schief ohne die gleichzeitige Berücksichtigung der im Lande verbliebenen Familien des früheren römischen Senatorialadels[198] — einer zahlenmäßig begrenzten, aber dafür politisch und sozial um so einflußreicheren Schicht großer galloromanischer Grundherren. Nach K. F. Werner, der sie zum Gegenstand seines besonderen Forschungsinteresses gemacht hat, ist „weder die ‚gesondert private‘, noch die ‚öffentliche‘ Machtstellung jener begünstigten Familien im 6. und 7. Jahrhundert, also unter fränkischer Herrschaft, zerstört oder auch nur vermindert worden"[199]. Vielmehr gehörten diese Familien, wie die geschriebenen Quellen deutlich erkennen lassen und auch schon G. Kurth[200] ganz richtig sah, im Merowingerreich zur eigentlich staatstragenden Schicht. Nicht nur in Süd- und Mittelgallien finden wir sie seit frühfränkischer Zeit im Besitz der maßgebenden Ämter der Zentralverwaltung. Auch in den ganz oder überwiegend germanischen Teilen des Reiches wie den Rheinlanden spielten, wie in der Kirche, so auch beim Aufbau der Verwaltung adlige Grundherren aus Aquitanien und den westfränkischen Kerngebieten des Reiches mitunter eine konstitutive Rolle [201].

Zur genaueren Bestimmung der Anteile, die die im Frankenreich zusammengeschlossenen Völker und insbesondere ihre führenden Familien am öffentlichen Leben der verschiedenen Landschaften und Reichsteile besaßen, wird es noch umfassender Quellensammlungen wie des in Fortführung Ewigscher Vorarbeiten von R. Schützeichel in Angriff genommenen Corpus der westfränkischen Personennamen [202] und weiterer personengeschichtlicher Untersuchungen nach Art der von K. F. Werner vorgelegten und angekündigten bedürfen. Schon jetzt kann kein Zweifel daran sein, daß die Bereitwilligkeit, mit der der neue merowingische Staat nicht nur das Christentum, sondern auch das Erbe römischer Verwaltungserfahrung samt dem gallorömischen Senatorialadel als maßgebendem Vermittler übernahm, eine der wichtigsten Voraussetzungen für die Symbiose darstellte, die sich, wie wir immer wieder festzustellen hatten, im Westfrankenreich auf den verschiedensten Lebensgebieten entwickelte. Von hier erklärt sich insonderheit auch — diesem sich mit demjenigen E. Ewigs [203] deckenden Urteil K. F. Werners kann man nur zustimmen — „die alsbaldige Assimilation der führenden Schichten romanischer und germanischer Herkunft, ihrer Traditionen, rechtlichen und staatlichen Vorstellungen zu einer Symbiose, die weder römisch noch germanisch, sondern, aber nun in einem ganz neuen Sinne des Wortes fränkisch ist" [204].

Wir beschließen dieses Kapitel, in dem Vollständigkeit in der Behandlung der Probleme noch weniger angestrebt werden konnte als in den früheren, wie angekündigt, mit einer nochmaligen Erörterung zweier im Rahmen unserer Fragestellung wichtiger volksgeschichtlicher Probleme: der Rolle des Niederrheins in der frühen Merowingerzeit und dem Problem der fränkischen Stammesgliederung.

Schon in den vorangegangenen Kapiteln dieses Berichts war wiederholt die Rede von der vielseitig anregenden und befruchtenden Wirkung, die von den Arbeiten E. Ewigs auf die fränkische Sprach- und Siedlungsforschung ausgegangen ist. Sie umspannen, gleich der von ihm zum Karlswerk der deutschen Forschung beigesteuerten Descriptio Franciae [205], den gesamten Bereich des fränkischen Volkes und Staates [206]. Zu seinen für die fränkische Volksgeschichte wichtigsten Untersuchungen gehört der von den Quellen her geführte Nachweis, daß die von der älteren Frankenforschung vorgenommene und auch von der Sprach- und Namenforschung ihren Befunden lange Zeit aprioristisch zugrunde gelegte Zweiteilung der frühen Franken in eine salische und eine ribuarische Stammesgruppe eine reine Gelehrtenkonstruktion ist [207]. Eines konnte angesichts der Spärlichkeit und Brüchigkeit der frühmittelalterlichen Quellenüberlieferung freilich auch Ewig nicht gelingen: die Ersetzung dieses unanwendbar gewordenen innerfränkischen Gliederungsschemas durch ein mehr als Wahrscheinlichkeitswert besitzendes anderes. Bleiben doch, wie S. 163 ff. näher dargelegt, die Glaubwürdigkeit und der reale geschichtliche Hintergrund der uns beim Geographen von Ravenna begegnenden Vorstellung von der Francia Rinensis, die Ewig mit ebensoviel historischem Spürsinn wie Kombinationsgabe als Quellenzeugnis für das späte 5. Jahrhundert in Anspruch nehmen möchte, in der Forschung — wie alle übrigen Angaben des gleichen Autors und

Kompilators aus der Zeit um 700 — auch weiterhin umstritten. Was Ewig nach der Eliminierung des Ripuarierbegriffs für die Frühzeit an sonstigen Quellenindizien für eine historische Sonderrolle der rheinischen Franken in der fränkischen Landnahme- und Reichsgründungsperiode beizubringen vermag, ist jedoch zu dürftig, um eine selbständige und vor allem der salisch-merowingischen an Gewicht gleichwertige rheinische Funktion im frühen Frankentum über die Ebene des Hypothetischen zu erheben. Auch Ewig ist sich darüber im klaren und beschließt infolgedessen in seinem vor der Veröffentlichung stehenden Beitrag zur Rheinischen Geschichte die Behandlung der fränkischen Frühzeit und den von ihm versuchten Nachweis, daß sich in der rheinischen Francia seit etwa der Mitte des 5. Jahrhunderts um Köln als Zentrum eine ähnliche politische Konzentration vollzogen habe wie im Westfrankenreich unter den Merowingern, mit dem ausdrücklichen Hinweis, das von ihm gezeichnete Bild beruhe „auf Eindrücken und Kombinationen, nicht auf gesicherten Fakten... Es k a n n so gewesen sein; ob es wirklich so war, bleibt offen"[208]. Diese freimütige Wiederinfragestellung eigener Forschungsergebnisse ehrt den Gelehrten und Menschen Ewig, legitimiert aber auch jeden Versuch einer Wiederaufnahme des von ihm untersuchten Problems.

Eine scharfausgeprägte Alternative zu dem von Ewig gezeichneten Bild entwirft die bereits im Zusammenhang mit der Frage nach dem Schicksal der provinzial-römischen Vorbevölkerung am Rhein behandelte Untersuchung von H. Kuhn über „Das Rheinland in den germanischen Wanderungen"[209]. Nach seiner Meinung wurden Köln und das spätere Ribuarien — weit davon entfernt, ein großes niederrheinisches Strahlungszentrum für die fränkische Westexpansion darzustellen — von den Franken auch nach dem Zusammenbruch der römischen Herrschaft zunächst ziemlich links liegengelassen und erst nach der festen Etablierung des fränkischen Reiches vom merowingischen Westen her durchgreifend frankonisiert und straffer in den fränkischen Gesamtverband eingefügt. Für die Existenz eines zentralen rheinisch-fränkischen Königtums mit der Residenz in Köln aber fehle jeder Beweis.

Kuhns durchgängige Skepsis gegenüber dem realen Aussagewert der trümmerhaften frühmittelalterlichen Schriftquellen und ihrer Zusammenfügung zu einem geschichtlichen Gesamtbild durch Ewig wird von der geschichtlichen Frühmittelalterforschung, wie sich u. a. beim Marburger Nationes-Colloquium ergab, wo beide Forscher zu Worte kamen [210], als zu pauschale Infragestellung der historischen Erkenntnismethoden betrachtet und ganz überwiegend abgelehnt. Andererseits aber ist Kuhn neuestens von archäologischer Seite wichtige Bundesgenossenschaft erwachsen durch H. Borgers entschiedenen Widerspruch gegen die weitgehenden Folgerungen, die man vielfach im Gefolge von O. Doppelfeld aus dem archäologischen Befund im frühmittelalterlichen Köln für einen ununterbrochenen Fortbestand der Zentralitätsfunktionen der Stadt von der spätrömischen zur fränkischen Zeit ziehen zu können geglaubt hat [211].

Im Verein mit der Tatsache, daß Ewig selber seine Auffassung von der fränkischen Frühgeschichte am Rhein als Forschungshypothese gewertet wissen möchte, sollte die Frühmittelalterforschung die Einwände Kuhns und Borgers zum Anlaß nehmen, ihre Vorstellungen von der Rolle des Niederrheins in frühfränkischer Zeit nochmals zu überprüfen. Sie liefe sonst leicht Gefahr, zwar die quellenmäßige Basis und die Nomenklatur des früheren Ripuarierbegriffes preiszugeben, ihn aber in der Substanz unter einer neutralen Bezeichnung wie „rheinische Franken" mehr oder weniger unverändert beizubehalten [212].

Was unbestreitbar bleibt, ist das kontinuierlich wieder zunehmende Gewicht Kölns und der Rheinlinie im ausgebildeten Merowingerreich. Wenn z. B. im 7. Jahrhundert die Lex Ribvaria in Tit. 35 § 3 zwischen den westfränkischen *Franci* und den Bewohnern *infra pago Ribvario* unterscheidet und die *Franci* in eine Reihe mit den *Burgundiones, Alamanni* und den anderen Nationen stellt[213], so war das bei einem solchen allgemeinen Reichsgesetz nur möglich, wenn dieses Ribuarien als merowingische Grenzmark gegenüber den westfränkischen Kernlanden im Pariser Becken eine undiskutierbare Eigenart und Eigenbedeutung gewonnen hatte. Wie sehr das in der Tat der Fall war, hat die rheinische Landesforschung in den letzten Jahrzehnten von ganz verschiedenen Ansatzpunkten her zu zeigen vermocht[214]. Eine Debatte kann es daher nur geben über die Rolle des Niederrheins in der vorangehenden, für die Ausbreitung der Franken und die Aufrichtung ihrer politischen Vormachtstellung grundlegenden Periode zwischen der Mitte des 5. und des 6. Jahrhunderts.

Archäologie, Namenkunde und geographisch-historische Siedlungsforschung stimmen mit Ewig darin überein, daß das ehemalige Ubierland schon in diese Entwicklung aktiv mit einbezogen war, doch bleibt offen, wie weit als empfangender oder bereits die Geschicke des frühen Frankentums selbständig mitbestimmender Teil; Fundcharakter und Namen vermögen darüber wenig auszusagen. Das Bild, das uns die Funde im übrigen von der ersten fränkischen Besitzergreifung des Landes vermitteln, zeigt gleichermaßen Züge des Umbruchs und der Kontinuität gegenüber der Römerzeit: Umbruch vor allem in der ländlichen Siedlungsweise, in der die Franken bis auf einige wenige zentrale Plätze wie Zülpich an die früheren Siedlungen topographisch nicht unmittelbar anknüpften, auch soweit diese noch intakt waren; Kontinuität hingegen wie in der

Ile-de-France in der engen Anlehnung an das vorgefundene römische Verkehrs- und Stützpunktsystem, von dem sie für die Beherrschung und siedlungsmäßige Wiedererschließung des Landes, wenn auch in einer durch die inzwischen eingetretene Entvölkerung reduzierten Form, zielbewußten Gebrauch machten.

Die für die Frühperiode in Betracht kommenden, bis ins frühere 6. oder noch ins 5. Jahrhundert zurückreichenden fränkischen Fundplätze bilden nur einen Bruchteil der frankenzeitlichen Funde. Aus ihrer Verteilung zeichnet sich das Bild einer anfangs noch recht weitmaschigen fränkischen Besitzergreifung ab, die auf die Rheinlinie, wichtige Stromübergänge wie Schwarzrheindorf und Bonner Römerlager oder Krefeld-Gellep an der alten ubischen Nordgrenze sowie auf die wichtigsten Durchgangsstraßen im Zuge der Rheinlinie und der überregionalen Verbindungen mit dem fränkischen Westen konzentriert war. Unter den letzteren tritt vor allem der Straßenzug Köln-Trier mit Zülpich, Nettersheim II, Gönnersdorf, Hillesheim und Rittersdorf I trotz der dabei zu überwindenden Eifelbarriere schon deutlich in Erscheinung. Als Stellen einer gewissen Siedlungsverdichtung zeichnen sich ferner ab die Hänge der die Rheinebene von Bonn bis zur Erftmündung begleitenden Ville, Teile der hochwasserfreien Bördenzone in der Köln-Bonner Bucht und die Bergbaugebiete der Nordeifel, während, wie im Anschluß an W. Janssen S. 134 ff. schon ausgeführt, die breite, feuchte Rheintalaue und bedeutende andere Teile der niederrheinischen Bucht erst im Laufe eines sich bis in spätfränkische Zeit hineinziehenden, sehr verästelten Ausbauprozesses wieder auf den in römischer Zeit erreichten Stand der Erschließung und Besiedlung gebracht werden konnten.

Nimmt man, wie es nicht selten geschehen ist, unterschiedslos alle in die fränkische Periode zu datierenden

Funde ohne zeitliche Differenzierung schon für die fränkische Frühzeit in Anspruch, ergeben sich unvermeidlich sehr übertriebene Vorstellungen von der Dynamik der ersten fränkischen Besitzergreifung des Niederrheins und der hier für eine weitere fränkische Expansion nach Westen hin in der Landnahmezeit zur Verfügung stehenden Kräfte. Mit der gleichen zeitlichen Differenzierung wie bei den Funden ist auch das anhand der in der Frankenzeit entstandenen Ortsnamen ermittelte Siedlungsbild zu betrachten.* Ist doch selbst von der, im ganzen genommen, ältesten Gruppe dieser Namen, den Namen auf *-heim*, nicht anders als von den Namen auf *-dorf* und *-hofen*, ein sehr erheblicher Teil erst in der späteren Merowingerzeit und im Zuge des fränkischen Landesausbaus entstanden [215].

Die in der neueren Diskussion eine gewisse Rolle spielenden, reich ausgestatteten frühen Grablegen fränkischer Großer, wie sie etwa in Gellep und Morken ergraben wurden, sind, von den beiden Kölner Domgräbern einmal abgesehen, im fränkischen Kulturbereich keineswegs singulär und berechtigen keinesfalls dazu, den niederrheinischen Franken eine alte, der salischen vergleichbare Führerstellung zuzuweisen. Der Anteil, den die im Lande verbliebene vorfränkische Bevölkerung am frühmittelalterlichen Landesausbau genommen hat, war im Vergleich zu der ihr namentlich von Kuhn zugeschriebenen numerischen Stärke und langen sprachlichen Selbstbehauptung auffällig gering. Während sich der vom Königtum und der Aristokratie des Landes maßgeblich gesteuerte Landesausbau in der Ile-de-France, wie weiter oben S. 178 ff. ausgeführt, in engster Symbiose zwischen dem gallo-römischen und dem fränkischen Element vollzog, vermögen wir am Niederrhein

---

* Vgl. hierzu die Karte von W. Janssen im Kartenanhang dieses Bandes!

nichts Entsprechendes festzustellen. Anstelle der Fülle germanisch-romanischer Namen auf -*iacas* in Nordgallien begegnen uns hier, von den nicht übermäßig zahlreichen und sprachlich nicht allzuviel hergebenden Namen vom Weilertypus abgesehen, nur die rein germanischen Bildungen auf -*heim*, -*dorf*, -*hofen* usw. Die Erklärung dafür liegt ohne Zweifel darin, daß bei der in den ländlichen Gebieten des Niederrheins zu Ausgang der Römerzeit eingetretenen starken Entvölkerung das Fränkische bei der Wiederbesiedlung schnell und mühelos zur Alleinherrschaft gelangen konnte. Auf eine besondere Dichte und Durchsetzungsfähigkeit der ältesten fränkischen Siedlerschicht läßt sich von daher nicht schließen. „Statt dessen scheint sich anzudeuten, daß im 5. und 6. Jahrhundert die Anzahl der fränkischen Siedlungen recht begrenzt war und erst spätere Siedlerschübe des 7. und 8. Jahrhunderts eine dichte Aufsiedlung bewirkten" (W. Janssen).

Die Frage nach dem Bestehen eines engeren Zusammenschlusses zwischen den Franken am Rhein vor Chlodwig führt auf die bereits von de Boone aufgeworfene[216] allgemeinere nach Entstehung und Zusammenhalt der frühen Franken überhaupt. Es gibt darüber ein umfangreiches Schrifttum mit vielen voneinander abweichenden Meinungen. Eine der abgewogensten und dem dürftigen und diffusen Quellenstand wohl am nächsten kommende ist diejenige von H. Wenskus in seinem großen Werk über die Entstehung der frühmittelalterlichen Stämme[217]. Er sieht in den frühen Franken einen „Stammesschwarm", d. h. eine nach außen hin offene Stammesgruppe mit Schwerpunkt im germanischen Vorfeld der römischen Niederrheingrenze, bei dem zwar Stämme wie die Chattuarier, Chamaven und Brukterer einen stammlichen Kernbestand bildeten, im übrigen aber die Zugehörigkeit aus den verschiedensten Gründen stärker wechselte, sowie, namentlich nahe der Nordseeküste, auch stärkere seefahrende sächsische oder sogar ostgermanische Elemente — darunter ausgesprochene Kriegerverbände — mit einflossen [218]. Innerhalb eines solchen zunächst sehr lockeren und fließenden Gebildes eine rheinische und eine westlich-niederländische Gruppe strukturell unterscheiden zu wollen, scheint mir gewagt. Wenn man beobachtet, wie ein Hauptaufmarschgebiet der Franken gleich den Niederlanden nach übereinstimmender Meinung der heutigen Frühmittelalterforschung seine Sprach- und Bevölkerungsgrundlagen erst im ständigen Zuzug aus der näheren und weiteren europäischen Umgebung erhalten hat, möchte man mit Janssen Entsprechendes auch für das benachbarte fränkische Rheingebiet annehmen. Ich wüßte nicht, wo die sich neu herausbildende Achse des Abendlandes zwischen Loire und Rhein eine Zweiteilung anzunehmen gestattete. Der archäologische Befund, jenes sinnfälligste und wegen seiner klaren zeitlichen Bestimmbarkeit wichtigste Zeugnis der fränkischen Kulturraumgliederung, berechtigt dazu ebensowenig wie etwa im Bereich der Sprachwissenschaft die Ergebnisse der Romanistik [219].

Wir werden den Prozeß der Frankisierung eines Großteils der west- und mitteleuropäischen Gebiete nur dann voll verstehen, wenn wir ihn — unbeschadet aller regionalen Unterschiede und zeitlichen Besonderheiten — als eine sich durch das ganze Frühmittelalter hindurch fortsetzende einheitliche Bewegung betrachten, wie das 1965 Walter Schlesinger tat [220], als er für die Frankisierung der *gentes ultra Rhenum* sein großangelegtes Forschungsprogramm entwarf. Der Hauptmotor dieses Geschehens aber lag nun einmal während der gesamten Merowingerzeit noch nicht am Rhein, sondern in den Gebieten zwischen Rhein und Loire mit dem Schwerpunkt im Westfrankenreich. Das anzuerkennen, nimmt dem großen Aufstieg — oder besser Wiederaufstieg —, den die Rheinlande in dem Maße erfuhren, in dem sich mit den Karolingern der Schwerpunkt des Reiches nach Osten verschob und auch die Gebiete östlich des Rheins zu voll integrierten Bestandteilen des Reiches wurden, nichts von seinem historischen Interesse und seiner europäischen Bedeutung [221].

GESAMTERGEBNIS

In der Parallelveröffentlichung zu dieser Arbeit über „Siedlung, Sprache und Bevölkerungsstruktur im Frankenreich"[222] habe ich unlängst die wesentlichen Punkte zusammengestellt, in denen im Verlauf der Landnahme- und Sprachgrenzdiskussion Übereinstimmung erzielt werden konnte oder aber der Dissens fortbesteht. Ich kann mich daher hier darauf beschränken, zum Abschluß mit einigen Sätzen den allgemeinen Ertrag der bisherigen Aussprache zusammenzufassen.

Von den beiden Hauptbegriffen, in deren Zeichen einst die Debatte begonnen wurde: fränkische Landnahme und germanisch-romanische Sprachgrenze, ist die Entstehung der letzteren heute nicht mehr ernstlich kontrovers. Bei fast allen Fachleuten besteht darüber Einigkeit, daß die westliche Sprachgrenze, auf das Ganze ihres Verlaufs gesehen, nicht, wie vor fünfzig Jahren in der Regel angenommen, die unmittelbare völkerwanderungszeitliche Siedlungsgrenze der Germanen gegenüber den Romanen darstellt, sondern eine nachträglich zustande gekommene sprachlich-kulturelle Ausgleichs- und Gleichgewichtslinie zwischen der germanischen und der romanischen Welt. Sie liegt in der Mehrzahl der Abschnitte bereits seit über einem Jahrtausend so gut wie fest, ist aber an gewissen, zeitlich wechselnden Brennpunkten der sprachlichen Auseinandersetzung wie Französisch-Flandern oder Brüssel noch bis heute nicht zur Ruhe gekommen.

Vielschichtiger ist das Ergebnis der Aussprache über die geschichtliche Rolle der fränkischen Landnahme. Das mit diesem Ausdruck bezeichnete Phänomen erwies sich als wohl geeignet, die Unhaltbarkeit der früheren Anschauung vom Abbruch der fränkischenSiedlung an der Sprachgrenze zu erhärten und wird sich auch in Zukunft als ein solider Riegel gegenüber allen Neigungen erweisen, die tiefgreifende Neugestaltung der germanisch-romanischen Welt durch die Franken wieder lediglich als die Folge einer politisch-militärischen Machtübernahme durch eine kleine land- und volksfremde Erobererschicht anzusehen. Das Zeugnis der Archäologie, Namenkunde, Sprachwissenschaft, Rechtsgeschichte und anderer an der Erforschung des Frühmittelalters beteiligter Disziplinen spricht dafür eine zu eindeutige Sprache und läßt sich bei dem Gesamturteil über die Epoche schlechterdings nicht ignorieren.

Andererseits aber erwies sich der Aspekt der Landnahme, auch wenn man sie mit Wenskus als einen zeitlich gestaffelten Vorgang begreift[223] und auch die grundherrlich gelenkte Kolonisation der fränkischen Ausbauzeit miteinbezieht[224], als zu eng, um die Vielzahl aller primär nicht politisch bedingten sprachlichen, kulturellen und sozialen Auswirkungen zu umfassen, die auf die Franken zurückgehen. Deshalb traten im Verlauf der Debatte als weitere Leitbegriffe neben die Landnahme die Phänomene der germanisch-romanischen Symbiose und einer Frankisierung, in der sich das ursprünglich ethnische Fränkisch durch eben diese Symbiose zu einem übernationalen Reichsfrankentum erweitert hatte. Symbiose und so verstandene Frankisierung vor allem ermöglichten den großen fränkischen Beitrag zur Grundlegung Europas und dürften für die Frühmittelalterforschung aller Disziplinen auch weiterhin ein zentrales Forschungs- und Diskussionsthema bleiben.

Abschließend ein Wort zur Methode. Nicht das unwichtigste Ergebnis der 50jährigen Diskussion über fränkische Landnahme und Sprachgrenze ist, weit über das Inhaltliche hinaus, die Erfahrung, daß, angesichts der Bruchstückhaftigkeit, Mehrdeutigkeit und Vielschichtigkeit ihrer meisten Quellengrundlagen, für alle an dieser Forschung beteiligten Disziplinen allseitig abgesicherte Erkenntnisfortschritte nur zu gewinnen sind durch engste Verbindung von immer mehr verfeinerter fachwissenschaftlicher Spezialforschung und fachvergleichendem Gespräch. Die Losung: „Getrennt marschieren und vereint schlagen", unter die der Konstanzer Arbeitskreis seine jüngste Beschäftigung mit dem Frühmittelalterproblem gestellt hat[225], ist auch für den vorstehend erörterten Fragenkreis ein zwingendes Gebot.

ANMERKUNGEN ZU BERICHT II

[1] Jährliche kritische Literaturübersichten gibt seit 1970 H. A m e n t, Archäologie des Merowingerreiches, in: Bericht der Röm.-Germ. Kommission, ab Bericht 51/52, 1970/71. Detaillierte Register für alle vorherigen Literaturübersichten vgl. in Bericht 56, 1975! — Vgl. ferner die Nachweise zur Frankenzeit in der belgischen Zeitschrift „Archeologie", hrsg. v. J. M e r t e n s u. a. Archäologische Halbjahreschronik, anfänglich verbunden mit L'Antiquité Classique, ab 1962 selbständig.

[2] Vgl. Bericht I, S. 17. — Über die spätrömische Grabkultur in Nordgallien vgl. zusammenfassend: A. v a n D o o r s e l a e r, Repertorium der römerzeitlichen Gräber in Nordgallien (Titel auch niederländisch und französisch), 2 Bde., 1964.

[3] Haillot: J. B r e u e r et H. R o o s e n s, Le cimetière franc de Haillot (avec annexes de J. W e r n e r et A. D a s n o y), in: Annales de la Société Archéologique de Namur 48 (1956), S. 171—376; selbständig in: Archaeologia Belgica 34, 1957. Dort auch S. 298 das Zitat im Text. — Vgl. ferner: H. R o o s e n s, Nieuwe archeologische gegevens over de Frankische kolonisatie, in: Wetenschappelijke Tijdingen 1958, Sp. 129—136.

[4] Entstehung der Reihengräberzivilisation: Über den Gang der neueren Forschung bis zum Jahre 1972 unterrichtet der Forschungsbericht, den J. W e r n e r dem Wiederabdruck seines grundlegenden, in Bericht I, Anm. 14 genannten Aufsatzes zu diesem Thema in: Siedlung, Sprache usw. (wie Vorwort), S. 321—325 beigegeben hat. Dort insbes. der bibliographische Nachweis für die im Text genannten Beiträge von B ö h n e r, R o o s e n s und G ü n t h e r zum Problem sowie das Zitat im Text. Grundlegend heute: H. W. B ö h m e, Germanische Grabfunde des 4.—5. Jahrhunderts zwischen unterer Elbe und Loire, 2 Bde., 1973.

[5] 2 Bde., 1958. Vgl. ferner K. B ö h n e r, Romanen und Franken im Trierer Land. Nach dem Zeugnis der archäologischen Quellen, 1964, wiederabgedruckt in: Siedlung, Sprache usw. (wie Vorwort), S. 346 bis 382; dort S. 349 das Zitat im Text.

[6] P. P é r i n, Les caractères généraux des nécropoles mérovingiennes de la Champagne du Nord et de Paris, in: Septentrion 3 (1973),

S. 23—36 und d e r s., Contribution à l'étude du peuplement rural des régions d'entre Meuse et Aisne à l'époque mérovingienne. Etat des recherches archéolgiques, in: Rhein. Vierteljahrbll. 35 (1971), S. 9 bis 25. — Skeptisch gegenüber jeder ethnischen Auswertung der Reihengräberfriedhöfe bleibt M. R o b l i n, vgl. unten, Anm. 183.

[7] Romanische Friedhöfe in Deutschland: Eingehende Angaben auch zu diesem Problem enthält das vom Röm.-Germ. Museum in Mainz veröffentlichte Werk: Ausgrabungen in Deutschland, gefördert von der Deutschen Forschungsgemeinschaft 1950—1975, 4 Bde., 1975, vgl. insbes. Bd. II, Abschnitt: Die Kontinuität zwischen Römerzeit und Mittelalter in West- und Süddeutschland, mit Beiträgen von K. B ö h n e r, H. E i d e n (Karden), L. J. W e b e r (Augsburg), K. S c h w a r z (Regensburg) und R. P i r l i n g (Krefeld-Gellep). In exemplarischer Weise wurde auch für Südwestdeutschland die Kontinuität des christlichen Kultes von der Spätantike zum Frühmittelalter belegt durch die Ausgrabungen in St. Ulrich und St. Afra in Augsburg 1961—1968, über die J. Werner eine umfassende Veröffentlichung in den Münchener Beiträgen zur Vor- und Frühgeschichte Bd. 23 vorbereitet.

[8] Für Alemannien vgl. auch H. S t e u e r, Art. Alemannen III: Archäologisches, in: Reallexikon d. germ. Altertumskunde I, 2. völlig neu bearb. Auflage, S. 142—163. Dort S. 150 das Zitat im Text.

[9] F. L o t t e r in mehreren Untersuchungen; zuletzt: Lauriacum — Lorch zwischen Antike und Mittelalter, in: Mitteilungen d. oberösterr. Landesarchivs 11 (1974), S. 31—49 sowie vor allem: Severinus von Noricum. Legende und historische Wirklichkeit (1976).

[10] Vgl. dazu Bericht I, S. 16—23.

[11] Erstpublikation in: Studien zur vor- und frühgeschichtlichen Archäologie. Festschrift Joachim Werner, hrsg. v. G. K o s s a c k u. G. U l b e r t (= Münchener Beiträge zur Vor- und Frühgeschichte, Erg.-Bd. 1, 1974), S. 579—589. Außerdem in: Blätter f. deutsche Landesgeschichte 111 (1975), S. 72—85.

[11a] In Bericht (wie Anm. 1) 56, 1975, S. 473 f.

[12] Zum Problem vgl.: J. W e r n e r, Bewaffnung und Waffenbeigabe in der Merowingerzeit, in: Settimane di studio del Centro italiano di studi sull'alto medioaevo XV, Spoleto 1968, S. 95—108, wiederabgedruckt in: Siedlung, Sprache usw. (wie Vorwort), S. 326 bis 338 sowie, in der Beurteilung der Befunde teilweise von Werner stark abweichend: H. S t e u e r, Zur Bewaffnung und Sozialstruktur der Merowingerzeit. Ein Beitrag zur Forschungsmethode in: Nachrichten aus Niedersachsens Urgeschichte 37 (1968), S. 18—87.

[13] Adels- und „Fürstengräber": O. D o p p e l f e l d und R. P i r-

ling, Fränkische Fürsten im Rheinland. Die Gräber aus dem Kölner Dom, von Krefeld-Gellep und Morken, 1966. Zur Interpretation des frankenzeitlichen archäologischen Befundes im Kölner Raum ist in Kürze eine zweibändige Veröffentlichung von H. Borger zu erwarten, in der der siedlungs- und sozialgeschichtliche Aussagewert der frühmittelalterlichen Kölner Zeugnisse zum Teil erheblich anders beurteilt wird, als bei Doppelfeld (lt. persönlicher Mitteilung von H. Borger). Daß auch die Gräber vom Typus Morken nicht der hochadligen fürstlichen Führungsschicht, sondern dem vermögenden grundbesitzenden Ortsadel ländlicher Siedlungen zuzurechnen sind, vertritt unter Bezugnahme auf F. Stein, Adelsgräber des 8. Jahrhunderts in Deutschland (= Germ. Denkmäler der Völkerwanderungszeit, Serie A, 1967): W. Janssen, Zur Differenzierung (wie unten, Anm. 27), S. 305. — Ferner: H. Roosens en J. Gyselinck, Een merovingisch grafveld te Beerlegem (= Archaeologia Belgica 170, 1975); H. Roosens et J. Alenus-Lecerf, Sépultures mérovingiennes au „Vieux Cimetière" d'Arlon (Archaeologia Belgica 88, 1965); dazu die Besprechung von H. Ament in: Germania 45 (1967), S. 189—199; ders., Fränkische Adelsgräber von Flonheim = Germ. Denkmäler der Völkerwanderungszeit, Serie B, 1970; Ch. Neuffer-Müller u. H. Ament, Das fränkische Gräberfeld von Rübenach, Stadt Koblenz, ebda. 1973; P. Périn, Trois tombes de „Chefs" du début de la période mérovingienne. Les sépultures Nrs. 66, 68 et 74 de la nécropole de Mezières (Ardennes), in: Bulletin de la Société Archéologique Champenoise 65 (1972), Nr. 4, S. 3—70; dazu H. Ament in: Literaturbericht (wie Anm. 1) 1973, S. 349 f. u. 1975, S. 498; P. Périn, Découverte de la sépulture datée d'un chef franc contemporain de Clovis. La Tombe No 68 du cimétière mérovingien de Mézières (Ardennes). In: Actes du 95e congrès des sociétés savantes Reims 1970. Section d'arch. et d'hist. (1974), S. 367—396; Material über Lothringen bei F. Stein (wie Anm. 11). — Zum Problem der Adelsgräber vgl. die Vorträge und Aussprachen über dieses Thema auf dem Bonner Frankenkolloquium, Irsigler (wie Vorwort), S. 43 ff.; W. Schlesinger, Archäologie des Mittelalters in der Sicht des Historikers. In: Zeitschr. Arch. Mittelalter 2 (1973), S. 7—31; R. Christian, Besitzabstufungen zur Merowingerzeit im Spiegel reicher Grabfunde aus West- und Süddeutschland, in: Jahrb. d. Röm.-Germ. Zentralmuseums Mainz 20 (1975), S. 147—180 sowie in Kürze H. Grahn-Hoek, Studien zur rechtlichen und politischen Stellung der fränkischen Oberschicht im 6. Jahrhundert (angekündigt als Sonderband 21 der „Vorträge und Forschungen" des Konstanzer Arbeitskreises); ferner unten S. 214 f.

[14] Vgl. J. Werners Vorbericht, bei Irsigler (wie Vorwort), S. 43—46.

[15] M. Fleury, Nouvelle campagne de fouilles de sépultures de la basilique de Saint-Denis, in: Comptes-rendus Paris 1958 (1959), S. 137 ff. sowie A. France-Lanord u. M. Fleury, Das Grab der Arnegundis in Saint-Denis, in: Germania 40 (1962), S. 341—359.

[16] Vgl. die oben, Anm. 13, zu Rübenach aufgeführte Literatur.

[17] Ament, Literaturbericht (wie Anm. 1), 1971 (1972), S. 305 ff.

[18] H. Roosens, Quelques particularités des cimetières mérovingiens du Nord de la Belgique (Archaeologia Belgica 108, 1968).

[19] Die Karte ist beigegeben dem Büchlein von Blok, De Franken (wie unten, Anm. 48), S. 66.

[20] Volkserbe II, S. 801 f.

[21] Über den Stand der archäologischen Erforschung Frieslands vgl.: H. J. Waterbolk, W. A. van Es en H. Halbertsma, De pre- en protohistorie van Friesland in het licht van de recente bodemvondsten, in: Berichten van het Rijksdienst voor Oudheidkundig Bodemonderzoek XV—XVI (1965—66), S. 92—108.

[22] Eine gute Orientierung über wissenschaftlich bedeutsame neue Veröffentlichungen und Bestrebungen vermitteln auch für Frankreich die oben, Anm. 1, aufgeführten jährlichen Literaturberichte von H. Ament. Besonders hervorzuheben sind die Untersuchungen des merowingischen Siedlungsplatzes Barbières und der Nekropole Hordain (unweit Douai) durch P. Demolon und des Friedhofs Fron im Dep. Somme durch G. Seillier. — Für Lothringen vgl. auch Anm. 11!

[23] Untersuchungen zur Geschichte der Civitas und Diözese Soissons in römischer und merowingischer Zeit (Rhein. Archiv 89, 1973), insbes. S. 177—195. Genauerer Nachprüfung von facharchäologischer Seite bedarf die von Kaiser von nichtarchäologischer Seite übernommene, m. E. stark überzogene Vorstellung einer fränkischen Militärsiedlung in seinem Untersuchungsgebiet. Das Auftreten von Waffengräbern und verkehrsgeographisch begünstigte Lage sind dafür kein genügender Beweis. — Vgl. dazu auch die Kritik F. Steinbachs an dieser Vorstellung, unten S. 214, Anm. 187.

[23a] H. Vierck, Werke des Eligius. In: Festschrift Joachim Werner (wie Anm. 11), S. 309—380.

[24] In der Reihe: Germanische Denkmäler der Völkerwanderungszeit, Serie B: Die frühmittelalterlichen Altertümer des Rheinlandes,

hrsg. v. K. Böhner, erschienen: R. Pirling, Das römisch-fränkische Gräberfeld von Krefeld-Gellep, bisher 2 Bde., 1966; P. La Baume, Das fränkische Gräberfeld von Junkersdorf b. Köln, 1967; H. Hinz, Das fränkische Gräberfeld von Eick, Krs. Moers, 1969; Chr. Neuffer-Müller, Das fränkische Gräberfeld von Iversheim, 1972; außerdem die bereits oben in den Anm. 5 u. 13 genannten Publikationen von K. Böhner, Chr. Neuffer-Müller u. H. Ament.

[25] So schon J. Werner, Kriegergräber aus der ersten Hälfte des 5. Jahrhunderts zwischen Schelde und Weser, in: Bonner Jahrbücher 158 (1958), S. 372—413.

[26] Vgl. zum Problem der Stellung Kölns und des Niederrheins in der fränkischen Gesamtkultur auch die sich an einen Vortrag Doppelfelds auf dem Bonner Frankenkolloquium anschließende Diskussion, Irsigler (wie Vorwort), S. 33 ff. Letzte Stellungnahme Doppelfelds in seinem Beitrag „Kölner Wirtschaft von den Anfängen bis zur Karolingerzeit", in: Zwei Jahrtausende Kölner Wirtschaft hrsg. von H. Kellenbenz I, 1975, S. 71 ff. — Bedeutende Abstriche an den allgemeinen geschichtlichen Folgerungen, die Doppelfeld aus dem archäologischen Befund für die politisch-gesellschaftliche Stellung Kölns in fränkischer Zeit herleiten möchte, bringt die oben, Anm. 13 angekündigte Arbeit von H. Borger.

[27] W. Janssen, Zur Differenzierung des früh- und hochmittelalterlichen Siedlungsbildes im Rheinland, in: Die Stadt in der europäischen Geschichte. Festschrift Edith Ennen, 1972, S. 277—325; dort S. 301 das Zitat im Text.

[28] In diesem Punkte bedarf die von mir u. a. in meinem Vortrag vor der Gesellschaft für Rheinische Geschichtskunde über „Die fränkische Landnahme und das Rheinland", 1936, S. 20 f. vertretene Auffassung der Korrektur.

[29] Für den Moselraum vgl. W. Levison, Metz und Südfrankreich im Mittelalter, in: Jahrbuch d. Elsaß-Lothring. Wiss. Gesellsch. 11 (1938), S. 92—122; für den Mittelrhein: W. Boppert, Die frühchristlichen Inschriften des Mittelrheingebiets, 1971, und dazu H. Ament, in: Literaturbericht (wie Anm. 1) 1971 (1972), S. 319. Ferner: H. Eiden, 10 Jahre Ausgrabungen an Mittelrhein und Mosel. Katalog der Ausstellung im Landeshauptarchiv Koblenz 1976 sowie ders., Ausgrabungen zur historischen Topographie von Cardena (Karden) u. Militärbad und frühchristliche Kirche in Boppard am Rhein, beide in: Ausgrabungen in Deutschland 1950—1975 (wie Anm. 7), II, S. 64—69 u. 80—98.

[30] W. Winkelmann, Vortrag vor der Hauptversammlung

1975 der Altertumskommission im Landesmuseum f. Vor- und Frühgeschichte zu Münster (hektogr.). — Eine zusammenfassende Darstellung auch der fränkischen Zeit wird in absehbarer Zeit vorgelegt werden durch K. T a c k e n b e r g in seiner als Sonderband des Werkes „Der Raum Westfalen" von ihm vorbereiteten „Vor- und Frühgeschichte Westfalens".

[31] D e r s., Das Fürstengrab von Beckum. Eine sächsische Grabstätte des 7. Jahrhunderts in Westfalen, 1962. Dort auch das Zitat im Text.

[32] K. H a u c k, Gold aus Sievern, 1970.

[33] W. S c h l e s i n g e r, Die Franken im Gebiet östlich des mittleren Rheins. Skizze eines Forschungsprogramms, in: Hessisches Jahrbuch 15 (1965), S. 1—22; wiederabgedruckt, in: Siedlung, Sprache usw. (wie Vorwort), S. 639—667.

[34] Vgl. insbes. die archäologischen Beiträge von H. A m e n t, K. W e i d e m a n n, R. G e n s e n u. N. W a n d, in: Althessen im Frankenreich, hrsg. v. W. S c h l e s i n g e r, 1975, sowie R. G e n s e n, Frühmittelalterliche Burgen und Siedlungen in Nordhessen, in: Ausgrabungen in Deutschland (wie Anm. 7), II, S. 313—337.

[35] G e n s e n, Nordhessen (wie Anm. 34), S. 334 ff.

[36] Hierüber orientiert zusammenfassend unter Angabe der Spezialliteratur: K. W e i d e m a n n, Forschungen zur Eingliederung Süddeutschlands in das Frankenreich, in: Ausgrabungen in Deutschland (wie Anm. 7), II, S. 201—210. Dort S. 203 das Zitat im Text.

[37] K. S c h w a r z, Der frühmittelalterliche Landesausbau in Nordost-Bayern archäologisch gesehen, in: Ausgrabungen in Deutschland (wie Anm. 7), II, S. 338—409. Zustimmend: W e i d e m a n n (wie Anm. 36), S. 207.

[38] E. G a m i l l s c h e g, Romania Germanica. Sprach- und Siedlungsgeschichte der Germanen auf dem Boden des alten Römerreiches, Bd. I. Zu den ältesten Berührungen zwischen Römern und Germanen. Die Franken. 2., vollst. neu bearb. Auflage, 1970.

[39] Vgl. die sehr anerkennende Würdigung der Neuauflage des Wörterbuchs durch M. P f i s t e r, in: Vox Romanica 31 (1972), S. 144 bis 159.

[40] Rezensionen: M. G y s s e l i n g, in: Naamkunde 3 (1971), S. 188 bis 193; F. P e t r i, in: Siedlung, Sprache usw. (wie Vorwort), S. 54 f.; M. P f i s t e r, wie unten, Anm. 100; R. S c h m i d t - W i e g a n d, in: Blätter f. deutsche Landesgeschichte 107 (1971), S. 425 ff.; H. T i e f e n b a c h, Beiträge zur Namenforschung NF 7 (1972), S. 314—320.

[41] M. G y s s e l i n g, Toponymisch Woordenboek van België, Neder-

land, Luxemburg, Noord-Frankrijk en West-Duitsland, voor 1226, 2 Bde., 1960. Dazu vgl. Bericht I, S. 31 f.

[42] Vgl. insbes. M. Gysseling, La genèse de la frontière linguistique dans le Nord de la Gaule, in: Rev. du Nord 44 (1962), S. 5—37; ders., Nederzettingsnamen in de Nederlanden, Noord-Frankrijk en Noord-West-Duitsland, in: M. Gysseling en A. E. Verhulst, Nederzettingsnamen en nederzettingsgeschiedenis in de Nederlanden, Noord-Frankrijk en Noord-West-Duitsland, in: Bijdragen en Mededelingen van de Commissie voor Naamkunde en Nederzettingsgeschiedenis van de Kon. Nederlandse Akademie van Wetenschappen te Amsterdam XXV, 1969, S. 14—35; mit Verbesserungen auch in: Taalgrens en Kolonisatie 4 (1969), S. 14—35 u. 52 sowie als Teildruck in deutscher Übersetzung, in: Siedlung, Sprache usw. (wie Vorwort), S. 229—255; ders., De vroegste geschiedenis van het Nederlands: een naamkundige benadering, in: Naamkunde 2 (1970), S. 177—180; ders., Personenname + *haim, curte*, in: Handelingen van de Commissie voor Toponymie en Dialectologie 45 (1971), S. 153 bis 161; ders., De verfransing in Noord-Frankrijk, in: Naamkunde 4 (1972), S. 53—70 (mit Karte der Sprachgrenzverschiebungen).

[43] Einblick in sie gewährt u. a. die rege Aussprache im Anschluß an die oben, Anm. 42 genannten Vorträge von Gysseling und Verhulst vor der namenkundlich-siedlungsgeschichtlichen Kommission der Amsterdamer Akademie, S. 47 ff. — Zur spezifisch historischen Seite der dortigen Diskussion vgl. S. 177.

[44] Lt. persönlicher Mitteilung von H. Draye.

[45] A. Bach, Zur Frankonisierung des deutschen Ortsnamenschatzes, in: Rhein. Vierteljahrsbll. 19 (1954), S. 30—44 sowie 597 f., wiederabgedruckt in: Siedlung, Sprache usw. (wie Vorwort), S. 183 bis 208.

[46] Anzeiger für deutsches Altertum 68 (1956), S. 153—162 und ebda. 74 (1963), S. 67.

[47] Frankisch, Merovingisch, Karolingisch, 1965, S. 51—62. Dazu vorsichtig einschränkend H. Draye, in: Mededelingen van de Vereeniging voor Naamkunde... 44 (1968), S. 95 f.

[48] De Franken. Hun optreden in het licht der historie, 1. Aufl. 1968, 2. Aufl. 1974 u. ders. Histoire et toponymie: L'exemple des Pays-Bas dans le haut Moyen-Age, in: Annales Nr. 4 (1969), p. 919—946.

[49] Nederzettingsnamen (wie Anm. 42), S. 48.

[50] Ebda.

[51] Die römerzeitliche Provenienz zwar nicht der Hauptmasse der Komposita dieses Typs, wohl aber des Simplex *villare (Wiler, Weiler)*

in einigen niederländischen und niederrheinischen Ortsnamen wird — m. E. keineswegs zwingend — noch vertreten von M. Gysseling, Enkele toponymische gegevens over Romeinse banen in Noord-Gallië, in: Naamkunde 1958, S. 24—30 und, unter Bezugnahme auf Gysseling, von P. L. M. Tummers, Romaans in Limburgse aardrijkskundige namen (Diss. Nimwegen 1962), insbes. S. 41 ff. Ohne Einschränkung der fränkischen Zeit zugerechnet werden hingegen die Limburger Weiler-Namen durch Blok, Histoire et toponoymie (wie Anm. 48), S. 945.

[52] Franken-Kolloquium vom Jahre 1969, vgl. die Kurzfassung, in: Rhein. Vierteljahrsbll. 35 (1971), S. 68—74.

[53] Ebda. S. 103.

[54] Diese Abschnitte stehen im Vordergrund meiner Ausführungen bei der Behandlung des Ortsnamenausgleichs in „Volkserbe" I, S. 740 bis 749. Abweichend die Auffassung von M. Toussaint, La frontière linguistique en Lorraine (wie unten Anm. 140) S. 17 ff. Für die Schweiz vgl. St. Sonderegger, Sprachgrenze (wie unten Anm. 82) und seine im Kartenanhang dieses Bandes abgedruckte Karte!

[55] Draye (wie Anm. 52), S. 70 f.

[56] Zum Stand der Diskussion über die fränkische Landnahme und der Bildung der germanisch-romanischen Sprachgrenze, 1954, Exkurs auf S. 117—119. In den im jetzigen Bande als Bericht I aufgenommenen Wiederabdruck ist der Exkurs nicht enthalten.

[57] Draye (wie Anm. 52), S. 71.

[58] Gysseling, Vroegste geschiedenis (wie Anm. 42), S. 168.

[59] A. a. O. sowie ders., Aken-Vaals, Romaans taaleiland, in: Handelingen der Zuidnederl. Maatschappij voor Taal- en Letterkunde en Geschiedenis XII (1958), S. 107 ff.

[60] Tummers, Romaans (wie Anm. 51).

[61] J. Lindemans, Toponymie van Asse, 1952 u. ders., Nog over Romaanse plaatsnamen in de streek van Asse, in: Handelingen van de Commissie voor Toponymie en Dialectologie 1953, S. 197—209.

[62] Tummers (wie Anm. 51), S. 19 ff., 79 ff., 116.

[63] Vgl. dazu den instruktiven Aufsatz von J. F. Niermeyer, La Meuse et l'expansion wallonne ver le Nord (VIIe—VIIIe siècles), 1958, wiederabgedruckt in: Siedlung, Sprache usw. (wie Vorwort), S. 554 bis 567. — Vgl. ferner S. 176.

[64] Darauf verweist H. Draye, Ortsnamen und Sprachgrenzforschung in Belgien, 1956, wiederabgedruckt, in: Siedlung, Sprache usw. (wie Vorwort), S. 222 f.

[65] Bericht I, S. 42 ff.

⁶⁶ W. Jungandreas, Historisches Lexikon der Siedlungs- und Flurnamen des Mosellandes, 1962/1963.

⁶⁷ Vgl. insbes. seine Aufsätze: Ein romanischer Dialekt an der Mosel zwischen Eifel und Hunsrück um 1200, in: Zeitschr. f. roman. Philologie 71 (1955), S. 414 ff.; Die Moselromanen. Die romanische Moselenklave während der fränkischen Landnahme, ebda, 87 (1971), S. 32—73; Die Entdeckung des Moselromanischen, in: Leuvense Bijdragen 56 (1967), S. 154—158 und: Der Einfluß von Rheinfranken auf das Moselland zur Karolingerzeit, ebda. 58 (1969), S. 79—113.

⁶⁸ E. Ewig, Trier im Merowingerreich. Civitas, Stadt und Bistum, in: Trierer Zeitschr. 21 (1954), insbes. S. 78 ff. sowie ders., Das Trierer Land im Merowinger- und Karolingerreich, in: Geschichte des Trierer Landes, hrsg. v. R. Laufner, 1964, insbes. S. 295.

⁶⁹ Zur Problemlage vgl. R. Schützeichel, Die Grundlagen des westlichen Mitteldeutschen. Studien zur historischen Sprachgeographie, 1961, S. 127 ff., 217 f.

⁷⁰ H. Kuhn, Das Rheinland in den germanischen Wanderungen II. Zuerst in: Siedlung, Sprache usw. (wie Vorwort), S. 447—483; in überholter und zum Teil umgearbeiteter und ergänzter Fassung, in: Rhein. Vierteljahrsbll. 38 (1974), S. 1—31. Für Kuhns allgemeine Auffassung von der Stellung Ribuariens in der fränkischen Landnahme vgl. S. 185 ff.

⁷¹ Th. Frings, Germania Romana, 1933, S. 210 ff.

⁷² Schützeichel (wie Anm. 69), insbes. S. 249—277.

⁷³ J. Wirtz, Die Verschiebung der germanischen p, t und k in den vor dem Jahre 1200 überlieferten Ortsnamen der Rheinlande, in: Beiträge zur Namenforschung NF, Beiheft 9, 1972.

⁷⁴ Gysseling, Toponymisch Woordenboek (wie Anm. 41), S. 1139 f. sowie Aken-Vaals (wie Anm. 59). An der Behandlung der rheinischen Namen durch Gysseling übt im einzelnen berechtigte, aber in der Tonart überscharfe Kritik: H. Kaufmann, Namenforschung auf Abwegen, 1961.

⁷⁵ Rheinische Ortsnamen und Quellenkritik, in: Beiträge zur Namenforschung 10 (1975), S. 46—63.

⁷⁶ Ebda. S. 62.

⁷⁶ᵃ H. Kuhn, Zur zweiten Lautverschiebung im Mittelfränkischen, in: Zeitschr. f. deutsches Altertum u. deutsche Lit. 105 (1976), S. 89—99. Auf S. 95 das Zitat im Text.

⁷⁷ H. Kuhn, Die *-acum*-Namen am Rhein, in: Rhein. Vierteljahrsbll. 39 (1975), S. 391—395. — Zu den mit ihnen zusammenhängenden sprach- und siedlungsgeschichtlichen Problemen der

frühfränkischen Zeit am Niederrhein vgl. oben, S. 187 ff. u. Anm. 215.

[78] 2 Bde., 1967.

[79] A. Schulte, Frankreich und das linke Rheinufer, 1918, S. 41.

[80] W. Kleiber, Auf den Spuren des voralemannischen Substrats im Schwarzwald, in: Zeitschr. f. Geschichte d. Oberrheins NF 108 (1960), S. 305—371 u. ders., Das Problem der Bevölkerungskontinuität zwischen Antike und Hochmittelalter im Raum der sog. agri decumates und am Oberrhein. Kurzfassung eines Vortrages auf dem Bonner Frankenkolloquium von 1969, in: Rhein. Vierteljahrsbll. 35 (1971), S. 74 ff. sowie ders., Zwischen Antike und Mittelalter. Das Kontinuitätsproblem in Südwestdeutschland im Lichte der Sprachgeschichtsforschung, in: Frühmittelalterl. Studien 7 (1973), S. 27—52.

[81] Vgl. insbes. B. Boesch, Grundsätzliche Erwägungen zu den nichtdeutschen Orts- und Flurnamen am Oberrhein und im Schwarzwald, in: Zeitschr. f. Geschichte d. Oberrheins NF 113 (1965), S. 2 ff.; dazu Langenbeck (wie Anm. 78), II, S. 44 f.

[82] St. Sonderegger, Die Ausbildung der deutsch-romanischen Sprachgrenze in der Schweiz im Mittelalter. Mit 30 Karten, in: Rhein. Vierteljahrsbll. 31 (1965/66), S. 223—290.

[83] Vgl. dazu auch die übrigen von Sonderegger seinem Aufsatz beigegebenen Karten!

[84] Vgl. insbes.: Alach. Zur Bedeutung eines rechtstopographischen Begriffs in fränkischer Zeit, in: Beiträge zur Namenforschung NF 2 (1967), S. 21—45 sowie dies., Sali. Die Malbergschen Glossen der Lex Salica und die Ausbreitung der Franken, in: Rhein. Vierteljahrsbll. 32 (1968), S. 140—166, wiederabgedruckt (mit Ergänzungen) in: Siedlung, Sprache usw. (wie Vorwort), S. 490—530.

[85] Für die Bedeutung und die Verbreitung von *sele* über das germanische Sprachgebiet ist grundlegend: K. Roelandts, Sele und Heim, in: Namenforschung, Festschr. f. A. Bach, hrsg. v. R. Schützeichel u. M. Zender. — Zur wirtschaftlichen Funktion der mit dem Namen *sele* bezeichneten Niederlassungen vgl. auch A. E. Verhulst, Nederzettingsnamen (wie Anm. 42), S. 41.

[86] Schmidt-Wiegand, Sali (wie Anm. 84), S. 165 bzw. 528.

[87] Zur Unterrichtung über die einander widersprechenden Meinungen vgl. Siedlung, Sprache usw. (wie Vorwort), S. XVII f. sowie die Nachweise auf S. 686!

[88] Daher konnte ich sie im Bericht I ganz übergehen und auch in der Einleitung zu Siedlung, Sprache usw. (wie Vorwort), S. XVI das Problem mit einer kurzen Bemerkung abtun.

[89] Etudes Franques I (1919), S. 122—130, 169—182.

[90] A. Longnon, Polyptique de l'abbaye de Germain-des-Prés I, 1895, S. 254—383.

[91] Vgl. bisher bes. R. Schützeichel, Das Ludwigslied und die Erforschung des Westfränkischen. Erstveröffentlichung in: Rhein. Vierteljahrsbll. 31 (1966/67), S. 291—306; überarb. Fassung in: Siedlung, Sprache usw. (wie Vorwort), S. 256—277 sowie H. Knoch, Möglichkeiten und Aspekte der Erforschung westfränkischer Personennamen in der karolingischen Nordgallia, in: Beiträge zur Namenforschung NF, Beiheft 2, 1969; ferner unten Anm. 202.

[92] Knoch (wie Anm. 91), S. 140.

[93] K. Thomas, Die Namenslisten des Diptychon Barberini und der Sturz des Hausmeiers Grimoald, in: Deutsches Archiv f. Erforschung d. Mittelalters 25 (1969), S. 17—63.

[94] R. Bergmann, Die Trierer Namenliste des Dyptichon Barberini im Musée du Louvre, in: Namenforschung, Festschr. f. A. Bach (wie Anm. 85), S. 38—48; zustimmend zitiert von R. Schützeichel, Beiträge z. Namenforschung NF 9 (1974), S. 193.

[95] Bericht I, S. 49 ff.

[96] Ebda. S. 49.

[97] M. Pfister, Die sprachliche Bedeutung von Paris und der Ile-de-France vor dem 13. Jahrhundert, in: Vox Romanica 32/33 (1973), S. 218—253. Dort S. 238 das Zitat im Text.

[98] Ebda., Karte 2—4.

[99] G. Hilty, Westfränkische Superstrateinflüsse auf die galloromanische Syntax, in: Festschrift W. v. Wartburg zum 80. Geburtstag 1968, S. 493—518.

[100] M. Pfister, Die sprachlichen Berührungen zwischen Franken und Galloromanen. Forschungsbericht an Hand von E. Gamillscheg, Romania Germanica, Bd. I: Zu den ältesten Berührungen zwischen Römern und Germanen. Die Franken, 2., vollst. neu bearb. Auflage, Berlin 1970, in: Zeitschr. f. roman. Philologie 88 (1972), S. 175—193. — Demnächst ferner: Ders., Die Bedeutung des germanischen Superstrates für die sprachliche Ausgliederung der Galloromania, in: Nationes I, hrsg. v. H. Beumann u. W. Schröder, angekündigt für 1976/77.

[101] Ebda., S. 179 ff.

[102] W. v. Wartburg, Einführung in Problematik und Methodik der Sprachwissenschaft, ³1970, S. 42 f.

[103] F. Schürr, La diphthongaison romane, in: Revue de linguistique romane 20 (1956), S. 235.

[104] Th. Frings, Zeitschr. f. deutsches Altertum 73 (1936), S. 27.

[105] Pfister, Sprachliche Berührungen (wie Anm. 100), S. 181.

[106] Ders., La repartition géographique des éléments franciques en Gallo-Roman, in: Revue de linguistique romane 37 (1973), S. 127—149.

[107] Bericht I, S. 52.

[108] Weiteres darüber vgl. S. 142 ff. und S. 175 ff.

[109] Zum Ganzen vgl. insbes. Pfister, Sprachliche Bedeutung von Paris (wie Anm. 97).

[110] J. Jud, Sprachgeographische Untersuchungen: III. aune „Erle"; V. Französisch aune „Erle" (Zweiter Teil), Archiv f. d. Studium d. neueren Sprachen und Literaturen 121 (1908), S. 1—21 und 124 (1910), S. 83—108.

[111] Romania Germanica ¹I, S. 117; ²I, S. 228 ff. m. Karte.

[112] Vgl. u. a.: Die Entstehung der romanischen Völker, 1939, S. 102—134.

[113] Zur Bedeutung des Wortes *francus* und seinen Wandlungen vgl. H. Tiefenbach, Studien zu Wörtern volkssprachlicher Herkunft in karolingischen Königsurkunden. Ein Beitrag zum Wortschatz der Diplome Lothars I. und Lothars II., 1973, S. 52—56. Zur Begriffsgeschichte von *Francia* im politischen Sinne vgl.: G. Kurth, Études Franques I, 1919, S. 67—137; M. Lugge, „Gallia" und „Francia" im Mittelalter. Untersuchungen über den Zusammenhang zwischen geographisch-historischer Terminologie und politischem Denken vom 6. bis 15. Jahrhundert (1960), insbes. S. 163 ff. sowie E. Ewig, Die fränkischen Teilungen 511—613, Akad. d. Wiss. u. d. Lit. in Mainz, Geistes- und Soz. Wiss. Kl. 9, 1952; Die fränkischen Teilreiche im 7. Jahrhundert 613—714, in: Trierer Zeitschr. 22 (1954), S. 85—149 und zusammenfassend „Descriptio Franciae", in: Karl d. Große Lebenswerk und Nachleben, Bd. I (²1966), hrsg. v. H. Beumann, S. 143—177. — Speziell mit der Loire als Grenze befaßt sich historisch differenzierend: Fr. L. Ganshof, Note sur le sens de ‚Ligeris' au titre XLVII de la Loi salique et dans le ‚Querolus', in: Historical Essais in honor of James Last, Manchester 1933, S. 111—120 u. ders. u. J. W. Poukens, De Loire, een Germaans-Romaanse taalgrens? In: Wetenschappelijke Tijdingen 19 (1959), S. 343—346.

[114] Sprachgrenzen in Poitou, in: Vox Romanica 28 (1969), S. 37 bis 39. — Vgl. zur Problematik dieser Grenze ferner: G. Rohlfs, Romanische Sprachgeographie (1971), S. 110, 284.

[115] Éléments franciques (wie Anm. 106), insbes. S. 135—145.

[116] Ebda. S. 148 f.

[117] Ebda. S. 128 ff. Nicht richtig werde ich von Pfister interpretiert,

wenn er mich aufgrund meiner Ausführungen in „Volkserbe", S. 871 bis 880 zu einem Verfechter der Ribuariertheses macht. Vgl. dazu bereits meine grundsätzliche Ablehnung dieser Auffassung im Jahre 1935 in meinem Vortrag: „Der fränkische Anteil am Aufbau des französischen Volkstums", abgedruckt in: Siedlung, Sprache usw. (wie Vorwort) S. 120 f. sowie meine Besprechung von Ch. Verlinden, Frontière linguistique, in: F. Petri, Zur Geschichte und Landeskunde der Rheinlande, Westfalens und ihrer westeuropäischen Nachbarländer, Aufsätze und Vorträge aus 4 Jahrzehnten, hrsg. E. Ennen, A. Hartlieb v. Wallthor u. M. van Rey, 1973, S. 151.

[118] Vgl. das Verzeichnis der einschlägigen Aufsätze Gysselings oben, Anm. 42.

[119] H. Kuhn, Vor- und frühgermanische Ortsnamen in Norddeutschland und den Niederlanden, in: Westfälische Forschungen 12 (1960), S. 5—44 u. ders., Das Rheinland in den germanischen Wanderungen (wie oben, Anm. 70).

[120] Vgl. hierzu Pfister, Sprachliche Berührungen (wie oben, Anm. 100), S. 181 ff. u. Éléments franciques (wie Anm. 106), S. 134.

[121] De Franken (wie oben, Anm. 48).

[122] Histoire (wie oben, Anm. 48), S. 943.

[123] Über sie vgl. oben, S. 146 f.

[124] Näheres vgl. oben, S. 123 f.

[125] E. Ewig, Frankenzeit und frühes Mittelalter (450—925), in: Petri-Droege, Rheinische Geschichte I. Im Manuskript benutzt; z. Z. im Satz. Der Band soll 1977 im Druck vorliegen.

[126] Wie oben Anm. 70, Teil 2. Der Beitrag rief sogleich bei seinem ersten Erscheinen in der Sammelveröffentlichung: Siedlung, Sprache usw. (wie Vorwort) eine lebhafte Diskussion hervor; vgl. insbes. die kurze Erwiderung von E. Ewig, ebda. S. 489 und demnächst ders., Die Franken am Rhein, Bemerkungen zu Hans Kuhn, Das Rheinland in den fränkischen Wanderungen, in: Nationes Bd. 1 (wie oben, Anm. 100).

[127] Die Civitas Ubiorum, die Francia Rinensis und das Land Ribuarien. Zuerst in: Rhein. Vierteljahrsbll. 19 (1954), S. 1—29, wiederabgedruckt in: Siedlung, Sprache usw. (wie Vorwort), S. 403—446. — Weiteres zum Problem vgl. S. 184 ff.

[128] So insbes. Ewig (wie Anm. 127), S. 417 ff.

[129] Vgl. oben, Anm. 69. Gedruckt in: Hermaea. Germanistische Forschungen 10, 1961.

[130] W. Levison, in: Wattenbach-Levison, Deutschlands Geschichtsquellen im Mittelalter I, 1952, S. 69.

[131] Schützeichel, Grundlagen (wie Anm. 69), S. 88.

[132] Geschichte der Franken bis zur Mitte des 6. Jahrhunderts auf der Grundlage des Werkes von Ludwig Schmidt unter Mitwirkung von Joachim Werner neu bearbeitet, 1972, S. 34, Anm. 1. — Vgl. ferner S. 186 sowie Anm. 212.

[133] Wie oben, Anm. 70 u. 126.

[134] Vgl. S. 185 ff.

[135] Nochmals die Francia Rinensis und das Land Ribuarien, in: Siedlung, Sprache usw. (wie Vorwort), S. 484.

[136] H. v. Petrikovits, Reichs-, Macht- und Volkstumsgrenzen am linken Niederrhein im 3. und 4. Jahrhundert. In: Festschrift f. A. Oxé, 1938, S. 228—240.

[137] Vgl. insbes.: Probleme der fränkischen Frühgeschichte in den Rheinlanden, in: Historische Forschungen f. Walter Schlesinger, 1974, S. 47—79.

[138] Vgl. insbes.: W. J. de Boone, De Franken van hun eerste optreden tot de dood van Childerich, 1954; M. Waas, Germanen im römischen Dienst im 4. Jahrhundert (Diss. Bonn 1965); B. Rüger, Germania Inferior. Untersuchungen zur Territorial- und Verwaltungsgeschichte Niedergermaniens in der Prinzipatszeit (Beihefte der Bonner Jahrbücher 30, 1968); D. Hoffmann, Das spätrömische Bewegungsheer und die Notitia dignitatum, 2 Bde. (Epigraph. Studien 7, 1969).

[139] Zur allgemeinen Unterrichtung werde verwiesen auf: H. Draye, Ortsnamen- und Sprachgrenzforschung in Belgien, in: Rhein. Vierteljahrsbll. 21 (1956), S. 97—110, wiederabgedruckt in: Sprache, Siedlung usw. (wie Vorwort), S. 209—229 sowie auf die folgenden Literaturübersichten des Löwener „Instituut voor Naamkunde" mit periodischen Übersichten auch über die Literatur zur fränkischen Landnahme und zur Bildung der romanisch-germanischen Sprachgrenze: H. J. van de Wijer, H. Draye u. K. Roelandts, De plaatsnamenstudie in 1953, 1954, 1955, 1956 (= Onomastica Neerlandica 1954, 1955, 1956 u. 1957); H. Draye u. K. Roelandts, De plaatsnamenstudie in 1957 en 1958 (ebda. 1959) sowie in 1959—1965 (ebda. 1970); ein weiterer Bericht von H. Draye befindet sich in Vorbereitung.

[140] Zur Orientierung vgl. für Belgien: Taaltoestanden in België, mede in Europees verband. Verslagboek des Colloquiums „Mens en Ruimte", Brüssel 1973, m. Beiträgen von H. Draye u. a. — Für Lothringen vgl. M. Toussaint, La frontière linguistique en Lorraine. Les fluctuations et la délimitation actuelle des langues française et germanique dans la Moselle, 1955, für die Schweiz St. Sonderegger (wie oben, Anm. 82).

¹⁴¹ Hierüber unterrichtet: H. Draye, Die Zahlengröße der fränkischen Siedlung in der nördlichen Romania, in: Jahrbuch f. fränkische Landesforschung 20 (1960), S. 175—180.

¹⁴² Vgl. insbes.: J. Dhondt, Essai sur l'origine de la frontière linguistique, in: Antiquité classique 16 (1947), S. 261—288 und ders., Note sur l'origine de la frontière linguistique, in: Antiquité classique 21 (1952), S. 107—122 und dazu Bericht I, insbes. S. 84 ff., 86 ff.

¹⁴³ Sammlung „Notre Passé", 1955; dazu die Besprechung von F. Steinbach in: Rhein. Vierteljahrsbll. 21 (1956), S. 374—380, wiederabgedruckt in: Collectanea Franz Steinbach, 1967, S. 161—168 sowie meine eigene Stellungnahme zu Verlinden in: Hist. Zeitschr. 182 (1956), S. 96—100, wiederabgedruckt in: Siedlung, Sprache usw. (wie Vorwort), S. 485—489. — Weitere Aufsätze Verlindens zum Sprachgrenzproblem: Catastrophe of evolutie? Het ontstaan van de taalgrens in België, in: Tijdschr. v. Geschiedenis 68 (1955), S. 289—306 und: Frankische vestiging en taalgrens. Lezingen gehouden voor de Naamkundecommissie der Kon. Nederl. Akademie van Wetenschappen op 8. 12. 1956 door J. F. Niermeyer en Ch. Verlinden, in: Bijdragen en Mededelingen der Naamkundecommissie v. d. Kon. Nederl. Akademie, Amsterdam 1957.

¹⁴⁴ J. Stengers, La formation de la frontière linguistique en Belgique ou de la légitimité de l'hypothèse historique, 1959.

¹⁴⁵ H. Draye, Über die Möglichkeit einer Deutung der westlichen Sprachgrenze. Zu Jean Stengers erkenntnistheoretischen Betrachtungen in „La formation de la frontière linguistique en Belgique", in: Aus Geschichte und Landeskunde. Festschrift Franz Steinbach, 1960, S. 686—696.

¹⁴⁶ Vgl. außer Gysselings oben, Anm. 42 zitierten Arbeiten: Ders., Schets van het ontstaan van de Frans-Nederlandse taalgrens, in: Wetenschappelijke Tijdingen 20 (1960), S. 433—438; Onstaan en verschuiving van de taalgrens in Noord-Frankrijk, in: De Franse Nederlanden, Jaarboek 1976 (Titel auch frz.), S. 70—85 sowie: De verfransing in Noord-Frankrijk, in: Naamkunde 4 (1972), S. 53—69 (mit französischsprachigem Resumé S. 69 f.) — Gysselings Auffassung schließt sich für das Maasland an: Tummers, Romaans (wie oben, Anm. 51), insbes. S. 8 ff.

¹⁴⁷ Oben, S. 154 ff.; Anmerkungen 97, 100, 106.

¹⁴⁸ Das westfränkische Problem, zuletzt in Siedlung, Sprache usw. (wie Vorwort), S. 133 f.

¹⁴⁹ Vom Weiterleben der vorgermanischen Toponymie im deutschsprachigen Elsaß, 2 Bde., 1967, insbes. I, S. 184.

[150] St. Sonderegger, Die althochdeutsche Schweiz. Zur Sprach- und Siedlungsgeschichte der deutschen Schweiz bis 1100, in: Sprachleben der Schweiz, 1963, insbes. S. 48 ff. u. ders., Die Ausbildung der deutsch-romanischen Sprachgrenze in der Schweiz (wie Anm. 82).

[151] Frontière linguistique en Lorraine (wie oben Anm. 140).

[152] Über die nur sehr zögernde siedlungsmäßige Erschließung der dichtbewaldeten Westabdachung der Vogesen und den Anteil der Kolumbanklöster an ihr vgl. H. Büttner, Geschichte des Elsaß I (1939), S. 33—59.

[153] Bericht I, S. 40 f. sowie selbständige Ausgabe von 1954, Exkurs S. 117 ff. — Vgl. auch oben Anm. 56.

[154] Vgl. im einzelnen: A. Boileau, Toponymie dialectale germano-romane du nord-est de la province de Liège. Analyse lexicologique et grammaticale comparative. Thèse Lüttich 1971; ders., Toponymische gelijkmaking in het geromaniseerde gedeelte van Overmaas, in: Naamkunde I (1969), S. 70—83; ders., Toponymie et contact des langues en Belgique (m. Karte der Ortsnamendubletten), in: Les noms de lieu et le contact des langues (Titel auch auf Englisch), Quebec 1972, S. 42—89. — Vgl. ferner oben, Anm. 55.

[155] Der von uns für die Wiedereinschmelzung fränkisch überwanderter Gebiete in Bericht I anstelle des Ausdrucks „Reromanisierung" verwendete Terminus „Entgermanisierung" greift einen Vorschlag des Lütticher Germanisten J. Warland, Bild und Bildung der germanisch-romanischen Sprachgrenze in Belgien, in: Album René Verdeyen, 1943, auf (vgl. Bericht I, S. 54 f.) und sollte weder als Aufgabe von Positionen verstanden werden, die ich auch früher nicht vertreten habe, wie Ch. Verlinden meinte, noch auch, wie bei M. Pfister, im gegenteiligen Sinne gedeutet werden. Keiner der beiden Ausdrücke ist in dem Sinne zu verstehen, als postuliere er eine Periode ausschließlicher Herrschaft der germanischen Sprache in den fraglichen Gebieten.

[156] Die Herausgabe der Kongreßakten wird vorbereitet durch das internationale Zentrum für Onomastik in Löwen. — Zum gleichen Thema vgl. auch H. Drayes Würdigung des Lebenswerkes von E. Kranzmayer in Onoma 17 (1972/63), S. 22—28.

[157] Besonders in seiner Berliner Akademieabhandlung vom Jahre 1938, vgl. Bericht I, Anm. 50.

[158] Im einzelnen vgl. hierzu: Bericht I, S. 32 f.

[159] Über die Problemlage unterrichtet umfassend: R. Schützeichel, Das Ludwigslied und die Erforschung des Westfränkischen, in: Rhein. Vierteljahrsbll. 31 (1966—67), S. 291—306; wiederabgedruckt in: Siedlung, Sprache usw. (wie Vorwort), S. 256—277.

[160] M. Gysseling, De vroegste geschiedenis van het Nederlands (wie oben, Anm. 42), insbes. S. 172 ff. — Von romanistischer Seite vgl. M. Pfister, Forschungsbericht, in: Zeitschr. f. roman. Philologie 88 (1972), S. 481 ff.

[161] H. Ehmer, Die sächsischen Siedlungen auf dem französischen „Litus Saxonicum", ^{1}1937, Neuausgabe 1973.

[162] Ebda. S. 58. Sperrung der Worte im Text durch den Verfasser.

[163] So Blok, Histoire et toponymie (wie oben Anm. 48), S. 943.

[164] P. C. J. A. Boeles, Friesland tot de elfde eeuw, ^{2}1951.

[165] Blok (wie Anm. 163), unter Bezugnahme auf: A. Russchen, New Light on Dark-Age Frisia, 1967.

[166] Ortsnamenkunde und Siedlungsgeschichte. Beobachtungen eines Historikers zur Problematik der Ortsnamenkunde, in: Westfälische Forschungen 8 (1955), S. 24—64.

[167] Vgl. oben S. 142 f.

[168] P. A. Piémont, L'Etablissement de la frontière linguistique franco-germanique, 1963.

[169] F. Steinbach, Studien zur westdeutschen Stammes- und Volksgeschichte, ^{2}1962, S. VI, 177. — Zur Kritik Piémonts vgl. im übrigen: E. Legros, in: Handelingen der Commissie v. Toponymie en Dialectologie 38 (1964), S. 170 ff. sowie H. Draye, in: Mededelingen der Vereniging v. Naamkunde 39 (1963), S. 180.

[170] Volkserbe I, S. VI ff.

[171] Collectanea Franz Steinbach (wie Anm. 143), S. 169.

[172] ^{1}1934, ^{2}1957. — Vgl. auch Bericht I, S. 11.

[173] In seinen oben, S. 209, Anm. 127 bereits genannten Arbeiten.

[174] Das betont mit Recht Steinbach in seiner ebendort genannten Rezension.

[175] Ganz anders als Kurth urteilt insbes. der Archäologe A. Holwerda, u. a. in seinem Beitrag: De Franken, in: Oudheidkundige Mededelingen NR V, 1924.

[176] de Boone, De Franken (wie oben, Anm. 138).

[177] Vgl. insbes. die folgenden Aufsätze Niermeyers: Het Midden-Nederlands rivierengebied in de Frankische tijd op grond van de *Ewa quae se ad Amorem habet*, in: Tijdschr. v. Geschiedenis 66 (1953), S. 145—169, seinen Beitrag zur Festschrift F. Rousseau (wie oben Anm. 63) und den gemeinsam mit Ch. Verlinden gehaltenen Amsterdamer Vortrag über: Frankische vestiging en taalgrens (wie oben, Anm. 143).

[178] Im einzelnen vgl. dazu meinen Aufsatz: Stamm und Land im frühmittelalterlichen Nordwesten nach neuerer historischer Forschung,

in: Westfälische Forschungen 8 (1955), S. 5—16, wiederabgedruckt in der Sammlung meiner Aufsätze (wie oben Anm. 117), S. 377—391. — Weiteres zum Stammesproblem vgl. S. 190.

[179] Wie oben Anm. 48.

[180] Vgl. die Stellungnahmen von C. van de Kieft, E. M. van Winter u. D. P. Blok, in: Tijdschr. v. Geschiedenis 82 (1969), S. 536 ff. u. 83 (1970), S. 346—351.

[181] Vgl. oben Anm. 42.

[182] Für die Namen auf *-iacas, -iaca curtis* und *-iaca ville* vgl. oben, S. 141. Ausführlicher begründet A. Verhulst seine Auffassung in: La génèse du régime domanial classique en France en haut moyen âge, in: Cettimane di studio del Centro italiano di studi sull'alto medioaevo di Spoleto XIII, 1966, S. 135—160.

[183] Aufschlußreich für Roblins Methode sind die Beiträge, in denen er alljährlich im Annuaire der Ecole Pratique des Hautes Etudes, IVe section seit Jahrgang 97, 1964/65 über seine dortige Lehrtätigkeit und den Fortgang der Untersuchungen berichtet. Das Zitat im Text vgl. in: Annuaire 1970/71, S. 332. Generelle Infragestellung des ethnischen Aussagewertes der Reihengräberfriedhöfe zuletzt in: Annuaire 1974/75, S. 410 f.

[184] Le terroir de Paris aux époques gallo-romaine et franque. Peuplement et défrichement dans la civitas des Parisii, ^{1}1951, ^{2}1971. — Vgl. ferner: Ders., Paris et l'Ile-de-France à l'époque celtique, gallo-romaine et franque, in: Histoire de Paris et de l'Ile-de-France, hrsg. v. M. Mollat, 1971, S. 23—69.

[185] Zu Gysseling vgl. oben S. 140 ff.

[186] Mit dem Untertitel: Siedlungs- und standesgeschichtliche Studie zu den Anfängen des fränkischen Adels in Nordfrankreich und Belgien (Beiheft 41 der Vierteljahrsschrift für Sozial- u. Wirtschaftsgeschichte, 1958).

[187] Rezension Bergengruens durch F. Steinbach, in: Vierteljahrsschrift für Sozial- und Wirtschaftsgeschichte 47 (1910), S. 381 bis 390, wiederabgedruckt in: Collectanea Franz Steinbach (wie Anm. 143), S. 169—179.

[188] Vgl. hierzu u. a.: W. Schlesinger und J. Werner bei Irsigler (wie Vorwort), S. 51 f., 91 f., 96 ff., wiederabgedruckt in: Siedlung, Sprache usw. (wie Vorwort), S. 545—550; — R. Wenskus, Amt und Adel in der frühen Merowingerzeit, in: Mitteilungsblatt des Marburger Univ.-Bundes 1959 H. 1/2, S. 40—56; Ders., Fränkischer Reichsadel und sächsischer Stammesadel (= Abhandlungen der Akademie der Wissenschaften in Göttingen, Phil.-Hist. Klasse, Dritte

Folge, 1976), sowie K. F. Werner in dem unten, Anm. 199, genannten Beitrag, S. 86. — Zum Adelsproblem in den rheinischen und niederländischen Ausgangsgebieten der Franken vgl. S. 127 ff.

[189] F. Irsigler, Untersuchungen zur Geschichte des frühfränkischen Adels, in: Rhein. Archiv 70, 1969. Wiederabdruck der „Ergebnisse" in: Siedlung, Sprache usw. (wie Vorwort), S. 551 ff.

[190] Studien zur rechtlichen und politischen Stellung der fränkischen Oberschicht im 6. Jahrhundert (wie oben, Anm. 13).

[191] Fränkische und frankolateinische Bezeichnungen für soziale Schichten und Gruppen in der Lex Salica, in: Nachrichten der Akademie der Wissenschaften in Göttingen I. Phil.-Hist. Klasse, Jg. 1972, Nr. 4, S. 219—258.

[192] Ebda. S. 252 f.

[193] Nederzettingsnamen en nederzettingsgeschiedenis (wie Anm. 42), S. 39: „inplanting in het zentrale deel van het Merovingische rijk van groepen Germaanse grootgrondbezitters en de inrichting te hunen behoeve van hetgeen wij 'domeinen' noemen."

[194] Th. Mayer, Königtum und Gemeinfreiheit im frühen Mittelalter in: Deutsches Archiv für die Erforschung des Mittelalters 6 (1943), S. 329—362, wiederabgedruckt in: Mittelalterliche Studien. Gesammelte Aufsätze ([1]1959, [2]1972), S. 139—163 sowie ders., Die Königsfreien und der Staat des Frühmittelalters, in: Das Problem der Freiheit in der deutschen und schweizerischen Geschichte, in: Vorträge und Forschungen 2 (1955), S. 7—56. — Vgl. dazu auch H. Büttner, Die Franken und Frankreich. Neuere Literatur zur Entstehung der Sprachgrenze und der germanischen Landnahme, in: Zeitschr. f. Geschichte d. Oberrheins NF 51 (1938), S. 561 ff.

[195] Vgl. oben S. 152 und die Anm. 91 genannten Arbeiten von R. Schützeichel und H. Knoch.

[196] Schmidt-Wiegand, Fränkische und frankolateinische Bezeichnungen (wie Anm. 191), S. 251.

[197] Auch der damals in Nordgallien zu beobachtende Umbruch in den Ortsnamen paßt in das bewegte Bild der Zeit. Er wird, ebensowenig wie in Westfalen oder Friesland, ausschließlich oder auch nur vorwiegend durch Siedlungseinwirkungen hervorgerufen worden sein.

[198] Über den gallischen Senatorialadel unterrichtet: K. F. Stroheker, Der senatorische Adel im spätantiken Gallien, 1948.

[199] Bedeutende Adelsfamilien im Reiche Karls des Großen. In: Karl der Große. Lebenswerk und Nachleben, Bd. I, hrsg. v. H. Beumann, 1965, S. 83—142, insbes. S. 88 ff. Dasselbe Thema wird auch Gegenstand einer selbständigen Veröffentlichung Werners sein mit dem

Titel: Die Entstehung des Fürstentums, 7. bis 10. Jahrhundert. Studien zur fränkischen Reichsstruktur und zur Geschichte des nichtfränkischen Herrschertums.

[200] Études franques (wie oben Anm. 89), wobei jedoch die Einschränkungen seiner Angaben durch H. Knoch, Westfränkische Personennamen (wie Anm. 91) zu beachten sind.

[201] Einzelbelege vgl. bei: S. Corsten, Rheinische Adelsherrschaft im ersten Jahrtausend in: Rhein. Vierteljahrsbll. 28 (1963), S. 84—129. — Ferner: K. F. Werner (wie Anm. 199), S. 30 ff. und, speziell für den kirchlichen Bereich, F. Prinz, Die bischöfliche Stadtherrschaft im Frankenreich vom 5. bis zum 7. Jh., in: Bischofs- und Kathedralstädte des Mittelalters und der frühen Neuzeit (= Städteforschung Reihe A, Bd. 1 [1976], S. 1—26).

[202] Von E. Ewig in seiner mehrjahrzehntelangen Beschäftigung mit den fränkischen Problemen angelegte Sammlungen wurden von R. Schützeichel übernommen und werden gegenwärtig im Zuge seiner Untersuchungen zur Erforschung des Westfränkischen planmäßig erweitert.

[203] E. Ewig, Volkstum und Sprachbewußtsein im Frankenreich des 7. Jahrhunderts, in: Settimane di studio del Centro italiano di studi sull'alto medioaevo 5, Spoleto 1958, S. 587—648.

[204] Zitat nach Werner, Adelsfamilien (wie Anm. 199), S. 89.

[205] Descriptio Franciae (wie Anm. 113), S. 43—177.

[206] Eine Veröffentlichung seines gesammelten auf die westfränkischen Gebiete bezüglichen Schrifttums durch das Deutsche Historische Institut in Paris befindet sich in Vorbereitung unter dem Titel: Eugen Ewig, Spätantikes und fränkisches Gallien. Gesammelte Schriften. Hrsg. v. H. Atsma und mit einem Vorwort von K. F. Werner. Beihefte der Francia. Bd. 3/1 und 3/2. Das Erscheinen von Bd. 3/1 ist laut freundlicher Mitteilung von K. F. Werner noch im Jahr 1976 zu erwarten.

[207] Im einzelnen vgl. oben, S. 163 ff.

[208] Aus dem Manuskript zitiert. Der Beitrag befindet sich z. Z. im Satz und soll im Rahmen des 2. Bandes der Rheinischen Geschichte im Jahre 1977 erscheinen.

[209] Vgl. oben, Anm. 70, 76a, 126, 133.

[210] Das ergab ein Gespräch im Marburger Nationes-Colloquium, auf dem sowohl Ewig wie Kuhn ihre Auffassungen vertraten. Für Ewigs vor der Veröffentlichung stehende Entgegnung auf Kuhn vgl. oben, Anm. 126.

[211] Näheres vgl. oben, Anm. 13 u. 26.

[212] Dieser Gefahr scheint mir z. B. die als Versuch einer fachvergleichenden Aufarbeitung der neueren Frankenforschung im ganzen durchaus bemerkenswerte Neubearbeitung von L. Schmidts Frankengeschichte durch E. Zöllner (wie oben, Anm. 132) nicht entgangen zu sein. Von Rezensionen des Werkes vgl.: E. Ewig, in: Hist. Zeitschr. 213 (1971), S. 666—670 u. R. Schützeichel, in: Beiträge z. Namenforschung 9 (1974), S. 186—194, mit Stellungnahme auch zu den stammes- und volksgeschichtlichen Auffassungen Zöllners.

[213] Schmidt-Wiegand (wie Anm. 191), S. 246 f.

[214] Es genüge, an dieser Stelle als Belege dafür auf meinen unten, Anm. 221 genannten Aufsatz und vor allem auf Ewigs in Anm. 208 angekündigten Beitrag zur Rheinischen Geschichte zu verweisen. — Vgl. ferner Ewigs Vortrag: Die Stellung Ribuariens in der Verfassungsgeschichte des Merowingerreiches. In: Gesellschaft f. Rheinische Geschichtskunde, Vorträge Nr.. 18, 1969.

[215] Zur Orientierung über die fränkische Frühzeit am Niederrhein vgl. insbes.:

a) Archäologie: H. Stoll, Die Aufnahme fränkischer Funde aus der Rheinprovinz, in: Rhein. Vorzeit in Wort u. Bild 1 (1938), S. 55 ff.; ders., Die fränkische Besiedlung der südlichen Kölner Bucht. ebda. 2 (1939), S. 18—26; ders., Die fränkische Besiedlung der Dürener Bucht, ebda. 4 (1941), S. 71—79. — K. Böhner, Archäologische Beiträge zur Erforschung der Frankenzeit am Niederrhein (wie Bericht I, Anm. 18); ders., Fränkische Altertümer des Trierer Landes (wie oben Anm. 5); W. Janssen, Studien zur Wüstungsfrage im fränkischen Altsiedelland zwischen Rhein, Mosel und Eifelnordrand, 2 Bde. (= Beiheft der Bonner Jahrbücher 35, 1975), dort I, S. 25 das Zitat im Text; ders., Zur Differenzierung des früh- und hochmittelalterlichen Siedlungsbildes im Rheinland (wie oben, Anm. 27); ferner die oben, Anm. 7, 13 u. 24, genannten, den Niederrhein betreffenden Arbeiten von Doppelfeld, Pirling, Hinz usw.

b) Namenkunde und Sprachwissenschaft: Schützeichel (wie oben, Anm. 69 u. 129); Gysseling (wie oben, Anm. 41, 42, 74); Kuhn (wie oben, Anm. 70, 76a u. 77); Wirtz (wie oben, Anm. 73); v. Gadow (wie oben, Anm. 75); Janssen, Wüstungsfragen (wie vorstehend unter a); Steinbach, Studien (wie Bericht I, Anm. 5 und Neuausgabe 1962), S. 126—151; H. Dittmeier, Rheinische Flurnamen, 1963, Art. Weiler, S. 376 ff.

c) Topographie: E. Ennen, Ein geschichtliches Ortsverzeichnis des Rheinlandes in: Rhein. Vierteljahrsbll. 9 (1939), insbes. S. 261 ff.; Kl. Flink, Das historische Ortslexikon der Rheinlande, ebda. 31

(1966/67), S. 401—439 sowie: Rheinischer Städteatlas, hrsg. v. E. Ennen, bearb. v. Kl. Fink, Blätter Bonn, Zülpich, Meckenheim, 1972.

[216] de Boone, De Franken (wie Anm. 138).

[217] R. Wenskus, Stammesbildung und Verfassung. Das Wesen der frühmittelalterlichen gentes, 1961. Vgl. insbes. S. 512—541.

[218] Ebda, S. 526 ff.

[219] Vgl. dafür oben, S. 129 ff., S. 154 ff. u. Anm. 117!

[220] W. Schlesinger, Die Franken im Ge iet östlich des mittleren Rheins (wie oben, Anm. 33).

[221] Im einzelnen dazu: F. Petri, Der Rhein in der europäischen Geschichte und den europäischen Raumbeziehungen von der Vorzeit bis zum Hochmittelalter. Zugleich ein Bericht über dreieinhalb Jahrzehnte Landes- und Kulturraumforschung. In: Das erste Jahrtausend. Kultur und Kunst im werdenden Abendland an Rhein und Ruhr. Textband II, 1964, S. 567—615 und, in Einzelpunkten mit etwas abweichender Wertung: W. Schlesinger, Zur politischen Geschichte der fränkischen Ostbewegung vor Karl dem Großen, in: Althessen (wie Anm. 34).

[222] Wie Vorwort, vgl. darin insbes. Einführung, S. XIII—XIX.

[223] Wenskus, Stammesbildung (wie Anm. 217), S. 435 f., 468.

[224] Letzteres tat mit Recht bereits Th. Mayer, Königsfreie (wie Anm. 194), S. 41 ff.

[225] Das Ergebnis der beiden zur Zeit dem Kontinuitätsproblem im Frühmittelalter gewidmeten Reichenau-Tagungen soll in einem besonderen Band der „Vorträge und Forschungen" festgehalten werden.

Er bringt wie oben, S. 139, Nachtrag, näher ausgeführt, die Bestätigung dafür, daß sich die Diskussion der in diesen Berichten behandelten Fragenkomplexe in z. T. abgewandelter Form weiter fortsetzt und bildet eine unentbehrliche Ergänzung insbesondere der archäologischen Ausführungen dieses Bandes.

KURZREGISTER

Zu allgemeine und zu häufig wiederkehrende Namen wie Frankreich, Belgien, Wallonen u. ä. wurden nicht berücksichtigt. Aufgenommen wurden hingegen die Namen von für die neuere Landnahme- und Sprachgrenzdiskussion wichtigeren Autoren.

Adel
  Oberschicht (s. auch Sozialgefüge) 15. 17. 21. 30. 121 ff. 127 ff. 132. 178—183. 186. 189. 198 f. 214 ff.
  Senatorialadel 26 f. 100. 178 f. 182 f. 189. 215
  Adelsgräber s. Reihengräbersitte
Alemann(i)en 31. 36. 77 ff. 101. 113. 124 f. 138. 164. 187. 198
Alpenländer (s. auch Schweiz) 78 ff. 125. 150. 168 f. 198
Andernach 25. 71. 147
Angelsachsen (s. auch Sachsen) 84. 110. 160. 171
Aquitanien (s. auch Südgallien) 23. 52 f. 56 f. 73 f. 108. 131. 183
Archäologie s. Reihengräbersitte
Ardennen 34. 39. 85. 115. 124
H. Aubin 3. 68. 93. 106. 115
Avricourt-Namen s. Weiler-Namen

A. Bach 103. 112. 142. 203
Bauern (s. auch Sozialgefüge) 26 f. 30. 31 f. 36. 65. 108 f. 124. 126. 161 f. 179. 209

Befestigungen und Burgen
  spätrömisch (s. auch Limes belgicus) 61—64. 103. 124 f. 187 f.
  vorfränkisch 138. 162 f.
  fränkisch 137 f.
  castra- und castellum-Namen 61 f. 103
A. Bergengruen 179 f. 214
D. P. Blok 4. 142 f. 161. 203. 209. 219, Kartenanhang, Karte 2
K. Böhner 16 ff. 27. 99 ff. 110. 111 f. 115. 116. 122. 126. 197. 217. Nachtrag 139
W. J. de Boone 190. 210. 218
H. Büttner 110 f. 114. 212. 215
Burgund(er) 113. 131. 149. 164. 187

Christentum und Kirche 23 ff. 72 f. 100. 111. 116. 125. 130. 135. 163. 183

Deutsch-Begriff s. theotiscus
J. Dhondt 26. 29. 44. 52. 62 ff. 65 f. 68. 98 f. 100. 108 f. 167. 211
Doppelformen in Ortsnamen (s. auch Ortsnamenausgleich) 39.

149 f. 219, Kartenanhang, Karte 4
H. Draye 4. 39 ff. 65 ff. 93. 100. 102. 106. 109. 112. 142. 144 ff. 168. 203 f. 210 ff.

Elsaß und Oberrhein 70. 76. 110. 148 ff. 168. 206
Entgermanisierung 48 f. 54 f. 108. 116
Entromanisierung 78 f. 113
Entvölkerung und Wiederbesiedlung 67 ff. 76. 134. 178. 190
E. Ewig 111 f. 131. 146. 152. 162 ff. 164 ff. 183. 184 ff. 216

Fiskalgut, Königsgut 70. 110 f. 161 f. 178 f. 209. 214
Flandern 14. 35. 39. 65. 74. 85. 102. 114. 129. 158. 171. 177
Flandrisch-pikardischer Raum 129. 140—144. 158. 160. 171
Flandrisch-nordfranzösische Küstenzone 129 ff. 171. 213
Francus- und Francia-Begriff 184 f. 208. 216
Francia Rinensis 164 ff. 184. 209 f.
homines Franci 143. 176. 214
Franken
 Stammesbildung 163. 175 f. 184. 187. 190 ff. 213 f. 218 (s. auch Ribuarier, Salier, Rheinfranken, Recht)
 Frankisierung und Reichsfrankentum 56 f. 105. 165. 175 f. 183. 191 f. 210. 213. 216. 218
Frankenreich 10 f. 98. 159 f. 163 ff. 174 f. 182 ff. 187. 191 f. 209 f. 213. 215 f. 218

politische Namen 46 ff. 104, Anm. 82
Friesen, Friesland, Frisia citerior 33. 84. 115. 130. 160. 171. 200. 209. 213. 215
Th. Frings 7 f. 38 f. 49 ff. 75. 92 f. 97. 102 ff. 112. 114. 154 ff. 208

E. Gamillscheg 32 f. 38. 49 ff. 101. 140. 154. 156. 159 f. 170. 202. 207 f. 212
F. L. Ganshof 68. 89. 109. 111, Anm. 175a. 208, Anm. 113
Gebiete östlich des oberen und mittleren Rheins 137. 202
Gebiete zwischen Seine und Loire 14. 20 ff. 93. 98. 112
Gellep 124. 132. 198
gentes ultra Rhenum 135—139. 191 f. 218
Germani cisrhenani 75 f. 108, Anm. 182
Germania libera 131 f. 136 f. 190 f.
Grundherrschaft (s. auch Sozialgefüge) 51. 65. 80. 126. 132. 150. 177. 179 ff. 194. 214 f.
M. Gysseling 34 ff. 82. 101 ff. 105. 108. 113 f. 140—144. 168. 171. 177. 202 ff. 211. 213

Handwerk, Handel, Industrie 70 f. 110 f. 129. 132. 200 f.
J. Herbillon 101. 103. Exkurs nach 116. 169. 212
Hessen 137 f. 202

Intensität der fränkischen Sprach- und Siedlungseinwirkung 18 ff. 32. 36. 52 ff. 88 ff. 105. 124.

129 f. 131. 135. 137. 141. 146.
149. 151. 157. 190. 197 f. 202.
204. 206
F. Irsigler 3. 180. 215

W. Janssen 4. 134. 188 ff. 199.
201. 217. 219, Kartenanhang,
Karte 3
W. Jungandreas 38 ff. 103. 110.
111. 146 f. 205

Kirche s. Christentum
W. Kleiber 149 f. 206
Köln und Kölnischer Niederrhein
(s. auch Ribuarien) 71. 132 ff.
147. 163 ff. 185 ff. 188. 201.
205. 209
Königsfreie 137. 176. 181 f. 215
Königsgut s. Fiskalgut
Königtum 128. 178 ff. 189
einzelne Herrscher und Königinnen
Arnegundis 188. 200
Childerich 59. 108
Chlodwig 179. 190
Chlotar I. 128
Chlotar II. 153
Dagobert I. 158
Sigibert 133
Theudebert 133
Kontinuität zwischen Spätantike
und Frühmittelalter 149. 162 f.
178. 186 ff. 198. 206. 218
Hans Kuhn 142. 147 f. 163 f.
165 f. 185 ff. 203. 205. 209.
216
G. Kurth 68. 88 f. 173. 175. 182.
213. 216

Landesausbau 23. 29. 34. 36 f.
67. 84 f. 112. 115. 134. 169.
178 f. 181 f. 189. 194. 201 f.
Kartenanhang, Karte 3
Landnahme
Begriff 193 ff.
Gang der Forschung 11 f.
193 ff. 218, Anm. 223
Bedeutung 10 f. 86 ff. 122.
158 ff.
Verhältnis zur Sprachgrenze (s.
auch dort) 9. 67 ff. 88 ff.
168
F. Langenbeck 38. 103. 112. 148 f.
206
E. Legros 33. 101 ff. 104 f. 106.
116
Ligeris, Loire, Loirebecken, Loiregrenze 16 ff. 57. 84. 87 ff. 98.
105 f. 114 f. 122. 125. 158 ff.
208
Limes belgicus (s. auch Befestigungswesen) 55. 57—60. 65.
89. 106 f.
Lothringen 14. 26. 30 f. 67. 89.
94. 100 f. 105. 126 f. 129. 199.
219, Kartenanhang, Karte 1

Mittlere Maaslande 14. 39. 82 f.
113. 129
Mainz und Mittelrhein 70 ff. 111.
147. 164. 205
G. Des Marez 60
Th. Mayer 181. 215. 218
Methodenprobleme 8 ff. 19. 32 f.
99. 174 ff. 194 ff.
Metz und Metzer Raum (s. auch
Lothringen) 34. 39. 126. 144.
198. 201. 204
Militärsiedlung im Westfrankenreich 130 f. 176. 179. 200, Anm.
23. 214, Anm. 186 u. 187
Mittelmeerraum 74 f. 84. 112.

114. 131. 135. 200, Anm. 23a.
201
Mittelrhein (s. auch Mainz) 70.
75. 107 f. 110. 129. 131. 135.
201
Moselromania s. Moselraum, deutscher, und Trier
Moselraum, deutscher (s. auch
Trier) 29. 42 ff. 69 f. 103.
123 f. 129. 131. 135. 146 f. 161.
201. 205

Nachlandnahmezeitliche Zuwanderung 23. 33. 101. 146. 160 f.
170. 190 f. 194. 201
Nachtrag April 1977 139
Niederlande 9. 63 f. 103 ff. 130 f.
142 f. 157. 161. 164. 175 f.
202 f.
Niederrhein und Rheindelta 62 ff.
75 f. 112. 130. 131 f. 134.
144. 184 ff. 187. 190. 202 f.
217 f.
J. F. Niermeyer 175 f. 204. 211.
213
Nordgallien 14. 28 f. 31. 44 f. 50.
52 ff. 56 f. 75. 90. 102. 122. 129.
131. 135. 140. 141 ff. 144. 190.
200. 202 f. 215
Normandie 14. 22. 129 f. 158.
160. 171

Oberrhein (s. auch Elsaß) 70 f.
76. 79 ff. 103. 149 f.
Ortsnamen (s. auch Weiler-Namen)
allgemein 32—48. 140—151
Ortsnamenausgleich 32. 36 ff.
41—45. 92 f. 141 f. 144 ff.
149 ff. 169 f.
zeitliche Schichtung 32 f. 160

Pariser Becken, Ile-de-France 31.
34. 45. 76. 90. 93 ff. 124. 131.
151. 158 f. 177 f. 183. 187 f.
197 f. 200. 206, Anm. 84 u. 85.
214. 215 f.
Patrozinien 74. 112
P. Perin 124. 128. 197 f. 199
Personen-Namen 36. 142. 148.
151 ff. 182 f. 203. 207. 216
H. v. Petrikovits 165 f. 210
M. Pfister 154—160. 168. 202.
207 ff.
P. A. Piémont 172. 213
Provinzialbevölkerung, vorfränkische 21. 24 ff. 65 f. 69 f. 80.
113. 123 f. 147. 161—166. 176.
189 f. 197 f. 204 ff. 209 f.
217

Recht
allgemein 56. 87. 93. 115.
150 f. 180 ff. 206, Anm. 84
Lex Salica 88. 115, Anm. 209.
180 f. 215
Lex Ribuaria 72. 111. 187. 217
sprachlich-rechtlicher Wechselbezug 150 f. 206
L. Remacle 102
Reihengräbersitte
allgemein 13—31. 77 f. 116.
121—139. 197. 202. 217
Entstehung und Verbreitung
13 ff. 16 ff. 98 f. 121 ff.
129 ff. 197 ff.
Laeten, Föderaten und Gentilen als Wegbereiter 15 f. 20.
121 ff. 129. 132. 197. 200
ethnischer Aussagewert 15—
27. 100. 116. 121 ff. 179. 197
sozialer Aussagewert 17 ff. 21.
121 ff. 129. 131 f. 198

Waffenbeigabe 16. 26 ff. 101. 125 ff. 198
provinzialrömische Bevölkerung und Reihengräbersitte 20 ff. 24 ff. 27 ff. 123 ff. 198
Adels- und „Fürsten"gräber 127 f. 130. 132 f. 197 f.
Bibliographie 197
Rheinlande (s. auch Oberrhein, Mittelrhein, Niederrhein, Francia Rinensis) 31. 42 ff. 66 f. 76. 101. 147. 161—166. 183. 185 ff. 200 f. 218
Rheinfranken 165. 185 f. 190. 210. 216, Anm. 208 ff.
Rhoneraum 84. 114. 135. 152. 201, Anm. 29. 207, Anm. 93 f.
Ribuarien und Ribuarier (s. auch Recht, Lex Ribuaria) 33. 102, Anm. 54. 147. 160. 163 f. 184 f. 205. 208 f. 217
M. Roblin 124. 177 ff. 197 f. 214
Römerstädte als Kontinuitätsträger (s. auch Köln, Mainz, Trier, Metz usw.) 70 ff. 162 f.
Romanische Sprache. Fränkische Einwirkungen auf Wortschatz, Phonetik, Syntax und Gliederung 49—59. 100 ff. 154—161. 207 ff.
H. Roosens 14. 28 f. 98 f. 100 f. 114. 122. 197. 200
Rückromanisierung s. Entgermanisierung

Sachsen (s. auch Angelsachsen) 33. 39. 115. 136 f. 171. 175 f. 202
Litus Saxonicum 179. 213
Salier (s. auch Recht, Lex Salica) 33. 63. 160. 163 ff. 184 ff. 208 f. 210

W. Schlesinger 137. 191 f. 199. 202. 214. 218
R. Schmidt-Wiegand 150 f. 181. 187. 202. 206. 215. 217
Schriftquellen
allgemein 9 f. 163. 173 f. 179 f. 189. 195
Diptychon Barberini 152. 207
Fredegar 42
Gregor von Tours 73
Hieronymus 112, Anm. 182
Konstanzer Mönchslisten 79. 113
Kosmograph von Ravenna 164. 184 f. 209
Ludwigslied 207
Notitia dignitatum 62
Polyptychon Irminonis 152. 207
Polyptychon Wadaldi 152. 207
Salvian 72
Vita Bertuini 34
Vita Severini 125. 198
R. Schützeichel 147. 152 f. 164 f. 168. 183. 207. 209 ff. 212. 215 ff.
Schweiz (s. auch Alpenländer) 29 f. 42. 77 ff. 103. 112 f. 144. 150. 206. 219, Kartenanhang, Karte 4
Siedlung, Sprache, Kulturraum. Grundsätzliches Verhältnis 7 ff. 10 f. 65 f. 68 f. 83 f. 89 f. 97. 108 f. 114. 193
St. Sonderegger 4. 158. 168. 204. 212. 219, Kartenanhang, Karte 4
Sozialgefüge 15. 17 f. 26 f. 30. 36. 47. 65. 98 f. 100. 108 f. 125 ff. 177 ff. 182. 215
Sprachausgleich (s. auch Orts-

namenausgleich) 40. 82 ff. 150. 168
Sprachgrenze
   allgemein 55—85. 145 f. 148 ff. 167—172. 213
   Verlauf 66 f. 170
   Gang der Erforschung 8 ff. 60. 193. 202. 213
   Siedlungs- oder Ausgleichsgrenze 10 ff. 36. 82 ff. 89 ff.
   vormittelalterliche Grundlagen (s. auch Limes belgicus) 65 ff. 170
Sprachräume und Sprachbewegungen im Westfrankenreich 7 ff. 23. 38 f. 50. 52 ff. 65 f. 74 ff. 90. 93. 97 f. 103. 116. 150. 154—160. 169. 191. 194. 204. 207 f.
Staatssiedlung 46 ff. 137 f.
Stammesproblem (s. auch Salier, Ribuarier) 100. 175 f. 184. 190 ff.
F. Stein 4. 126 f. 199. 219, Kartenanhang, Karte 1
F. Steinbach 8 ff. 13. 20. 58. 60. 63. 65 ff. 77. 86 ff. 91. 93. 97 f. 101. 104. 108. 114 ff. 157. 167 f. 172. 174. 179. 200. 211. 214
I. Stengers 168. 211, Anm. 144 f.
Straßen und fränkische Ausbreitung s. Verkehr
Süddeutschland 138 f. 149 f. 202. 206
Südgallien 56 f. 74 f. 108, Anm. 111. 112, Anm. 181. 131. 135. 152. 183. 200, Anm. 23a. 207, Anm. 93
Superstrat 52 f. 105. 156. 207
Symbiose zwischen Franken und Romanen 21 f. 36. 49 ff. 55 f. 58. 87. 97, Anm. 49. 126. 131. 141. 153. 169. 189. 194. 199. 200, Anm. 23

theudisk 55. 57 f. 105 f.
M. Toussaint 204. 210
Trier und Mittelmoselraum 42. 54 f. 73 f. 76. 103. 107, Anm. 177 f. 109 f. 112. 124. 152 f. 207

A. Verhulst 177. 214. 215
Verkehr, Einfluß auf Siedlung, Sprach- und Kulturraumbildung (s. auch Limes belgicus) 51 f. 82 f. 104. 134. 201, Anm. 27. 161 ff. 188
Ch. Verlinden 62. 89. 100. 102. 107 f. 114. 167. 174 f. 201
Volksbewußtsein (s. auch theudisk, walhisk) 56 f. 108 f. 183. 216

Waffenbeigabe s. Reihengräbersitte
walhisk 57. 105 f.
J. Warland 54 f. 105. 212
W. von Wartburg 33. 38 f. 49 ff. 54 f. 92 f. 102—105. 116. 154. 156. 159. 207 f.
Weiler-Namen 36 ff. 101 f. 143 f. 203 f.
L. Weisgerber 57. 105 f. 112, Anm. 182
R. Wenskus 190 f. 214 f. 218
J. Werner 15 ff. 62. 98 f. 101. 107. 126. 128. 197 f. 200 f. 214
K. F. Werner 182 f. 216
Westfalen 135. 171 f. 201 f. 215
westfränkisch 58 f. 170. 207. 212. 216

J. Ypey 130. 219, Kartenanhang, Karte 2

Zahlengröße der fränkischen Siedlungseinwirkungen im Westfrankenreich 32. 94 ff. 116. 167. 211

H. Zeiß 20 ff. 93. 98. 100. 112, Anm. 219. 125
E. Zöllner 51 f. 105. 115. 186. 210. 217

KARTENANHANG

1. Frauke Stein, Die verschiedenen Siedlungsgemeinschaften in der Merowingerzeit aufgrund der Gräberfelder in Lothringen (Wiedergabe einer in ihrem Beitrag über „Franken und Romanen in Lothringen" zur Festschrift Joachim Werner [1974], S. 84, enthaltenen und mir zur Reproduktion freundlichst zur Verfügung gestellten Karte).
2. J. Ypey, Die Verbreitung der frühmittelalterlichen Funde in den nördlichen Niederlanden (Stand: 1. 8. 74) (nach einer von D. P. Blok in seinem Buch ›De Franken‹ [¹1968], S. 66, [²1974], S. 80, veröffentlichten Karte mit Genehmigung des Verlages Fibula–Van Dishoeck, Bussum N.H./Niederl.).
3. W. Janssen, Wald und Siedlung im 7./8. Jahrhundert am Niederrhein (Wiedergabe einer in seinem Beitrag ›Zur Differenzierung des früh- und hochmittelalterlichen Siedlungsbildes im Rheinland‹ zur Festschrift Edith Ennen [1972], S. 297, enthaltenen Karte mit Genehmigung des Verfassers).
4. St. Sonderegger, Die doppelsprachigen Orts- und Weilernamen beidseits der deutsch-französischen Sprachgrenze in der Schweiz (Wiedergabe einer in seinem Aufsatz über ›Die Ausbildung der germanisch-romanischen Sprachgrenze in der Schweiz‹ [Rhein. Vierteljahrsbll. 31, 1966/67, S. 279] enthaltenen Karte mit Genehmigung des Verfassers).

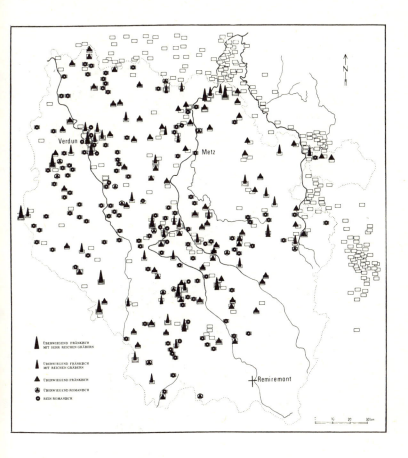

Karte 1: Die verschiedenen Siedlungsgemeinschaften in der Merowinger-Zeit aufgrund der Gräberfelder in Lothringen (nach Frauke Stein).

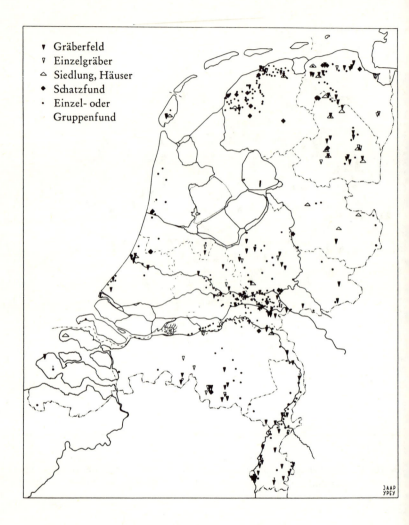

Karte 2: Die Verbreitung der frühmittelalterlichen Funde in den nördlichen Niederlanden (nach J. Ypey).

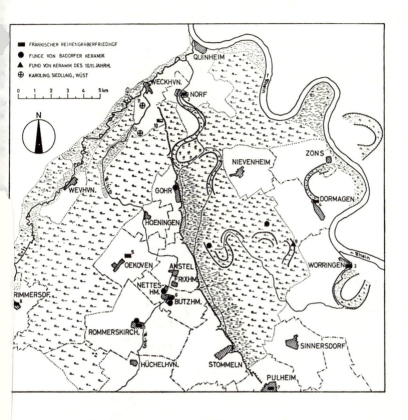

Karte 3: Wald und Siedlung im 7./8. Jahrhundert am Niederrhein
(nach W. Janssen).

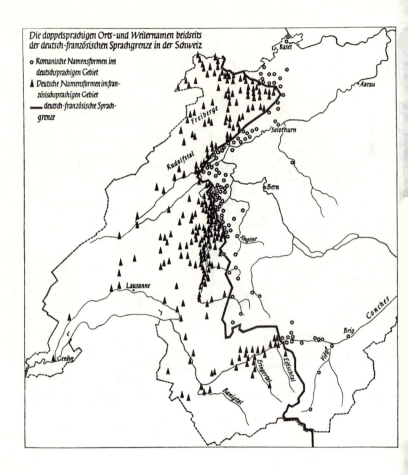

Karte 4: Zur Ausbildung der deutsch-romanischen Sprachgrenze in der Schweiz (nach St. Sonderegger).